感动石化

中国石化报社◎编

中国经济出版社
CHINA ECONOMIC PUBLISHING HOUSE
中国石化出版社
HTTP://WWW.SINOPEC-PRESS.COM

图书在版编目（CIP）数据

感动石化 / 中国石化报社编 . -- 北京：中国经济出版社：中国石化出版社，2023.3
ISBN 978-7-5136-7192-7

Ⅰ. ①感… Ⅱ. ①中… Ⅲ. ①石油化工企业 - 先进工作者 - 先进事迹 - 中国 - 现代 Ⅳ. ① K828.1

中国版本图书馆 CIP 数据核字（2022）第 241796 号

策划编辑　崔姜薇
责任编辑　葛　晶
责任印制　马小宾
封面设计　久品轩

出版发行　中国经济出版社
印 刷 者　北京富泰印刷有限责任公司
经 销 者　各地新华书店
开　　本　710mm × 1000mm　1/16
印　　张　26.25
字　　数　336 千字
版　　次　2023 年 3 月第 1 版
印　　次　2023 年 3 月第 1 次
定　　价　128.00 元
广告经营许可证　京西工商广字第 8179 号

中国经济出版社　**网址** www. economyph. com　**社址** 北京市东城区安定门外大街 58 号　**邮编** 100011
本版图书如存在印装质量问题，请与本社销售中心联系调换（联系电话：010-57512564）

序 言

“感动石化”的力量

“感动石化”十年了。

以“放大人性之美，树立行业标杆，汲取榜样力量”为主旨，十年六届“感动石化”，评选出了58位感动人物（含团队）。如果加上候选人，这个数字接近200。他们共同描绘了“大国重器”“顶梁柱”的群英图谱，可以说，“感动石化”刻画了“非凡的中国石化人”这一企业人物群像，如今，“感动石化”已是中国石化集团公司选树典型的品牌活动。

“感动石化”十年了。我发现我们思考过的、经历过的，没有随着岁月的流逝而褪色，它们一直静静地藏在我们心里温暖的角落……

2012年春天，当时，中央电视台《感动中国》已经名动天下了。中国石化的闵恩泽院士也于2007年荣获《感动中国》年度人物，公司干部员工备受鼓舞。中国石化报社综合考虑，2013年是中国石化成立30周年，经过几代石油石化人艰苦卓绝的奋斗，中国石化已经发展成为世界500强第五名、中国企业500强第一名的国际知名能源化工公司。中国石化为保障国家能源安全，促进国民经济健康快速发展作出了重要贡献，同时，也涌现出许许多多的行业标杆和榜样，是蕴含石油石化优良传统的富矿，中国石化报社作为媒体单位，有义务、有责任去发现这些真善美，传播正能量。《感动中国》的节目模式效果非常好，我们何不做“感动石化”呢？但模仿，会不会涉及知识产权问题？

我和当时报社电视部主任王景一起，诚惶诚恐地敲开了中央电视台《感动中国》节目组的门。在这里，我们看到了那块简陋但著名的牌匾“永远被模仿，从未被超越”，那其实不是块牌匾，就是白板上写了两行字。《感动中国》制片人朱波很客气地接待了我们，他说：“《感动中国》是个公益品牌，传播感动，多多益善，之前感动联盟还没有企业媒体，欢迎中国石化报社加入‘感动’大家庭。”

从此，“感动石化”有了出生证。中央电视台《感动中国》节目组也给予“感动石化”很多帮助支持，令人感动。

2013 年 3 月 29 日下午，北京。春光明媚，万物复苏。第一届“感动石化”颁奖典礼在中国石化总部一楼多功能厅举行。一群有梦想但没有经验的石化媒体人，正在实施他们准备感动公司内外的计划。现场观众为所有在京的党组领导、总部各部门领导、企业员工代表，外请嘉宾包括国家有关部委的领导和各大媒体记者等。

“感动石化”成功了！从此，中国石化多了一个典型宣传品牌，一个党建品牌。

“感动石化”的成功，在很大程度上取决于人物选择的成功。

“感动石化”团队在策划以什么标准评选人物的时候，不断总结摸索。我们认定，评选“感动石化”人物的唯一标准就是“感动”。到底什么是“感动”？不同的时代有不同的理解，不同的观众有不同的感觉。也许，时至今日我们仍然无法为“感动”下一个清晰而准确的定义。人的职位有高低，岗位有不同，收入有多寡，成绩有大小，但是，“感动”和这些统统无关。

“感动石化”的感动，一定是令人敬于心，暖在心的。一个能够感动他人的人，一定是一个心里想着别人的人。感动我们的一定是我们想做还没有去做或者没有做到的“利他”的事情。“感动石化”人物并不是都做出了惊天动地的伟业，闵恩泽、陈俊武大科学家的爱国奉献让我们热泪盈眶，隐姓埋名捐款的李记、坚忍不拔扛起生活重担和岗位重任的曹湘莉，也同样让我们潸然泪下，还有默默无闻坚守生产一线的采油工人薛梅、奋战西部大漠的年轻海归博士邓尚，也令人敬佩，令人感动。

“感动”润物无声，“感动”又充满力量。在“感动石化”颁奖典礼进行的同时，许多石化员工在微博、微信上写下感言，“小草一样的平凡、青松一样的坚强、茉莉一样的芬芳。感动得哭了”“无论是院士还是年轻的石化人，一个又一个关于创新、坚守、奉献的故事让人感动，而一个又一个坚毅的面庞组成了石化的样子”。大家表示深受鼓舞，要向“感动石化”人物学习。

“感动石化”不仅感动了石化人，还产生了“破圈效应”。我山东老家的一位远房亲戚，是个农民，很朴实，看了“感动石化”的直播后，给我发来信息说：“嫂子，以前知道你在中石化工作，只是感觉中石化大国企，有钱，看了‘感动石化’，我才知道中石化有那么多好人啊，看得我都流泪了，真是都挺不容易的。”

新时代新征程已经开启，我们肩负着打造具有强大战略支撑力、强大民生保障力、强大精神感召力的中国石化新使命，石化人在加油，在奋进，“感动石化”在继续。

中国石化报社 社长、总编辑　杨守娟

目 录

第一部分

2013年 第一届“感动石化”人物

第一届至第六届
“感动石化”人物
2013—2022

2015 年 第二届“感动石化”人物

2017 年 第三届“感动石化”人物

第一部分

第一届至第六届“感动石化”人物 2013—2022

2018年 第四届“感动石化”人物

2019 年 第五届“感动石化”人物

2021 年 第六届“感动石化”人物

第二部分

“感动石化”人物风采

第三部分

“感动石化”的社会反响

新媒体精彩留言

第四部分

"感动石化"节目创作回顾

第一届至第六届"感动石化"人物合影

2013
—
2022

感动石化

第一部分

第一届至第六届“感动石化”人物

2013

第一届『感动石化』人物

闵恩泽

中国科学院、中国工程院院士

颁奖词

“当年的归国学子，已是炼化事业奠基人；而今的白发先生，乃是绿色化学的开拓者。事业随祖国跌宕起伏，乡音同情怀一生不改。传递知识的薪火，他如同‘90后’般意气风发。”

人物事迹

小颗粒大人生

他是石油化工科学研究院高级顾问，是我国炼油催化应用科学的奠基者，石油化工技术自主创新的先行者，绿色化学的开拓者，中国科学院、中国工程院、第三世界科学院院士，被誉为“中国炼油催化剂之父”。获 2007 年度国家最高科学技术奖，被评为“2007 年度感动中国人物”。

1955 年，他辗转回到祖国，国家需要什么他就做什么，就学什么，就请教什么，就组织研发什么，就这样走上研发石油炼制催化剂之路。根据国家需要，后来他又进入石油化工、化纤、生物柴油、微藻生物柴油等领域。50 多年来，他干了三类工作，第一类是满足国防急需和炼厂建设急需的工作，第二类是帮助石化企业摆脱困境、扭亏为盈的工作，第三类是基础性、战略性、长远性的科技研发工作。

现场访谈

敬一丹　闵老，您还记不记得我们在《感动中国》节目中见过面。

闵恩泽　对，当然记得。

敬一丹　当然记得了，是吧？您参加《感动中国》的时候是 2008 年，您现在和 5 年前一样精神，今天你们两位院士到台上以后，大家的眼神都是特别期盼的，相比你们，在座的都是晚辈，大家都特别高兴能有一个和前辈聊天的机会。我在想，咱们能不能说说梦想，现在咱们总说中国梦，这梦可不光是属于年轻人的，我们特别想知道您年轻的时候的梦是什么样的？

闵恩泽　我最初的梦想就是在长江上修一座大桥。

敬一丹　差点成了一个建桥专家。

闵恩泽　后来，我回到中国，当时大庆正在开发，我们要建一座 250 万吨规模的棉花厂，还要建一套催化裂化装置，所以，当时我的梦想就是要让中国的粮油工业，中国的炼油催化剂走到世界前列，知道吧？后来，我的梦也逐渐在变，因为回来之后我的想法很简单，需要什么，我就做什么，我就学什么，不会的我就请教，后来我就组织做些什么。祖国需要石油化工发展，国家改革开放需要的就更多了，减少石油进口，减少二氧化碳排放，减少汽车污染。所以我现在的梦就是要让这个梦尽快地实现，一步一步地实现，让大家得到好处，同时更重要的是要培养青年人才，这就是我的梦。

敬一丹 闵先生说的是从年轻时候到现在的梦，接下来圆梦的过程还很长，需要我们石化人，您的晚辈、后辈们一起来完成，是吧？您看，闵先生先是“感动中国”，今天又“感动石化”，有没有什么事儿感动了您？

陆婉珍院士 我觉得他确实对有些事情很执着，就是说他很想把某件事情做得完美。我说一个例子，昨天他生病了，心跳过速，心动过速，所以今天早上吃了药之后好了，我们争吵几句，我劝他不要来，他说不行他得来，我说你要去了，晚上再那样就麻烦了。他说不行，一定要去，他就说人家对他这么信任，人家已经做了这么多准备，他如果不去的话就很不完美，我觉得他就很坚持，我觉得其实他一直在这样坚持，所以能做成一点事儿。

敬一丹 听说闵先生喜欢唱歌，是吧？您看我们今天这么盛大的一个颁奖典礼，我们导演却没有准备一首歌，闵先生您愿意给我们唱一首歌吗？唱一个您年轻时喜欢的歌也行，唱一个跟石化相关的歌也行。

闵恩泽 我最喜欢唱《西游记》。

敬一丹 为什么？

闵恩泽 因为《西游记》有两种精神，团队的精神和坚持到底的精神。

“你挑着担，我牵着马，迎来日出，送走晚霞，踏平坎坷，成大道，斗罢艰险，又出发，又出发。”

敬一丹　看看大家的笑容，多有信心再出发，我觉得我们今天颁奖典礼有掌声，有鲜花，又有了歌声，多完美。那么接下来该听听我们晚辈是怎么看您了，谢谢您，现在听一下。

代旭升

胜利油田

颁奖词

盐碱滩，红柳树，大油田。荒原辽阔极目远，埋头磨剑四十年。不是铁人，却有铁人般意志；初中学历，却攀上中国科技之巅。创新 92 项，创效上亿元。因为有梦，你的世界不再有荒原！你是新时代的石油工人！

人物
事迹

坚守信仰创新不止

他是胜利油田东辛采油厂采油高级技师，胜利油田首席技能大师，山东省首席技师，享受国务院政府特殊津贴。只有初中学历的代旭升，立足本职、创新劳动，先后自主完成技术革新 92 项，1 项获国家科学技术进步二等奖，累计为企业创造经济效益超过 1.6 亿元；他培养具有师徒合同的徒弟 91 人，创出成果 400 多项。他被评为第二批“中国高技能人才十大楷模”“全国劳动模范”。

现场访谈

敬一丹 您刚到油田的时候还是个小伙子，可能我们在说一线工人的时候经常用的词是努力工作，踏实工作，刻苦工作，但是我觉得这些年您走下来，一直是以聪明的方式工作，您也带出了很多徒弟，现在带了多少人了？

代旭升 和我签约的有 90 多个徒弟。

敬一丹 您徒弟走到您面前的时候，您恐怕得跟他提点要求，拜师的时候您觉得最基本的要求是啥？

代旭升 作为徒弟，最起码要爱岗敬业，立足本职，作为一个工人必须得脚踏实地，把自己的本职工作干好，这样，刻苦地学习技术，就能从外行变成内行，就能发现生产中一些问题，发现问题以后就可以创新。因为，发现问题是搞创新的基础，所以我们特别希望遇到难事、问题。

敬一丹 现在很多年轻人未必想当工人，特别是一线工人。在您眼里什么样的工人是有出息的工人？

代旭升 只要能为生产解决难题，作为石油工人能采出足够的原油，就是有出息的工人。

敬一丹 我们也希望代师傅能带出更多的好徒弟，谢谢您。

权西京

洛阳石化

颁奖词

“‘老吾老，以及人之老。’他一直在用心、用力、用情地付出！灾祸到跟前，大病到床前，去世到灵前。‘权权’之心为白头，‘京’益求精暖人心。在责任的天平上，这些老人和亲生父母没有孰重孰轻。”

人物事迹

孝心献给白发人

他是洛阳石化离退休管理办公室主任。洛阳石化有2300多名离退休老人，权西京把孝心和爱心献给了这些和自己毫无血缘关系的老人，换来了他们晚年的幸福生活，被评为集团公司“离退休工作先进个人”“全国老干部先进工作者”。对老同志，权西京有“三前原则”：灾祸到跟前，大病到床前，去世到灵前。他被誉为“替组织尽孝的人”。

现场访谈

栗　阳　我听说权主任您有好几个绰号，比如说“老龄工作的百事通”什么的，还有什么？老同志一般都怎么称呼您？

权西京　叫小权多点。

栗　阳　叫小权多，片子里边有个细节让我们大家都特别地感动，2000多名老同志听说您要退二线了，向组织提出申请，希望能够挽留您，希望您能够留任。您当时听说这个事以后心里是怎么想的？

权西京　当时听了以后感到很激动，也很感动。在这个岗位上工作，这是组织上的委托。我们只有干好的责任，没有出现差错的任何理由。干了自己实实在在应该干的事，但是老同志给予这么多的挽留，还是发自内心地感动。所以，我说要把这作为一种激励，作为一种鞭策，继续干好自己的工作。

栗　阳　最终孝心不能等待是吗？你也到了花甲之年了，我们大伙儿也都希望您多保重身体，健健康康的，不要太劳累，谢谢您权主任。

王文清

江苏石油

颁奖词

不是远亲，不是近邻，你伸出有力的双手，给需要者带去光明。你并不富有，你坚守清贫，你舍出的每一枚硬币、每一滴血，诠释着简单的幸福、给予的富足。怀大爱之心，做点滴小事。你是一个磁场，让更多人向善良靠近。

人物
事迹

助人是种无与伦比的快乐

他是江苏石油扬州分公司正谊加油站站长。他坚持无偿献血，20 年来献血量 9 万多毫升，相当于 17 个成年人的血液总和；他与红十字会签下协议，死后捐出骨髓、眼角膜和其他器官，还有遗体，成为平民百姓中的“裸捐第一人”；他为社会公益事业捐款 47 万元，自己 80 元一件的衣服却穿了 6 年。他被评为新华社“中国网事·感动 2010”年度十大网络人物，获得“全国五一劳动奖章”。

现场访谈

敬一丹 坚持这么多年，做了这么多事儿，我想您内心可能会有一种满足，都说助人为乐，做了这些事以后，您享受的是什么乐呢？

王文清 因为小时候我家里面比较穷，家里弟兄三个，我上初中的时候学习成绩特别优秀，我小时候个子也比较高，我爸看我都一米七八了，还不去打工，弟弟要上学，爸爸不准我去上学，我也没办法，也哭过几次。我的信仰就是等我长大了，我有能力了，一定要帮助需要上学的人，帮助社会上的穷人，帮助他们改善生活。

敬一丹 会不会有人这样说，说您并不是高收入的人，一个人的力量也有限，有很多能力很强的人有能力去帮别人，却并没有伸出手，您总是伸出手，内心有没有一点点不平衡？

王文清 我认为每个人的生活方式都不一样。我觉得，第一，人的生命是最重要的，第二，人还要有信仰，我的信仰就是帮助社会上需要帮助的人，还有就是要帮助躺在病床上需要输血的人，世界上什么东西都可以生产，但血液它不可以生产，它不像粮食，今年收了一茬麦子，到下半年就清收了，我认为捐献是用可再生的血液挽救不可重来的生命。

敬一丹 我想要是扬州市民开车想加油的时候啊，肯定想：我们要到有好人的石化加油站去加油。不但给车加油了，心里也加油了。谢谢您。

谢存义

燕山石化

颁奖词

在机器轰鸣的节奏里，你改变了自身的节奏；在装置高昂的旋律中，你平静地守住安全的低音。43 年一丝不苟，忠诚坚守，用平凡成就不平凡。你已化为钢铁融进装置，汇成了推动发展的基础力量。穿越白天黑夜，你的生命就是最美的劳动赞歌！

人物事迹

用平凡成就不平凡

他是燕山石化化工三厂一苯酚装置回收岗位倒班职工。43 年来，他的巡检路程达 4 万多千米，相当于绕地球一圈，保障了装置安全和生产的正常运行。家在石景山区，为了工作，他一直住在单位宿舍。43 年里，他错过了许多——妻子生产时，他没有陪在身边；90 岁的老母亲患病在床，他也只能歇班时去照料，从来没有因为私事耽误过一天工作。

现场访谈

栗　阳　刚才片子开头看您晚上巡线，感觉您特别帅。谢师傅，您是第几次到咱们集团总部来？

谢存义　这是头一次。

栗　阳　头一次来，就登上了这么高的一个荣誉殿堂，祝贺您。您想过自己能获这个奖吗？

谢存义　确实没想过，因为我就是一个普普通通的一线工人，没想到今天能登上这个舞台，领导和大家对我的这种信任，确实没想到。

栗　阳　人生能有几个 43 年，说句心里话，您觉得这辈子值吗？

谢存义　我认为值，因为你付出了就有回报。

栗　阳　我知道您今年就要退休了，您一退休可能就会把手中的接力棒传给那些像当年您一样的年轻人，您对他们有什么话要说？

谢存义　我希望年轻的一代能有一颗热爱石化的心，做好本职工作，任何岗位都是有前途的。

栗　阳　把一件平凡的事做好了，就是不平凡，更何况谢师傅所做的是一件事关安全生产的不平凡的事，而且不仅做好了，还做足了。我想我们的企业里，正是有了千千万万个像谢师傅一样，在基层、在一线默默无闻、兢兢业业工作的人，我们的石化才能够如此的辉煌。我提议让我们把掌声献给谢师傅以及所有的老师傅们，向他们致敬。

郜均克

中原油田

颁奖词

“慈母的手，扶起这些特殊的孩子，抚慰他们的创伤和心灵。这是一条异常艰辛的道路，白手起家，她洒下心血和汗水，雪中送炭，她把爱和希望播进人们的心田。春风化雨，润物无声。挥洒无言母爱，成就特殊使命。”

人物事迹

把爱和希望播进人们的心田

她是河南省濮阳市中原油田华苑实业有限公司总经理、针织二厂厂长。12 年前，邵均克在中原油田第一社区创办了残疾人福利企业，走出了一条由创业带动就业的新路子，先后获得“全国五一劳动奖章”“全国五一巾帼奖”十佳个人等荣誉。她用慈母情怀为残疾职工营造了一个和谐、温馨的家，使一个个伤残者走向自立、自强。残疾职工都亲切地叫她“邵妈妈”。

现场访谈

敬一丹 其实我们是见过面的，在“感动中原”的节目里，其实在河南大家都很熟悉她。看到她觉得非常亲切，那么今天我们换一个角度，用石化人的角度再看您。你们工厂的这些职工其实也都是石化人的孩子，他们和您在一起的时候怎么称呼您？

邵均克 大部分叫邵姨，也有的叫妈妈。

敬一丹 他们的年龄层次也很不一样。

邵均克 我们中最大的一个职工前年已经退休了，最小的也只有到了 18 周岁才能参加劳动。

敬一丹 所以你看，叫你什么的都有。他们的父辈也都是石化人，可能到您那儿以后，您就跟看自己孩子一样，但是毕竟他们挺特殊的。我想，给这么多孩子工作的机会，安定了那么多家庭，光靠爱心恐怕也不够。我觉得这里面其实挺有学问的，比如说，和残疾孩子打交道，他们往往有着特殊的困难，有的人特别敏感，有肢残的，有智障的，还有聋哑人，这里头有什么样的学问，什么样的讲究，您经常琢磨这个吧？

邵均克　有肢体残疾的孩子，相对来说都比较敏感，在跟他说话的时候，沟通的时候，你得特别注意。那个坐轮椅的刘芳，她是肢体残疾，她初中毕业以后就把自己封闭在家里，从来没有出过门，后来她妈妈抱着试试看的态度把她送到了厂里。

记得有一次在长廊下乘凉，我就跟刘芳说，我说刘芳，你和我的女儿同名，这时她就脱口而出，说是同名同姓不同命。当时我的心里就很酸，都是孩子。从这之后我就开始琢磨，一连几天一直琢磨怎么来解开刘芳的心结，有一次她病了，但是她这个孩子有个毛病，因为她下肢的残疾是小时候打针造成的，所以她拒绝吃药打针。

这时候我就把她那个药放在蜂蜜里头，放到稀饭里头，或者加到面包里头，最后又换成她能吃的口服液。我还通知厂里把所有有台阶的地方都改成斜坡，好让她坐的轮椅能走到我们厂里的任何一个角落。

她感冒好了以后，就抱着我说邵姨谢谢你，这时候我就跟她说不用谢，把我当妈妈就行了。

敬一丹　跟聋哑人交流是有困难的，你怎么鼓励他们？你对他们经常做的手语以及鼓励的方式是什么呢？

邵均克　其实在我们厂里500多个残疾孩子当中，干活最好的是聋哑孩子，因为肢体都是健全的，所以他们有一个优势，你知道是什么吗？

他们大都上过聋哑学校，他们都识字，所以我就准备了一个本，给他们写到本上，也通过一些简单的手语来鼓励他们，在他们工作干得好的时候，就鼓励他们。

敬一丹 笔谈加手语来鼓励他们，我想他们在你们这儿不光是获得了一个工作，还获得了一种自尊，获得了一个社会交往的天地。你自己倾尽全力做这件事已经是很大的付出了，你还把全家都带去，家人特别是你的孩子能理解吗？

邵均克 我记得我女儿曾经跟我说过这样一句话，她说妈妈，在前几年的时候我不理解，我埋怨过你，甚至我恨过你，但是后来生活在这里，跟这些残疾的哥哥姐姐相比，我觉得我比他们都幸运，妈妈我越来越仰慕你。所以有她的这句话我就足够了。

敬一丹 我觉得这位母亲的选择将来肯定会影响女儿一辈子的，好，谢谢您。

刘家明

炼化工程

颁奖词

你的人生路，融入炼化工程技术的创新路；你的事业梦，汇入振兴石化事业的中国梦。倒在世界炼化工程建设的前沿，你壮志未酬。52 岁，短暂而坚实的生命，书写产业报国的忠诚。你曾经眺望的远方，是后生们未来的方向。

人物事迹

用生命书写事业的辉煌

他是集团公司（股份公司）副总工程师，炼化工程（集团）股份有限公司董事、总经理、党委书记。他率先提出我国千万吨级炼油和百万吨级乙烯的设计理念，创建了炼油化工集约化设计的新模式，为我国炼油和化工工业技术、装备的国产化作出了突出贡献。因为积劳成疾，2012 年 12 月 30 日，他因病去世。

现场访谈

敬一丹　其实我们挺不忍心和你谈这个话题的，也挺不忍心让你再看这些镜头，但是毕竟这是我们向你先生致敬的一个机会，我们还想对他有更多的了解，您看这个镜头，这是他工作过的地方，但是我们听说他在海南工作了那么长的时间，却从没有去过三亚的海滩，他在青岛工作了那么长时间，也没有去过崂山，就这样一个细节，你了解吗？

刘家明的妻子　以前他出差的时候总是把时间计算得非常好，计算得非常准，他从来没有出差还顺便玩一玩的，从来没给我说过，每次出差都很急。比方说开会，他都是头一天晚上到，第二天晚上就往回赶，所以我相信他是没有去玩的。

他回来也从来没跟我提过，说到海滩上去玩一玩，也不跟同事们出去放松，其实我建议他出差的时候，顺便去看一看，休息休息挺好的，不用着急回家，对他来说，单位的事情是最重要的，从来没有过出差回来先回家，都是出完差，先上办公室转一圈，然后再回家，这我都习惯了。

敬一丹 你们夫妻俩这些年来有没有什么约定？说两个人一块到哪去玩一下，散散心，有没有过这种约定？

刘家明的妻子 有，他说退休以后，退休以后才能。虽然有约定，但是也没有实现。

他老是说日子长着呢，他最后的日子怕我担心，都说没事，别害怕，说他心里有数，他一辈子都说他心里有数。

敬一丹 刚才我们在短片里看到的都是他工作的样子，我想他有一种状态恐怕是只有你才知道的。他下班以后，开完会以后回到家，肯定是带着疲惫带着病痛到家的，那个时候他什么样子？

刘家明的妻子 每次我都打好多电话，他到晚上才会回家。每次他回来的时候，我都在门口等着，他一进门把包放下，就连脱鞋的劲都没有了，都是我帮着他把鞋脱下来，我说你快点坐下，他基本上坐沙发上就不动了。

有时候我跟身边的同事开玩笑，我说上班是他的快乐，他在办公室里就跟打了鸡血似的，一去了什么病都没了，可是所有的难受都是一进门就出现了。

敬一丹 回到家以后，可能他才能真正地放松，真正地能喘口气。很多人都觉得特别惋惜，也有很多人告诉我说，像家明这样优秀的知识分子，在石化企业有很多，其实我们真的希望他们珍惜自己的生命，也要珍惜事业，珍惜家人。家明生前非常在意女儿，你女儿的名字是谁起的？

刘家明的妻子 女儿名字就是他起的。

敬一丹　我们了解到你女儿现在也是石化人了。

刘家明的妻子　对，她马上也要进入石化工作了。

敬一丹　你们一家子都是石化人，你希望你们家最年轻的石化人将来什么样子才能不辜负父亲对她的期待？

刘家明的妻子　我希望她能像她爸爸一样把石化当成自己的家，把石化的事业也当成自己的事业，像爸爸一样把工作当成自己的乐趣。但是我也希望这个孩子健康，在工作之余一定要注意自己的身体，珍爱生命才能珍爱工作，才能在想做的事业上有所发展。

敬一丹　好，我们在这里向你和你女儿表示祝福，同时我们也再一次用掌声对家明表示我们的敬意。

杨克红

江汉油田

颁奖词

“柔情女，硬脊梁，清贫劳累一肩当。岁月磨砺，你越发坚强。担起家庭的不幸，赶走苦难的阴霾。你的爱是一把金锁，守护相亲相爱的一家人。你的心那么沉，压得住岁月，抵得上黄金。”

人物事迹

好嫂子压得住岁月

她是江汉油田井下作业处清河特车大队食堂班班长。在做好工作的同时，她悉心照顾身患重病的小叔子，精心孝敬侍候公婆，用爱心和孝心点燃了一个不幸家庭的希望。她的感人事迹在江汉百里油城广为传颂，被人们誉为“亲亲的嫂子”。

现场访谈

栗　阳　特别想叫您一声“嫂子”，我觉得这样叫特别的亲切。

杨克红　对，他们都这么叫我。

栗　阳　您在作业队里工作，咱们的职工也都这么叫您？

杨克红　要不就叫“杨嫂子”，有时候叫“亲亲的”，叫“姐姐”，现在都叫“亲亲的嫂子”了。

栗　阳　您听到别人叫您嫂子心里怎么想？

杨克红　我感到很亲切。

栗　阳　今天您穿的这身运动装看着特别精神，我听说像这样款式的运动服您有五六套是吧？这是怎么回事，您给大家说说。

杨克红　有一次我们在一起打球，我们经常搞运动，打球，大家都不是有多余衣服的，大都是正穿的衣服，但是知道我条件很差，那时候我家小叔子生病要花很多钱，他们就说把这衣服给你吧，反正我们也很少穿，知道你爱运动都给你。所以我的衣服中有很多是运动服。

栗　阳　于是就有了同一个款式的五六套衣服，刚才片子里介绍了您这么一个故事，从爱美、爱打扮、爱运动的姑娘，到为了给小叔子攒钱看病，自个儿七八年没买过新衣服，甚至去捡拾垃圾的这么一个油嫂，这种转变，这种落差，您自己是怎么适应的？

杨克红　当时这个事情突然发生在我的头上，心里还是很痛苦的。小叔子这么年轻，还这么有出息，我真的想用我全部的积蓄来挽救他的生命，不能再像以前那么爱打扮，肯定不能那么做了，我只能选择救他，希望他能活下去。

栗　阳　您看，在咱们中国人的道德观里，能够做到孝敬老人，善待亲人，就一定会有人对您竖起大拇指了，但是您对小叔子的这种无私的关心和付出，远远超出了“善待”这两个字，就像慈母对待自己的孩子一样，是什么原因让您这样做的？

杨克红　怎么说，我也属于油二代，我的父母都是石油人，我的老公也是石油人，我的公公婆婆也都是石油人，当时想到的还不是作为石油人的后代应该做这些事情，就觉得这是一种责任，也是一种义务。

别人也许做得比我更好，我只是千万石油工人中的一员。

栗　阳　您看我们的油嫂，无论是面对生活中的这种艰难，还是现在接受采访，始终面带微笑，即便日子最难熬的时候，您也能够保持这样乐观的心态吗？

杨克红　基本上是保持的，因为我要让我的小叔子活下去，我首先要保持乐观心态，要是没有乐观心态，打击到他，他肯定能感觉到，他就会失去生活下去的勇气。

栗　阳　一定要乐观地面对我们的生活。大家看这就是我们的油嫂，有着金子般心灵的油嫂，让我们把掌声献给她。

李安喜

齐鲁石化

颁奖词

你无私无畏，敢抓善管，振奋南粤齐鲁；你有情有义，严中有爱，情洒职工心田。增了效益，白了头发，志在企业发展。负重前行，呕心沥血，只为职工幸福。你是不知疲倦的耕牛，胸中装着责任，心中燃着信念。

人物事迹

胸中装着责任

他是集团公司总经理助理，齐鲁石化公司总经理、党委副书记、齐鲁分公司总经理。2004—2010年，他把原本落后的茂名石化变成国内首家年创利超过60亿元的炼化企业。2010年，李安喜重回齐鲁石化任总经理。他无私无畏、敢抓善管，上任5个月后，齐鲁石化盈利能力大幅攀升，效益跻身炼化板块第一阵营。在解决群体利益诉求上，他带头接访，不推不拖，不回避矛盾。两年来，在集团公司和地方政府的支持下，解决了涉及10多个群体的历史遗留问题。

现场访谈

栗　阳　因为李安喜总经理眼部刚刚做完手术，今天不能来到现场，所以我们请到了齐鲁石化的两名职工代他来领奖，和大家进行交流。平常咱们员工总是受这样的教育，怎样当一个好员工，现在你们两位代表着职工，咱也说说这个话题，怎样当一个好领导？

齐鲁石化职工 1　我们希望所有的领导都能像我们李总一样，爱员工，爱企业，爱国家。

齐鲁石化职工 2　李总在齐鲁永远传递给我们一种力量，一种正能量。

栗　阳　你看虽然我们这次只是接触了齐鲁石化的两位员工，就已经感觉到了职工的一种心气儿，对企业的一种感情，是吧？那么，我们接下来的掌声我想既是给李总的，也是给齐鲁石化全体员工的。

玛　丽

国勘公司

颁奖词

“　跨越国界，跨越民族，你让不同肤色的手紧紧相握。越过海洋，越过沙漠，你把中国石化的友好和理念向更远传播。你来自远方，让远方的人如家人一样和谐。你是美丽的使者，串起多元文化如珠联璧合！”

人物事迹

文化融合的美丽使者

她是国勘 Addax 公司文化交流和社会责任部经理，主要负责公司的企业文化建设、社会责任及公共关系等工作。两年来，在她的不懈努力下，Addax 公司通过中国石化 Addax 公益基金会积极参与社会公益活动，得到了政府、社区居民、媒体，以及合作伙伴的认可和尊重，树立了中国石化负责任的国际大企业形象。

现场访谈

栗 阳 你好玛丽，刚才片子当中说，2009年我们中国石化收购Addax公司的时候，有些人选择了离开，有些人选择了留下，你为什么选择留下来?

玛 丽 其实，我确实也有一些担忧，因为我对中国和中国石化都不太了解，随着我与中国同事相处并成为朋友，我开始了解并喜欢中国和中国石化。同时，作为世界500强，中国石化能够为我们国际员工提供一个很好的职业发展平台，这也是其他国际公司所不能比拟的。

在收购后的三年中，Addax公司在整合变革和发展中取得的成绩，让我今天能够自豪地说，当初我的选择是正确的。

栗 阳 您上台的时候拿了这样一个物品，应该是一个奖杯，它有着特殊的含义吗?

玛 丽 这个奖杯是我在Addax公司工作满5年所获得的员工长期服务奖中的铜奖。明年我在公司工作将满10年，将会获得一个银奖，我对此非常期待。

栗 阳 让我们来共同分享你的喜悦，好吗?谢谢玛丽，让我们为玛丽、为所有海外的石化将士们鼓掌加油。

2015

第二届『感动石化』人物

吴吉林

胜利油田

颁奖词

“生命的江河里，面对病魔，你逆流而上。病床为舟，意志为楫。78 项成果，两亿元效益，让生命更有质量；专注于创新、创造，让生命更具宽度和厚度。自控、自觉、坚持、顽强，你的座右铭，如同一服中药，让我们口服心服。”

人物事迹

精卫无穷填海心

41岁，中共党员，胜利油田东辛采油厂高级技师、采油34队责任技师。

18岁，他成为胜利油田一名维修工；32岁，他有了以自己名字命名的创新工作室；33岁，他取得30项革新成果；如今，他刚刚过了41岁生日，取得78项创新成果，其中13项获国家专利。

2007年11月30日，东辛采油三矿34队工人技师吴吉林被确诊“非霍奇金氏淋巴瘤”。医生当时判定，他只有3~6个月的生命。

自那天起，他开始生命倒计时。吴吉林为自己制定了一个特殊的考评表，每一天每一时都认真规划，每一分每一秒都用在最需要的地方。有段时间，为了解决抽油机减速箱盖板防盗问题，吴吉林药没喝完就撂下碗去查资料；夜晚，还常常偷偷爬起来上网查资料，一折腾就是大半夜。

他带领QC小组花了近一年时间，研制出多功能抽油井增效装置，在100多口油井应用后，泵效平均提升11%。这项成果参评全国QC质量管理评选发布会，最终从217项成果中脱颖而出获得一等奖。

“人怎样活也是一辈子，与其让病魔吓倒，还不如鼓起劲来做点该做的事，做点有价值的事。活不出生命的长度，那就活出宽度和厚度。”吴吉林说。

现场访谈

敬一丹　吉林，可能大家和你见面最惦记的还是你的身体，现在身体怎么样？

吴吉林　现在比较稳定，而且向好的方向发展。

敬一丹　我看吉林有点消瘦，但是大家注意一下他的眼睛，眼睛特别亮，我想心里有目标、很充实的人就会这样。你做了那么多的计划，都是跟工作有关的，有没有什么其他计划，比如假期和家人带着女儿去做点什么？

吴吉林　这个还真没有做计划，因为身体还不是特别稳定，但是我有一个长远的计划，等我身体好了以后，一定会多陪伴家人的。

敬一丹　我刚才看短片里有一个镜头，你写的“当下”这个词，我觉得你特别在意、特别珍惜“当下”，那么当下你最用心、放不下的事是什么？

吴吉林　我很在意的是，当我看到国外一些新东西、新产品，我想到我们自己的一些好的东西、好的技术、好的科研，比国外的还要好，我觉得应该就在当下尽早把它转化成生产力，应用于相关的行业。这一点我觉得特别重要，这是需要立即去做的事情。

敬一丹　我觉得吉林在面对着生命这样一个严峻话题的时候，想的还是作为一个员工，做最有价值的事情，谢谢您给我们带来的力量，谢谢您！

吴吉林　谢谢。

刘 言

西南油气

颁奖词

“跋涉千山万水，使出千方百计，牵出一条条油龙，助威一个个奇迹。花落无声，誓言铿锵。说执着，就步步执着。论担当，就事事担当。不是不孝，不是不敬，不是没有爱，只因你情注大气田，心中有清泉。”

人物事迹

知行合一万仞钢

50 岁，中共党员，西南油气分公司油气田开发首席专家、元坝项目部常务副经理。

元坝气田位于四川北部的崇山峻岭中，这里井深超过 7500 米，开采难度在世界油气开发史上也是“数一数二”的。再加上高温、高压、高硫化氢含量，一口井打下去，动不动就是一两亿元的投资，这样的一个个世界级难题让整个元坝项目部压力巨大。

刘言将全部精力投入生产建设第一线。白天跑现场，晚上做课题，会战期间没有周末，也没有节假日，工作就是他生活的全部。30 年里，有 18 年刘言都奋战在会战一线。他和他的另一半经历了 18 年的两地分居。

在父母眼中，刘言是个事业有成的好儿子；在亲属眼中，他却不是一个好亲戚。为了能够承包项目工程，刘言的二哥找过他；为了给孩子安排工作，刘言的姑姑找过他。但结果却是刘言回家的时间更少了。

不介绍，不介入，公平竞争，一视同仁，这是项目部领导班子组建时所有成员的约定。正是领导干部的自觉自律，保证了元坝会战项目干净透明，稳步高效地向前推进。

刘言说：“我经常跟别人开玩笑，将来退休，我们在一起喝茶的时候也可以说一句话，我们参加过元坝的建设，元坝的成就凝聚了我们的一份奉献，我们就非常欣慰了。”

现场访谈

栗　阳　刘总您计算过吗，一年能在家住多长时间？

刘　言　我看了一下，这 5 年来回成都每年大概有 20 来天。

栗　阳　就是说每年在家里住的时间大概 20 多天，还不足十分之一。我听说您对身边的人说过这样一句话，“怎么孩子一下子就长大了呢？”为什么会有这样的感慨？

刘　言　说到小孩，我内心非常愧疚，小孩刚刚 7 个月的时候，因为工作我从昆明机关调到广西百色，一干就是 7 年多。在他刚刚考上初中的时候，因为工作需要，我又从昆明机关调到贵州赤水，一干就是 6 年。现在小孩快 25 岁了，我跟他在一起的时间总共不到 4 年，我对他的关爱照顾是非常少的，感到非常愧疚。

栗　阳　相信孩子能够理解，会为他有这样一个优秀的父亲感到骄傲的。刘总，能不能告诉大家您的梦想是什么？

刘　言　我的梦想是希望元坝气田全面建成投产过后，还有机会参加更大的油气田的绘测。

栗　阳　我提议让我们把掌声献给那些常年工作在艰苦条件下的石油人们，谢谢他们。同时，也向支持关心我们的亲人们致敬，谢谢您。

张恒珍

茂名石化

颁奖词

“中专学历，不放过一道难题；柔弱双肩，在大装置里掘金。冬寒抱冰，夏热握火。20 年坚守无差错，几千数据烂熟于心。生于一线，长于一线，成名于一线。甘做一架人梯，让后来人登上更高的领地。”

人物事迹

日就月将成光明

45 岁，中共党员，茂名石化化工分部首席技师。

张恒珍被称为“问不倒的女能手”。

问不倒，是因为善于动手。2006 年建成的 100 万吨 / 年乙烯装置是国产化大乙烯，其工艺新、技术新、设备国产化程度高，对生产操作人员是一个新挑战。张恒珍边工作边学习，很快掌握了技术和操作要领，成为甲烷氢压缩机开车的“首席指挥官”。

问不倒，是因为善于总结。她编写了近 8 万字的脂肪烃乙烯装置操作工分离系统工艺培训教材，完善了茂名乙烯《裂解装置分离系统操作指南》，并担任中国石化高级技师培训班教师。2004 年，她率队夺得全国石油石化行业职业技能竞赛集体第二名，个人第四名。

问不倒，是因为技术精湛。她在装置安全运行的基础上，使装置投料量从每小时 146 吨提高到 152 吨，每月增加效益超过 700 万元。在企业开展的“创先争优”“比学赶帮超”活动中，她参与实施了 60 多项节能降耗、优化改造措施，为茂名乙烯裂解装置长周期运行达到世界先进水平的 79 个月作出积极贡献。

“守着装置，心里才踏实，”张恒珍说，“在这片土地、这个岗位上干了 21 年，自己和这里的一切早已融为一体，无法分开了。”

现场访谈

栗　阳　我刚才注意到一个细节，在片子当中，我发现您只要是往操作台前边一坐，面部表情就显得特别严肃，这是您的性格使然，还是一种职业习惯？

张恒珍　我觉得应该是一种职业习惯吧，因为对于石油化工行业来说，每一步的操作都要严肃认真，甚至谨小慎微，所以一坐到操作台前就不自觉地全神贯注，高度集中。

栗　阳　我还知道您带了许多徒弟，而且不少人已经走上了管理岗位，其中还有人已经成了您的领导，您自己现在还坚持在第一线，对于这一点您心里怎么想？

张恒珍　其实，我们在企业内也算是“老人”，做好“传帮带”也是工作的一个重要职责，徒弟青出于蓝而胜于蓝，也是我们的愿望。所以如果徒弟技术比我们高，能力比我们强，能成为我们的领导，我个人觉得这是一种技能的传承，也可以说是我的技能通过徒弟得到了升华，这正是“传帮带”的价值。

栗　阳　我们石油石化行业讲究传承，我想正是靠着这种对工作一丝不苟、精益求精、近乎痴迷的劲头，才实现了十几年上万次操作的零差错，让我们把掌声送给张工。

穆合塔尔·沙吾提

新疆石油

颁奖词

“不惧危险，送油到农户，一诺千金；纯善之举，送情到人心，泽润四方。两耳听风，三十而立，一腔热忱，站成胡杨。簌簌风沙里，你是一面猎猎前行的旗帜，以担当的意志，挺立成民族团结的一根脊梁。”

人物事迹

剑胆琴心书赤诚

29岁，新疆石油塔河桥加油站站长。

2009年，穆合塔尔·沙吾提当上塔河桥加油站的站长。他努力做好加油站业务，还积极开展了送油上门服务。

2014年9月21日，新疆巴州轮台县发生一起暴力恐怖事件，暴恐分子的屠刀不仅针对汉族兄弟，还对准了和汉族兄弟有往来的维吾尔族同胞。

“9·21”恐怖袭击案后，很多汉族农户不敢出门，地里的机器没油了只能干着急，希望穆合塔尔能继续送油上门。而新疆石油塔河桥加油站一度成为暴恐分子袭击的目标。

送油无疑是十分危险的。恐怖分子威胁：如果他再给汉族人送油，就杀了他全家。如果此时拒绝送油，农户会更加恐慌，加油站的信誉也会大大降低。穆合塔尔毫不犹豫地答应了送油上门的请求。

有了油，农户的机器又开始转动了，可是危险悄然来到穆合塔尔的身边。暴恐分子再次来到加油站，扬言要炸掉加油站。穆合塔尔一边稳住暴恐分子，一边悄悄按下口袋里的报警器。警笛声很快传来，暴恐分子吓得落荒而逃。

暴徒的恐吓在大家心里留下了阴影，妻子劝说穆合塔尔换一份工作。穆合塔尔长年往返在给客户送油的路上，很少有时间能回家，孩子因为长年见不到爸爸性格变得内向。为了得到家人的理解和支持，穆合塔尔把妻子和孩子接到加油站。看到丈夫忙碌的身影，妻子终于理解了他的工作，并主动提出调到塔河桥加油站工作。

现场访谈

敬一丹　穆合塔尔出现在我们面前的时候，给我们的第一印象是，这是一位石化人，还有一个印象，这简直就是一名战士，在那种特殊的环境里工作，恐怕不像在平常环境里，现在每一个加油站都有专门的保安吗？

穆合塔尔·沙吾提　每个加油站都有两位专职的保安。

敬一丹　专职的安保是 24 小时上班吗？

穆合塔尔·沙吾提　24 小时上班。

敬一丹　那这样我们加油站的员工还有一些安全感，加油站还能正常经营。你在县里，比如在轮台、在加油站里，相对来说还是在自己的地盘上，但是你出去送油，路上遇到什么是特别不确定的吧？你不去不是也没有人非得让你去吗？

穆合塔尔·沙吾提　我们客户特别喜欢我，所以我亲自去给他们送油。

敬一丹　客户喜欢、客户希望，他就去，不管路上遇到什么，不确定的因素太多了，不仅是暴恐分子的威胁，恐怕还有天气、环境带来的困难，听说你还遇到过沙尘暴。

穆合塔尔·沙吾提　我就喜欢沙漠和胡杨林。

敬一丹　胡杨林只有在特定的季节里是美丽的，沙漠里一旦起了沙尘暴，就太恐怖了，你出去送油的时候遇到过？

穆合塔尔·沙吾提 有两次。

敬一丹 是什么情景呢?

穆合塔尔·沙吾提 沙尘暴大的时候车就走不动了，我们就第二天早上给地里送油，沙尘暴停了再回加油站，来回跑 400 多公里。

敬一丹 那你为什么还去?你不去不也没什么吗?客户希望他去，客户需要他去，于是不管是暴恐分子的威胁，还是沙尘暴的威胁，他都去。

穆合塔尔·沙吾提 我想满足客户的需求。

敬一丹 客户需要，还有什么比这种表达更准确的呢?我觉得这就是一个维吾尔族的石化人最准确的表达。你们站里员工都是什么民族?

穆合塔尔·沙吾提 都是维吾尔族。

敬一丹 现在你的媳妇儿也成了你的职工了。我们是应该向他的家人致敬的，她刚才说她都三个月没有见到丈夫了，那个表达我特别动心。我想这一家人在一起多美好，家人来了以后，能够经常跟你在一起了，不至于三个月见不到面了。你们的加油站也像家一样，我们在这用掌声祝福他的小家和咱们中石化的大家越来越好。

王忠英

山东石油

颁奖词

大黑山，小油站，小中见大。为渔船供给，夜巡成家常，寂寞是便饭。一天 24 小时，时时在线；一年 365 天，天天站岗。责任重于一切，忠孝难以两全。15 载夜夜朝朝，留下的是信任，带走的是时光。

人物事迹

日月沧桑伴风雨

58岁，山东烟台石油长岛第四加油站站长。

15年前，王忠英夫妇来到长岛第四加油站。该站位于大黑山岛上，交通十分不便，只能让奶奶照顾孙子在长岛上学。夫妻俩每天半夜十一二点或者凌晨三四点起床为渔民加油，15年来没有睡过囫囵觉，白天有时吃着饭还要放下碗筷跑到码头边去加油。

从船上眺望大黑山，云雾缭绕，仿佛人间仙境。但一踏上该岛，就马上体会到环境的恶劣。潮湿、闷热的天气，人只要一活动浑身就黏糊糊的。岛上的蚊子特多，一旦被叮到，就会迅速起个大包，奇痒无比。

“夏天的天气还算好，最恶劣的要算冬天，屋里四面墙上都结满了冰，遇上大风天气，经常一个大浪接着一个大浪地涌进院里。”由于经常要到海边加油，王忠英的脸和耳朵都冻破了。此外，王忠英和妻子长期喝苦咸水，吃不上新鲜蔬菜和肉蛋，住在码头边上的加油站内，一年四季睡着潮湿的铺盖。

岛上的居民说：“岛上渔民所需的粮食蔬菜全要靠船运，渔民赖以为生的养殖、捕捞更离不开油。如果王忠英不干了，我们真不知道到哪儿去加油。”

“我已经把自己当成一个地地道道的大黑山人了，只要岛上的居民需要我，我就会一直坚守在这里。”王忠英笑着说。

现场访谈

敬一丹　王师傅您不是一个人来的吧，我觉得你们既然是夫妻站，就应该两个人都来。

王忠英　我和我爱人一块来的。

敬一丹　今天我们把“感动石化”人物的家人请到了现场。你好，双香（王忠英爱人），现在王师傅代表你了，奖杯有他的一半，也有你的一半。我想在咱们这个行业里可能有很多这样的夫妻站，在海岛那样相对封闭的地方，他们管你叫“上油老王”，我想在渔民们的眼里你就代表着中石化。

王忠英　对，代表中石化到大黑山岛去加油。

敬一丹　像这些渔民，他们说起中石化这个企业好像离他们挺远，他们就是从您身上认识中石化的，在他们的眼里您就是他们近距离接触的石化人。

王忠英　我也热爱这个职业和这份工作。

敬一丹　人家一见到您，先看到的是老王的样子，然后才看到您胸前工装上的 logo，对您的评价其实也是对中石化的评价。王师傅经常隔海相望，望着自己妈妈家的楼，望着自己的家，其实距离并不远，但是为了这份工作，只能隔海相望。我想您的妈妈如果到海岛看到您工作的样子，她会觉得欣慰的，她知道您到这儿来吗？

王忠英 知道，我母亲也挺为我高兴和自豪的。

敬一丹 老妈知道您到这儿来接受大家的掌声，她一定会特别高兴。您回去也可以把奖杯给老妈看一看，也带去我们对老人家的问候，谢谢您。

张方兴

齐鲁石化

颁奖词

“耄耋之龄，义务宣讲。发声容易，坚持最难。老骥伏枥意高远，‘方兴’未艾志不衰。岁月的年轮增加了花镜的度数，没有让你停下脚步，深入的讲解却能让人心更明。因为你的坚定，许多人站得更直，行得更正。”

人物事迹

拳拳公心肝胆照

79 岁，中共党员，齐鲁石化原商业公司纪委书记。

张方兴从事宣讲工作已有 19 年。

19 年间，他宣讲的内容越来越丰富，从国家形势、国际要闻到公司生产经营形势、社区新闻；讲得越来越生动，从新闻消息、深度分析到结合企业形势的个性化阐释；听众也越来越多，从最初的几人、十几人到几十人、上百人。

19 年前，张方兴退休后，常到住处附近的雪宫南小广场散步。小广场每天聚集着一群离退休职工评说时事，也总有人站在个人立场说一些不负责的话。张方兴很着急，“正面的消息不抢占舆论阵地，就会被负面的占领”。

从那以后，他每天从电脑和报纸上找新闻、查资料，尽可能多地掌握信息，然后讲给大伙儿听。除了每天晚上雷打不动地看新闻联播、翻订阅的报刊，他还要上网搜集资料，把国内、国际的重点新闻密密麻麻地记录在卡片纸上。他还广泛阅读《山海经》《易经》《道德经》等老同志感兴趣的书。宣讲时事新闻时，他有时会用书中看来的经典名句加以概括，然后再进行解释。大家都说，老张讲得好，有深度。

19 年，张方兴记录的卡片纸摞起来已有一米高，电脑用坏了 3 台。19 年，宣讲吸引了一大批忠实的听众。

现场访谈

敬一丹　我怎么觉得在中石化遇到了一个同行呢？每天下午您就跟《新闻联播》一样准时出来，出来之前那些准备工作和我是一样的。

张方兴　谢谢你。

敬一丹　每天您临出来的时候，我看您都是在老伴的帮助之下整理衣衫，当准备好卡片走出来、面对听众、粉丝的时候，心里是什么感觉？

张方兴　因为 60 岁退休，一退休就成了“老字号”，进入老龄阶段，心中有些迷茫。所以我觉得应该把这个事情调整过来，调整到一个正确的方向去。离退休这一帮人是一股巨大的力量，对于石化建设、国家建设应该起传承作用。既要传承，那么大家的素质就应该不断提高，所以我想就这个问题做一点事，于是就想到了小卡片。

敬一丹　你们看张老说的小卡片，刚才我们在镜头里也看了。他做这种卡片的工作也和我们主持人一样，我们有时候也要做这样的卡片，全是手写的、精心准备的，您的选择原则是什么？新闻铺天盖地那么多，您选择哪些呢？

张方兴　我的原则，第一是让每一个退休的老同志心里边的红太阳、共产党这个红太阳永不落。

敬一丹 张老我理解的您的意思是，让人们对今天的生活有信心，对未来有信心。然后呢？

张方兴 第二要脚踩在我们祖国热土上，我是齐鲁石化公司的，齐鲁石化公司这片热土对于我们中石化的发展有很大的作用，一个企业好了、两个企业好了，中石化就好了，就能成为世界一流、人民满意的石化企业。

敬一丹 那么第三呢？

张方兴 因为老同志有沉淀，时间久了，素质应该不断地提升，要把我们国家的优秀传统文化传承下去。所以 2005 年以来，我组织老同志从自身素质方面进行学习提高，目前系统学习了《论语》54 天，已经学了 54 课，下一步还要学《大学》《中庸》。

敬一丹 我感觉张老除了办《新闻联播》，接下来还要办《百家讲坛》。

张方兴 谢谢。

敬一丹 张老的节目肯定有独特之处，我就想挖掘出来，我们也学习学习。是不是您经常谈您自己的感悟、理解，带启发地发布新闻。

张方兴 我退休以后，总结了我的三个三十年，三十年学习积累，三十年拼命工作，60 岁退休以后到 90 岁的三十年，这个阶段应该是学习、成长、传承。

敬一丹 我太有启发了，我也要做一个退休三十年计划。我到时候拜您为师，把我的计划给您，请您给我修正修正，或者有机会我到齐鲁石化，跟您搭档主持一次。您在跟大家聊新闻的过程中，自己有什么满足感？

张方兴　开始的时候，大家可能跟你作对，作对的时候你就挺起腰板了。经过这样长期的磨合，我说什么大家就信什么，我说什么大家就响应什么，所以我特别满足。

敬一丹　这就是实现感，要有听众、有观众、有粉丝，各位中石化的人去齐鲁石化出差的时候，一定要去听他的《新闻联播》。

张方兴　谢谢。

吴汉川

石油工程机械公司

颁奖词

“俯首一线半生缘，只为油流动。长路亦从容，不顾风雨浓。越生活之山，越技术之山，艰难困苦，玉汝于成。从仿造到创造，年华换。巧解世界难题，心不乱。巨大的压裂声，是你梦想开花的声音。”

人物事迹

锦程千里任驰骋

55 岁，中共党员，石油工程机械公司四机厂压裂设备首席工程师。

从不到 30 岁就拿着图纸研究美国引进的压裂设备，到仿造出国内 4 种型号的第一套压裂机组，再到自主研发的 2500 型压裂机组亮相“十一五”国家重大科技成就展，最终 3000 型压裂车刷新中国石化 8 项页岩气井压裂施工纪录，吴汉川与压裂机组打了半辈子交道。

26 年前，四机厂开始引进美国的压裂设备，原本研究抽油机的吴汉川转行研究压裂设备。一堆英文图纸就像天书，让人摸不着头脑。几十箱图纸摞起来就是一座山，吴汉川开始从“山底”攀登。

他不分昼夜，一点点摸索，一点点学习，一点点吸收，先后研发出 4 种型号的压裂机组。

“我不管别人怎么说，我只相信自己看到的。”吴汉川认为，搞装备研发不能只坐在实验室里，还要接地气，帮客户解决应用难题。

每年，他都要至少拿出三分之一的时间走访用户。有人给他统计过，10 多年来，他行程数十万公里。

同事说吴汉川像乔布斯，因为他的许多研发成果改变了传统操作习惯，让施工更加便捷。吴汉川却笑称，因为自己是个“懒人”，所以想让工人在工作时也能“偷点懒”。这或许就是吴汉川对石油机械装备从仿造到创造的最佳解读。

现场访谈

栗　阳　吴首席，您看您平时喜欢玩平板电脑、看韩剧，这些时髦的东西我觉得像您这个年龄的人大多不去关注。您喜欢它们什么？

吴汉川　我以前就很喜欢电子产品，另外网盘让我感觉到现在科技的进步、新技术的应用，跟我们最贴近的就是平板电脑和手机。因为装备集成一定会跟现在的科技发展同步，所以这也给我们团队一些启发。

栗　阳　也就是说，搞创新要保持这种年轻的心态。从 2500 型压裂机组到 3000 型压裂车，可以说您做的这些给我们国家油气开发带来了巨大的效益，可是我知道您的工资其实并不高，同时还有许多外面的企业想高薪聘请您过去，但是您都拒绝了，为什么？

吴汉川　我在中石化干了 30 多年，我个人的进步、企业的进步都是在大环境下实现的，人还是要感恩，我会在这干一辈子。另外就是中石化给我们的平台是不一样的，我们现在承担的都是国家级的项目，它的平台会不断提升。我们的固井压裂钻机这些设备都已经跟国际同步了，这让我觉得很有价值。

栗　阳　让我们再次感谢吴首席，同时也祝愿您和您的团队创造出更先进的石油装备，谢谢！

陆鹏宇

金陵石化

颁奖词

“一百多个环保方案，是一百多本写满敬业精神的书。日复一日，扶犁深耕。每一个脚印，就是一句誓言。他用一瓶水的清澈，引出了一江水的甘甜。呵护长江，就是呵护百姓。他怀揣碧水蓝天梦，他行动在路上。”

人物事迹

忠于职守不畏难

49 岁，中共党员，金陵石化安全副总监。

陆鹏宇把企业环保当成自己的命根子。他的手机里存着所有的环保数据，稍有异常就赶往现场。

2008 年，金陵石化启动 1800 万吨 / 年油品质量升级改造工程。这涉及公司原油加工能力的提升，因为公司所处地理位置十分敏感，项目的环评审核标准变得异常苛刻。

环评报告中的重要一项就是水源调查。陆鹏宇发现水利部长江水利委员会并没有发布关于厂区周边的水源调查报告。他带领团队沿着长江勘察水源，并出具详细的报告，这也为政府管理部门的水源管理提供了佐证。

2012 年，在国家还没有出台相关要求时，陆鹏宇已经带领同事展开了 VOC 泄漏检测修复工作。

日常管理中，金陵石化把炼油厂对长江的排口作为重中之重来监管。虽然已经实行了 24 小时在线监控，但陆鹏宇依然保持高度警惕，每天清晨都亲自检测排放数据。

他主持推行了严格的环境管理制度，环保违章必须受罚。哪个单位受处罚，陆鹏宇就去哪里蹲点。在他的建议下，金陵石化设立了环保举报电话，并实行举报有奖制度。同时，他力主推行“开放工厂”，把环保工作置于社会公众监督之下。

现场访谈

栗　阳　现在公众对环境保护问题特别关注，您是一名专职的环保工作者，对您来说现在是不是压力越来越大了？

陆鹏宇　是的，工作压力非常大。这压力一方面来自我们中石化这种负责任的企业内部强化管理、努力减少排放的自我加压；另一方面来自社会上有些人对于我们石化环保的不理解甚至误解，这种舆情的压力。

栗　阳　所以您就提出来让社会监督企业开门办工厂是吧？

陆鹏宇　我觉得从长远来说，我们要有把我们自己的石化企业创建成世界一流的能源化工公司的这种自信，我在这条战线上虽然很辛苦，但是领导很重视，同志们也很努力，所以我们有信心把环境保护工作做好。

杨玉琳

湖北石油

颁奖词

“一场车祸，给人生重创；十二年相守，不向命运低头。爱的坚守，坚守里扛着清贫。爱的奉献，奉献中迎着希望。把爱变成信仰，经得住风霜，听得到回响。你是一株雪莲，虽没有傲艳群芳，却开在最圣洁的殿堂。”

人物
事迹

不枉不悔石可镂

41 岁，湖北襄阳石油谷城县镇南加油站员工。

2003 年 11 月 26 日下午 6 时多，杨玉琳的丈夫肖艳军驾驶着桑塔纳与一辆机动三轮车相撞后，虽经抢救苏醒过来，但脖子以下永远失去了知觉。

肖艳军瘫痪后，家庭重担落在杨玉琳身上。她一边照顾肖艳军，一边工作赚钱养家。每天早上起床，杨玉琳会为肖艳军刷牙、洗脸，按摩半个小时胳膊、腿和身子，做好了饭也先喂他吃。为了避免肖艳军长期卧床生褥疮，她还要定期帮丈夫翻身，每天为他擦洗身体。

看着妻子如此操劳，躺在床上的肖艳军几次尝试绝食自杀，都被杨玉琳劝住：“只要还有一口气，我就不会丢下你！”

在亲友反复劝说下，杨玉琳接受了再嫁的建议。但她同时提出了两个条件：如果再嫁，不离开家；新丈夫必须接受前夫和女儿，共同照顾他们。

2012 年 9 月，另一个男人王焱走进了杨玉琳的生活。“能对自己丈夫这样好，人一定错不了。”2013 年 10 月，谷城县法院上门为杨玉琳和肖艳军办理了离婚手续。同时约定：离婚后，肖艳军由杨玉琳和现任丈夫共同照顾。杨玉琳也和王焱领了结婚证。

他们的世界，也许我们不懂，但他们的爱，谁不震撼！

现场访谈

敬一丹 玉琳走到这儿，首先是“感动石化”人物，其实我们把你评为“最美女人”也是应该的。以前我听到这种事儿的时候觉得是故事，可是现在故事的主人公就在我们身边，那么好、那么美，这一家人的照片展现在我们面前的时候，让我们特别感动。

杨玉琳 其实这些都是我应该做的，我觉得没什么。

敬一丹 就是因为你说这是你应该做的，所以它才分外美好。你女儿怎么看你现在这个家庭呢？

杨玉琳 我女儿现在很支持我，很理解我。

敬一丹 她跟你谈过吗？娘俩私下里聊过这件事吗？

杨玉琳 聊过，她说我前半辈子很苦，后半辈子只要有人能照顾我，她就放心。

敬一丹 我想妈妈的举动对女儿会是终身的影响，她将来也会从一个女孩变成一个女人，也要为人妇。你希望你女儿将来在家庭里是一个什么样的角色？

杨玉琳 我希望她能像我这样，对一个家庭有责任心，做自己应该做的事情。

敬一丹 一个女人在这种特殊的境遇下，能把家庭经营得这么和谐已经很不容易了，可是你上班的时候还那么尽心尽力，做一个好员工，一个人到底有多少能量，你有留给自己的时间吗？

杨玉琳　其实，我每天早上 6 点多就要起床，然后给肖艳军（杨玉琳前夫）做饭擦洗，7:30 就要从家里出发去上班。下班回来几乎还是照顾他，很少有时间出去逛。

敬一丹　日复一日，年复一年就是这样。我们感受到这样一个好女人的美好以后，就不能再让她流泪了，她应该安心过她的日子，给我们带来这么多美好的感觉，她自己也应该享受生活的美好，让我们用掌声给她加油。

宋丽萍

中原油田

颁奖词

“别人的难，你当作自家的坎；别人的苦，你用双臂一起承担。17 载奔忙，以善良、以真诚、以执着，呈现爱的情怀。你守的不仅是一方社区的门槛，更是贫弱者的灵魂家园。德不孤，必有邻。你献出的每一滴血，已让爱心血脉相连。”

人物
事迹

寸寸爱心寸寸金

45 岁，中共党员，中原油田第十社区管理中心志愿服务站站长。

1998 年春天，27 岁的她走进乡镇敬老院义务为老人洗衣、缝被。从那往后，她一连干了 17 年“傻事”。

当初一些嘲笑她傻的人，后来成了和她一样的“傻子”。今天，她的“傻子团队”——宋丽萍志愿服务队，队员超过 700 人！

2013 年 9 月 26 日，宋丽萍喜获第四届“全国道德模范”提名奖。

盟城社区肾病患者周月莉与母亲相依为命。2009 年冬天，她生病住院。宋丽萍捐出 2000 元钱，还抽空去陪护。小周疼得不能下床，宋丽萍就抱着她上卫生间。

中原油田基地东北角有家智障园，那里住着十几名残障儿童。十几年里，宋丽萍不知往那里跑了多少趟——不是给孩子们送衣服、文具、食品，就是领着他们玩“老鹰抓小鸡”“小火车跑得快”。草莓、樱桃一上市，宋丽萍就买上几兜子，送给孩子们尝鲜。

17 年里，宋丽萍捐献了造血干细胞和 1.6 万毫升鲜血。她的志愿服务队与 66 户特困家庭结成帮扶对子，给 158 名空巢老人建立了健康档案，为 15 名重症患者募捐了 50 余万元医疗费，向黄河滩区小学赠送了 1 万多册图书。

现场访谈

敬一丹 丽萍，如果到你们中原油田第十社区去，是不是我们会看到很多和你一样穿红马甲的人。

宋丽萍 对，我们社区、整个中原油田都有好多穿这样衣服的。

敬一丹 凡是穿这样衣服的人，我们一说你是宋丽萍团队的吗？是和她在一起的吗？肯定能得到很多呼应。宋丽萍现在已经从一个人做好事影响到很多人，她有一种管理者的素质，能把志愿者这群人组织得井井有条，让我们觉得他们今天在、明天还在，会持续散发温暖。你做了这么多事，应该是天生的心特软、心特热的人，家人能理解你这种不断地付出吗？

宋丽萍 家里面的人觉得我做的这个事对孩子成长、对家里老人都是有利的。举一个简单的例子，就像我婆婆说的一句话，她说不光丽萍傻，我发现丽萍身边的人没一个是精的，你看她不在家的时候谁上咱家来，都是拿着菜、拿着饭，来咱家都做饭、拖地，没一个是精的，要精能跑咱家来给咱做饭、干活？

敬一丹 你婆婆说得太好了，她说的这种“精”就是工于心计、只想自己。我觉得“傻”是对你最好的褒扬和点赞，咱们都要像丽萍这样做一个“傻子”。

我们的编导去采访的时候，了解到他们现在运行得特别规范，热心人在为他们捐款的时候，丽萍他们还给每一个捐助者发一个爱心捐款证。

宋丽萍　以前，我们给每一个捐款人开一张票，但是有些人拿了就丢了，之后我说咱做成捐款证，无论是哪一年哪一天，他想过来看他的账，都可以对证。

敬一丹　这就是规范，而且对捐款人来说，会觉得这件事我已经做了，很踏实。

2017

第三届『感动石化』人物

徐承恩

中国工程院院士

颁奖词

“　为人正，为民生，为炼油尽青春。舍得一身剐，敢把洋油拉下马。八千里路尘与土，六十载攻关历衷苦。大学者有大气象，事业心不减，征服心不老。胸怀世界，志在东方。不慕名利，不惊宠辱。你是 24k 黄金打造的工艺泰斗！”

人物事迹

踏遍山巅自成峰

90 岁，中共党员，工程建设有限公司专家委员会主任。

作为我国著名石油炼制工艺专家，徐承恩从事炼厂工程设计和研究工作 60 余年，是我国炼油工程设计创新、炼厂设计模式改革、炼厂大型化的组织实施者，先后参加大庆原油加工会战和“五朵金花”炼油技术攻关会战，为国家炼油技术国产化和石油石化战略发展作出重要贡献。

面对国外的技术封锁，徐承恩带领团队采取边试验边设计的方式攻关尿素脱蜡工艺。他们在装置中同时建设 3 种类型的反应器进行试验，成功攻克这一难关。

1965 年 4 月，尿素脱蜡装置建成投产，顺利产出合格的低寒区用柴油，产量还超过了设计指标。

同期，时任北京设计院副总工程师的徐承恩，还主持审定了燕化炼油厂和援外炼油厂的设计工作，并参与我国丙烷脱沥青装置、分子筛脱蜡装置的第一次设计，为新中国炼油工业的发展作出重要贡献。

60 多年来，徐承恩参与、指导过难以计数的炼油工程设计和科研攻关项目，很多项目获得国家科技进步奖一、二等奖。

现场访谈

敬一丹 在这儿您是最年长、最资深的了，很多石化人都跟我说，您参与的那些工程，后来都被实践证明是特别有前瞻性的，其实我们大家也希望自己能够看得很远，也希望自己有前瞻能力，怎么才能有这种前瞻能力呢？

徐承恩 我们在工作当中，有时候需要改进，那么改进的启发从哪里来？

我自己感觉包括三个方面：第一，就是我们石化系统有一个完整的搞科研设计的单位系统，他们不断在这努力创新，他们的创新过程也给我很多启发。

第二，改革开放之后，我们石化系统引进了一些项目，都是一些国外新的技术。对引进的技术，消化吸收再创新，换句话说，就从引进的技术里面来找我们需要改进创新的地方。

第三，我正好赶上一个好时代，我们石化工业大发展，我们建设了很多新的项目、大的项目，这给我们提供了很多实践的机会，我们从实践当中去体会过去的工作有哪些不足，不断地去创新改进。

敬一丹 90 岁高龄的徐老最常说的就是创新，刚才短片的最后一句话是永远在路上，看得远，有前瞻的目光才能永远在路上。

您看我们在座的人，您往后面看，有很多年轻人，甚至都有 90 后了，您也是“90 后”，90 岁高龄，您给他们一句嘱咐好吗？

徐承恩 就不敢说嘱咐，只提一点希望。

我觉得我们石油系统、石化系统形成了很多好的传统，许多好的作风，我认为这是非常宝贵的精神财富，我希望年轻人能够传承下去，而且能够发扬光大，这是第一点。

第二点，我们石化发展到这个程度，是不是世界上最先进的也不能确定，我们总公司的目标是要把石化建成世界一流的能源化工公司。那么在这方面我们还需要找差距，补短板，所以我希望年轻的同志要不断创新，不断深化改革，使我们一步一步地接近世界一流。

薛　梅

胜利油田

颁奖词

守着苍凉，踏着寂寞，携着一份沉甸甸的承诺。红工衣是最美的时装，井站创效是你的骄傲。‘梅’花铁骨叶枝遒，傲对雪压风雨稠。你的心头绿意盎然，绚烂了荒原。一诺二十载，无悔八千天。荒野里，你看不见海，却能看见，比海更蓝的天。

人物事迹

守望四季为有爱

44 岁，中共党员，胜利油田东辛采油厂营二采油管理区采油一站采油工。

21 年前，薛梅和丈夫来到东辛采油厂营 8 更 9 井站，开始负责方圆 5 平方公里内的五口油井、两口水井和一个计量站的巡护保养、计量工作。

夫妻岗地处偏远，环境艰苦，每隔 4 个小时就要进行一次巡井和巡线，一次需要一个半小时，走五六公里路。由于常年在这样的巡井路上行走，薛梅的脚严重变形，阴天下雨便疼痛难忍。

“队上把这井站交给咱管，那是一份信任，咱就得干好。”为了这句承诺，他们一干就是 21 年。21 年，夫妻俩巡井 4 万多趟，行程 30 多万公里，走出了“24 个长征”。21 年，磨坏了 200 多双鞋子，为国家安全输送原油 10 万多吨，价值 5 亿多元。

视油井为孩子的薛梅，对父母和孩子却心存愧疚。“父亲生病期间，我没有完整陪过一天，孩子小时候连个玩的伙伴都没有。我父亲也是一名石油工人，他说干好工作就是对他最大的孝。我尽到了石油人的责任，却没有尽到一个女儿的责任。”说起去世的父亲，薛梅眼圈红了。

现场访谈

敬一丹　你看薛梅站这儿，是不是觉得少了一半？没有孙斌，哪有薛梅？有请你对象，好，请坐。你们都习惯把老公叫对象是吧？互称对象，请坐。这军功章我觉得真的是像你说的，有一半甚至一大半是人家的。

薛　梅　对。

敬一丹　我就想问你，我们刚才看的这个故事，它是一个敬业故事，还是一个爱情故事？

孙　斌　爱情故事。

敬一丹　爱情故事，你说呢？

薛　梅　其实从敬业这方面来讲，我觉得自己挺自豪，做得挺好的，但是从另一方面来讲，我在这个小站能坚持这么多年，与我对象真的是分不开的，因为我们这个小站只有我们两个人，离了他，我根本就支撑不下来，根本不可能有这个故事。

敬一丹　对，这是一个爱情故事，既是爱情又是事业，既有你们俩之间的爱，其实也有一个大爱。对这个大爱咱们石化领导就特别爱听，是吧？石化员工都这么爱石化，要不然怎么可能当年她还那么年轻的时候就去了，关键是你也跟着一块去了。

孙　斌　那个时候我也年轻。

敬一丹 这么俊的一小伙子俩人就去了，多浪漫。刚才看见他们在礼花下，那时候我觉得这是难得的一种浪漫，她什么时候最着急？

孙 斌 井上有事时最着急。

敬一丹 什么时候最高兴？

孙 斌 井上没事的时候最高兴。

敬一丹 她心里就只有一个井吗？除了井就没有别的吗？

孙 斌 她几乎是这样。

敬一丹 这两天你们俩出来以后井怎么办？

薛 梅 我说实话，我真是时刻都惦记着我们的井，现在不是“四化”了吗？咱们的井都装了摄像头，比之前工作强度低了许多。大家看到了片子，我们过去 4 个小时要巡一次井，我过去看看有事没事。现在“四化”了，有摄像头了，什么事都能及时发现了，发现以后他们会及时通知我们，我们就赶紧去看看，然后处理一下。

敬一丹 啊？你们到这儿来领奖还惦记着家里的井，这是一种什么样的感情？井就像他们的孩子一样，说到孩子，我觉得他们的孩子真是值得一夸，孩子从小就没有玩伴，爸爸妈妈眼里头就只有井。但孩子特别有出息，现在在北京上学，此刻就在我们现场，我请我们的灯光师把场灯打开，让我们看看孩子。你站起来，小伙子，我想跟你说，你好，请坐。

我想跟你说，也许你从小到大看爸爸妈妈每天都这样，你都习惯了，但是今天你一定能在大家的掌声中感受到他们赢得的高度的尊重，很了不起，你记住这一天。我现在想的是今天这个奖杯拿回去到底给谁呢？是给薛梅，还是她对象，还是她儿子？

薛　梅　他有一大半，当然也有我儿子的份，因为这么多年就是我对象和儿子陪着我，他们是我坚强的后盾，这个奖杯是我们这个家庭的。

敬一丹　好吧，一会就要颁奖了，你看你们谁来接奖杯。好，谢谢两位，谢谢。

孙　斌　让我对象接，她接奖杯就可以了。

金宏伟

武汉石化

颁奖词

没有白走的路，每一步都算数。设备健康比一己病痛紧要，信念比生命价更高。受命之日，寝不安席；与命运交锋，你再下一城。不忘初心，栉风沐雨，不眠不休。你好似雄鹰，在大乙烯的天空，划出一道道令人振奋的上行线。守护，是你对事业最长情的告白。

人物事迹

千瓢汗水结秋实

51 岁，中共党员，武汉乙烯设备管理部动设备经理。

2015 年 5 月，因患直肠癌刚动完手术的金宏伟躺在病床上。领导和同事来看望他，没聊两句，他就问：“厂里设备怎么样了，乙烯三机还好吗？”

2010 年 3 月，有近 20 年乙烯设备管理经验的金宏伟，作为专家被引入武汉乙烯。

在金宏伟和同事的努力下，国产乙烯三机一次开车成功。乙烯三机何时“咳嗽、发烧、拉肚子”，他们都详细记录，分析原因，采取预防措施。用手机拍摄的百余张设备运行异常状况的照片，金宏伟都像宝贝一样留着。

2015 年 4 月，金宏伟被诊断患直肠癌，先后经历两次大手术、7 次化疗。虽然经受病痛的折磨，但是他依然放心不下工作，通过各种渠道了解设备运行状况。

2016 年 4 月，武汉乙烯开始首次设备大检修。金宏伟和大家一样，天天盯在现场，此时距离他最后一次化疗仅有 5 个月。

武汉乙烯的设备经过大修顺利开了起来，身体还处在康复期的金宏伟又有了新目标：让全厂设备故障率大幅下降，“身体”更健康。

现场访谈

敬一丹 当设备安装遇到问题的时候，大家的意见不统一，您为什么就敢拍板做决定？万一错了呢？不怕担责任吗？

金宏伟 责任是非常大的，但是检修是按照计划进行的，每延迟一天就会给企业带来 1000 万元的损失，所以一旦有问题，我们必须马上解决。

好在我们有一个很优秀的团队，加上过去的一些经验，大家集思广益，最后把问题及时解决，使检修能够按点完成。

敬一丹 我想大家都非常关心您的身体，恢复得怎么样了？

金宏伟 差不多了。

敬一丹 这跟您夫人的悉心照料有没有直接关系？

金宏伟 这个关系非常大。

敬一丹 刚才在片子当中我们看到，您在现场每天都能喝到夫人亲手熬的粥，还把粥送到现场来给你喝，你喝粥的时候心里是一种什么滋味？

金宏伟 非常甜蜜的一种感觉，实际上她对我的支持和帮助非常大，每天默默地在背后奉献，使我的身体能够快速地恢复。

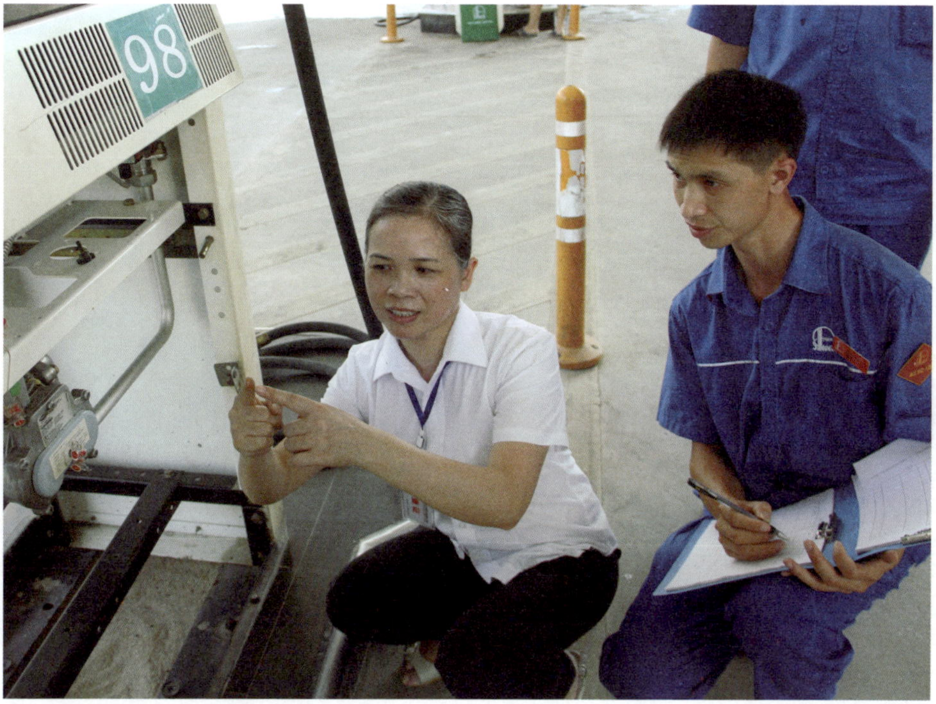

李金兰

广西石油

颁奖词

回家的路那么长，这里有一座爱心驿站。你用一碗姜糖水，化开刺骨的寒，汇聚前路的暖。心暖点点，成就爱；爱心年年，连成片。奔忙在数九寒天，你让过往的人们望见春光。雪下了又融，草黄了又青，你传递的温暖，让每一个冬天不再寒冷。

人物
事迹

兰德高洁馨惠人

50 岁，中共党员，广西梧州石油零管部督察队队长。

担任督察队队长 5 年多来，她督察加油站千余次，发现问题 1560 多个，整改率达 95%。

李金兰主动请缨担任片区兼职讲师，将自己多年经验与培训课题结合，制作成 5 套接地气的课件。每年，她都会主动协助相关部门开展安全、规范化服务、油品数质量管理等培训。

每年春节前夕，数十万乡亲骑摩托车从珠三角地区回滇黔桂过年。从 2004 年开始，广西石油在都连站设春运服务驿站，此后升级为“冬日暖阳”“情满驿站 · 满爱回家”大型公益活动，成为中国石化履行社会责任的知名品牌。

李金兰每年都是春运服务志愿者，至今已为超过两万人提供服务，许多乡亲亲切地称她大姐。当地多雨，很多骑车人的裤子和鞋都会在途中弄湿，李金兰便帮乡亲烘干裤子和鞋袜，再套上新的塑料袋包裹起来，这样既防寒又防水。

2016 年春运期间，广西石油专门成立“李金兰劳模服务队”，她的志愿服务更忙碌，也更专业了。

现场访谈

敬一丹　我看到蓝工装特别亲切，因为我们平常也不大有机会看见穿红工装的师傅，我们去加油站的时候一看蓝工装就觉得亲切，我想骑着摩托从你们加油站跟前过的那些乡亲，看见你们肯定更觉得亲切了。你在加油站这么多年做的事儿，就是迎接那些骑摩托的人，这属分内还是分外工作？

李金兰　既是分内也是分外的事。

敬一丹　你不做也没有人非得要求你做。

李金兰　是没有规定这样做，但是我自然而然就去做了这件事，而且越做感情越深。

敬一丹　你看“自然而然”这个词用得特别好，就是想做这件事。

那些骑摩托的人来了是加油的，不但有油，还有姜汤，还有大姐那么明亮的眼睛，笑容特别亲切，这还真是一个加油站，不但可以给车加油，还可以给人加油。

你为什么还要带着家人去，特别是把老公、孩子都带去？

李金兰　乡亲们都从广东骑摩托车回来，人手就不够了。刚开始，家人是来帮忙的。

敬一丹 这一帮就是多少年？

李金兰 我女儿从初三开始就参与这项活动了。

敬一丹 你希望南来北往的人路过你们加油站的时候，看到你的蓝色工装，走的时候你希望他们记住石化的什么？

李金兰 我希望他们，就是我们的乡亲们，到第二站的时候，不单单可以加油，还可以享受到我们的服务，让他们身暖心也暖。

敬一丹 离开的时候会想到什么？

李金兰 离开的时候会想到我们明年会再见。

敬一丹 离开的时候心里想，石化不错，明年再见。对，好，谢谢金兰。

景天豪

河南油田

颁奖词

一路向前，不喊苦累。为了高效、安全，你无悔付出，挑灯看剑。每一次革新，都听到不服输的心跳。专注是拒绝平庸的分水岭；细节攻关是前进的试金石。坚守平凡，成就非凡。你是一个发光体，让更多匠心之作刻上‘石化创造’。

人物
事迹

如琢如磨夺天工

43 岁，中共党员，河南油田首席技师。

2006 年，景天豪发明的盘根切割刀问世，操作方便、安全、省时。大家开心地说：“这下，不怕伤到手和鞋了。”这让景天豪意识到，轻松、安全、高效工作才是石油工人的本色。从此，他和发明较上了劲。

工作 23 年来，景天豪先后取得技术革新成果 48 项，国家实用新型专利 21 项，获省部级成果奖两项，省部级质量管理成果奖 9 项，创造经济效益 3850 万元，获“中央企业技术能手”“全国技术能手”等称号。2013 年，享受国务院政府特殊津贴。

他曾担任采油队队长。可没过两年，他却要求不当队长当技师。景天豪说：“我的优势在于鼓捣生产实用的技术，为企业解决力所能及的难题，别的不是我的强项。”

重回技术岗位，他如鱼得水。“黄油加注装置”“转光杆装置”“防撞锥帽”等项目，降低了职工操作风险，“磁性密码防盗阀门”有效避免了罐内原油被盗。

2010 年 3 月，采油二厂成立“景天豪工作室”，这是河南油田第一个以工人名字命名的多专业联合攻关革新小组。

现场访谈

敬一丹　我们常说“咱们工人有力量”这句话，您觉得咱们工人如何才更有力量呢？

景天豪　我觉得除了我们石化人吃苦奉献的创新精神，还要注意学习，因为我们新时期的工人只有有技术才更有力量。

敬一丹　嗯，有技术才更有力量。

作为咱们新时期石油工人的代表，能不能告诉大家您的梦想是什么？

景天豪　现在也有好多人喊我“大师”，我感觉自己还不是，我的愿望就是成为真正的大师，同时我也想让身边的兄弟和更多的同事成为大师。

敬一丹　看我们景师傅的话多么朴实，我们用掌声祝愿他的梦想早日实现，谢谢您。

赵 燕

天津石化

颁奖词

“站上学雷锋的岗位，你没设终点。心中一根筋，绑在‘兵儿子’的红线上。一双巧手，一颗好心。手及之处，满目老茧；方寸之间，尽是沧桑。几度春风化雨，一头乌发飞霜。一把修脚刀，修剪的是时光的路，照见的是公益的心。”

人物事迹

银发红心写春秋

75 岁，中共党员，天津石化供排水厂水源车间退休职工。

赵燕自 1963 年得到第一本《雷锋日记》起，就树立了人生目标：“我要向雷锋同志学习，一辈子为人民服务！”1976 年，赵燕进入天津石化，在供排水厂水源车间当医生，并义务为驻地附近的乡亲治病。

看到周围患脚疾的人很多，赵燕拜师学会修脚技术。几十年来，赵燕深入社区、学校、军营、农村志愿服务，义务修脚万余人次。1992 年退休后，她把全部精力放在学雷锋活动中，修脚技术和热情服务在大港声名远扬。

除了经常到部队为战士修脚，每年春节前夕，赵燕还带着社区志愿者到驻区部队，为战士包饺子；端午节，她提前买好粽子，准时送到连队；每月用退休金为战士购书，在连队建起一个个“赵妈妈书柜”。

2015 年，赵燕获得了“最美天津石化人”和“天津市道德模范”等荣誉称号。她将得到的奖金全部用于购买图书，送到部队，又建立两个“赵妈妈书柜”。母亲节那天，她到部队为战士修脚，战士们眼含热泪为她合唱一曲《母亲》，祝她母亲节快乐。

现场访谈

敬一丹 您原来是医生，但是我总觉得您好像当过老师的样子。大家看她的目光，还有她特别温柔的说话声音，大家听听她的声音。

赵　燕 我是 1964 年从天津下乡的知识青年，去宝坻县当下乡知青。我在农村当过饲养员，也当过突击队长，我还当过民办老师。当我离开宝坻的时候，我还是一名赤脚医生。

敬一丹 猜对了，因为当过老师的人是能够感觉出来的，从她的目光中、声音中就能够感觉出来，谢谢您。

我们听说您最喜欢《雷锋日记》，还是年轻的时候看的，当时哪一段特别打动您？

赵　燕 雷锋在日记里写道，把有限的生命投入无限的为人民服务中去，生命不息，服务不停，奉献不止。我就想像雷锋那样做一颗永不生锈的螺丝钉，为人民服务。

敬一丹 您看眼下正是 3 月，3 月往往会掀起学雷锋热潮，我们都是小的时候唱着《学习雷锋好榜样》长大的，所以今天咱们谈学雷锋的话题特别合适，大家特别有共鸣。

我就在想，刚才我们在短片中也看到，这么多年您做了那么多的事儿，可能我们会用到这样的词，比如说“坚持”，比如说“付出”，但是今天我想说另一个词，这么多年您自己的“享受”在哪？如果说没有一种“我愿意，我享受”的心态，恐怕也很难坚持这么长时间，您的享受在哪？

赵　燕　帮助别人快乐自己，就是这个享受。

敬一丹　太好了，她做这件事情特别自然，我甚至觉得她好像天生就是这样的。

赵　燕　是党这么多年培养的，另外我在农村也受到了广大贫下中农的关心和帮助，也算对社会的回报。

敬一丹　我看到您走到这个军营的时候很感动，但是我又在想，如果您身边再跟着一些年轻人就更好了。比如说，您进营房的时候，您身边跟着几个年轻的石化人那不就更好了吗？有没有年轻人跟随着您？

赵　燕　我们社区有志愿者，到端午节的时候，我们包粽子，我们社区的志愿者全都争着上、抢着上。

敬一丹　今天有几个战士也从兵营来了，他们在这儿用一种特殊的方式向您表达敬意。好，有请我们可爱的战士们。

官　兵　我们代表所有的官兵对赵妈妈表示崇高的敬意。

敬一丹　写这个字的也是你们军营里的人吗？

官　兵　是我本人写的。

敬一丹　是你写的，太好了。好，您看到了这些字里有“母亲”，您的直接感觉是什么？

赵　燕　我觉得幸福亲切。

敬一丹　当之无愧，这些您熟悉的战士，他们以这样一种方式向您表达敬意，好，谢谢我们可爱的战士。

宋保健

中原石油工程公司

颁奖词

“挺进海外市场，你四次破冰。用七分剑气，借三分月光。没有路，就披荆斩棘；没有亮，就汇萤成炬。整合资源，把指头变拳头；精确管理，用高标准回应市场。身正带人，廉洁聚人，律己服人，无私感人。‘寒夜’里，你是最亮的那束光。”

人物事迹

只留正气满乾坤

48 岁，中共党员，中原石油工程公司海外工程公司总经理。

在同事的记忆里，宋保健总是不停地奔波在路上，要么跑甲方找市场，要么跑现场了解情况，就连回国还要联系装备和物资。

然而对于经历过印尼、卡塔尔、也门、沙特等 4 个市场破冰之旅的宋保健来说，跟接轨国际石油工程市场所经历的熬煎相比，这点累根本不值一提。2007 年，宋保健先后失去父亲和岳父两位亲人。在异国他乡的井场上，他只能朝着家乡的方向，长跪不起……对他而言，那个家有多亲切，就有多遥远。

金融危机时期，中原井队不仅没有“遇冷”，反而逆市飘红。在经历了一次次痛苦的整改后，宋保健提出对标沙特阿美的国际化标准，结合中国石化的行业标准，制定一套规范的管理体系。

2016 年 6 月 17 日，中原石油工程沙特公司正式收到阿美公司项目资质审批的批复，成为中国石油行业唯一打开沙特阿美公司气井高端市场的石油工程承包商，打破了长达 80 多年的这一领域一直由西方老牌石油公司垄断的局面。

现场访谈

敬一丹 在大伙儿眼里，你是他们的男神，大家都觉得你敢打敢拼，不惧任何困难，但我听说其实你也有软肋，比如说一旦提到一种食品，就心里打怵，有没有这回事，能不能给大伙儿爆料一下？

宋保健 还真有，就是方便面。应该是在 90 年代的时候，我们在印度尼西亚开拓市场，当时由于规模比较小，为了节约资金，我们就聘用了当地的厨师，他们做的饭每一个菜里面都放咖喱粉，因为吃不惯这样的饭，就从国内带方便面吃，煮着吃、炒着吃、干吃、吃了整整一年，现在提起来确实有点怕。

敬一丹 在这 18 年当中，最令你难忘的是什么？最令你感到自豪的又是什么？

宋保健 在这 18 年中，最令我难忘的是我们中国第一次石油工程队伍——“中国一号”进入沙特的时候，由于我们当时不能完全理解阿美公司的标准，第一台设备安装好之后，阿美公司的现场监督和总监对我们的开钻验收提出了 523 个问题。

为了完成整改任务，光焊条我们就用掉了 1.7 吨，我们又用了一个半月的时间，按照阿美公司的要求，顺利地完成了这 523 个问题的整改，并且如期开钻。当时，对于我们这些年轻人来说，吃点苦，多干点活都不算啥，但是最难熬的，最令我们难忘的是我们思念家乡、思念亲人的这种寂寞。

敬一丹　最令你骄傲的事儿是什么？

宋保健　从小的方面来说，我们中原阿拉伯钻井公司从拥有 1 支钻井队发展到目前的 33 支，我们中原工程公司从拥有 1 支队伍发展到目前的 134 支。从大的方面来说，到海外看到我们集团公司的队伍规模大了，海外的人才队伍多了，尤其是我们中石化的品牌，在许多的国家叫得响了，这是我们最为骄傲的。

敬一丹　我们也知道正是有了你们的拼搏奉献，才有了我们中国石化海外市场的逆势上扬，也才有了我们中国石化在国家“一带一路”倡议当中的骄人业绩。在这里我提议让我们把真诚的掌声、感谢的掌声送给我们中石化所有的海外市场的干部员工，向他们致敬，谢谢。

陈鹏龙

湖北石油

颁奖词

大雨，急流，风亦狂。洪魔肆虐时，一心想着库站安全；遇险落水后，你仍然为同伴着想。带着承诺穿越风雨，却再不能为家人遮风挡雨。把现场当考场，把责任当信仰。40岁，短暂而坚实的生命，你用行动擦亮党徽，照亮人生平平仄仄的诗行。

人物事迹

浊流英姿泣苍穹

中共党员，湖北荆门石油原党委委员、副经理。

2016年7月19日，湖北荆门、天门地区迎来第六轮强降雨，部分地区降雨量接近900毫米，相当于当地一年降水量的总和。陈鹏龙在一线指挥抢险过程中，所乘交通工具被洪水击翻，不幸遇难，年仅40岁。

遭遇暴雨后，辖区140多座加油站中有30多座受灾。7月20日，陈鹏龙召开紧急救灾会议，之后与廖方敏和陈士武乘坐越野车前往90公里外的位于荆门市东南部的京山县。

水深无法行进，他们不得不搭乘一台车轮直径1.7米左右的农用旋耕机。行驶至杨丰医院对面时，一股巨大洪流突然袭来，旋耕机瞬间侧翻，三人落入水中。

7月22日，在6名加油站站长的托举下，陈鹏龙的遗体被缓缓抬上岸。

司机张代元说，他经常给陈鹏龙开车，车里一定要放四样东西：安全帽、手电筒、雨伞、雨靴。廖方敏说，很少见到陈鹏龙穿皮鞋，因为总是下基层，脚上常年穿着工作鞋。到荆门石油工作不到一个月，陈鹏龙就将辖区140多个加油站跑了个遍。

现场访谈

敬一丹 周燕刚才也和我们一起看短片，我都有点不忍心让她再看。他突然走了，对全家人来说，这个变故太大了，现在家里的老人和孩子怎么样？

陈鹏龙妻子周燕 应该说他是我们家的顶梁柱，是我们的天。现在老人因为年龄大了嘛，通过时间来慢慢平复吧。

敬一丹 女儿呢？平时你和女儿会谈爸爸吗？

陈鹏龙妻子周燕 尽量地回避。因为女儿现在上高二嘛，应该说比我想象中的要坚强一些。从父亲离开以后，她在外人面前基本上没有流过眼泪，所以我想这是她表现出的一种坚强，我们会一起面对以后的生活。

敬一丹 在人前不流一滴眼泪，我想其实家人都在克制着互相不去谈，但是最想他的时候你怎么表达，是写下来还是？

陈鹏龙妻子周燕 因为他的手机在洪水中被冲走了，也没有写信这种习惯，我们俩一般都是用微信或者短信联系，所以我重新申请了他的号码，保留了他的微信。我会经常给他发一些我想对他说的话，我想他应该能够看得到。

敬一丹 今天在这儿有很多他的同事，他的同行，我们现在还在直播，在网络的那一边有很多人也会看到，这是一个感动的舞台。那么，你会怎样把你感受到的通过微信告诉你丈夫呢？

陈鹏龙妻子周燕　我想他能够得到大家的认同和赞许，这应该是他毕生的追求。

敬一丹　将来女儿长大成人了，你怎么跟她谈她爸爸，怎么跟她谈今天你在这里感受到的大家对他的尊敬？

陈鹏龙妻子周燕　因为她现在是高中的关键时期，所以我没有跟她说太多，但是我会把所有的东西以及他得到的荣誉和大家对他的认同保留下来，等她高中毕业上大学以后，一起给她，让她知道，让她为父亲感到自豪。

敬一丹　现在让我们把掌声送给他的坚强的家人们。

陈鹏龙妻子周燕　我今天还想借这个难得的机会，感谢中石化集团公司、销售公司、湖北公司、宜昌公司、荆门公司的各级领导以及各位同仁对我们家的关心和帮助，以后我们会更加坚强地按照陈鹏龙的意愿去生活，以回报大家对我们的关心和帮助，谢谢。

斯尔江·托合提木拉提

西北油田

颁奖词

“四处奔走募集良方，只为让山梁洒满阳光。烧的煤，吃的米，缸里的水，样样都是你的牵挂。用心浇灌民族之花，你挽起袖管，脱得下鞋子，钻得了家田。你这支拐杖，是孩子们的翅膀；一副双肩，扛住了生命的重量。敬礼，献给‘访惠聚’路上大写的你！”

人物
事迹

播撒绿荫也留情

39 岁，中共党员，西北油田分公司采油一厂生产运行科生产调度，西北油田“访惠聚”工作组成员。

“访惠聚”工作组刚到村子时，村民夹道欢迎，他心里热乎乎的。转了一圈，却如坠冰窖——这里太穷，2000 多人的村子，每人耕地不足半亩，397 人吃低保。五天后，他在两会上反映了这里的情况。

回来后，村民看到他参加两会接受采访的照片，很惊讶：这个在人民大会堂西装革履的人，现在浑身是土，拿着铁锹与大家一起劳动。

村民亚克普在村里开电动车修理铺，想学习维修技术，而高昂的学费让他望而却步。斯尔江休假回到乌鲁木齐，好不容易找到愿意教技术的人。他请技术人员吃饭，每次都点爆炒面肺，还缠着厨师讲解。原来，他还惦记村里开夜市的人家。

农忙时，村里的孩子没人照看，他与同事成立“启航课堂”，给孩子上课。第一堂课上完后，村里的孩子们都举起脏兮兮的小手，向他敬礼。这样的敬礼，被他复制到两会上。全场肃然起敬！

现场访谈

栗　阳	去年两会上，你那个经典的动作被一个记者抓拍到了，做了一个敬礼的姿势是吧？当时做这个姿势是出于什么心理？是急于发言，还是？
斯尔江·托合提木拉提	这是我在两会之前第一次驻村的时候，我看到村里的小孩子见到我们工作组的时候，不会用汉语去表达，就用这种敬礼的方式跟我们交流，所以我在两会上留下了敬礼的这张照片。回来之后，我们工作的重点就放在对青少年的汉语教育上。
栗　阳	有一种沟通是无需语言的，去年你已经结束了驻村的任务，为什么还要主动提出来再留一年？
斯尔江·托合提木拉提	再次返回去的这一年当中，我们的确取得了不小的成绩，但是在全面脱贫奔小康的道路上，我们还是有一定差距的。 作为一名中石化的员工，有着油田企业的支持，我有义务、有责任、有信心再坚守一年。
栗　阳	你认为做好这项工作最重要的是什么？靠什么来

获取村民们的信任？

斯尔江·托合提木拉提　用一个字来表达，就是“心”，用真心换真心。

栗　阳　说得好，用真心换真心，让我们把掌声送给斯尔江，送给这位两会上的致敬哥。谢谢你。

薛 军

催化剂分公司

颁奖词

“只要找对了路，就不怕路远。用孜孜不倦当名片，以竭心尽力写坐标。诚待天下，誓将品牌落地；沁心成长，难掩智者锋芒；摧城拔寨，频传傲人捷报。聚用户，又行万里征程。你抖开征衣，猎猎成旗！”

人物事迹

扬帆千里向蔚蓝

37 岁，中共党员，催化剂分公司东大区海外销售中心经理。

两年时间里，他创造了中国石化海外催化剂业务签约额达 1 亿美元的业绩，占中国石化催化剂海外出口签约总额的 80%，占销售收入的 80% 以上！ 2008 年 7 月，薛军开始征战海外催化剂市场。

通过接洽，中东一家芳烃企业对中国石化催化剂表现出兴趣。对方要求所有供应商必须到工厂现场谈判，而此时由于地缘政治形势的恶化，该国已经出现不稳定情况。为了显示足够的诚意，薛军只身前往中东腹地。当薛军顶着 50 多摄氏度的高温风尘仆仆地出现在对方工厂时，这家企业的管理人员紧紧握住了薛军的手。经过两天谈判，初出茅庐的薛军谈下了这单生意。

团队只有 5 个人，而他们负责的区域包含亚洲、非洲、大洋洲和独联体等。高强度的工作、艰苦的环境、巨大的文化差异，都是巨大的考验。薛军多次拒绝了调到环境更好的地方工作的“优待”，也拒绝了国外企业高薪水、高职位的挖角，坚持留在中东开拓海外催化剂市场。

“中国石化海外营销就是我的根，我离不开。”

现场访谈

敬一丹 大家刚才都在镜头里看见你的小孩了，特别可爱，她多大了？

薛军妻子黄莹 谢谢！现在 8 个月。

敬一丹 8 个月，特别可爱。8 个月她爸爸见过她多少次？面对面地见。

薛军妻子黄莹 很少。

敬一丹 比如说什么时候？

薛军妻子黄莹 出生的时候见过一次，春节的时候见过一次。

敬一丹 面对面的就这两次。平常视频？

薛军妻子黄莹 对，有时候视频。

敬一丹 也就是说，这个孩子在屏幕上见到爸爸的机会更多，她慢慢长大的时候，有可能一说爸爸就会看屏幕，这就是咱们石化的孩子。小孩叫什么名字？

薛军妻子黄莹 薛迪。

敬一丹 是什么意思？

薛军妻子黄莹 因为她爸爸这些年的工作一直在中东迪拜，这是他一直工作和生活的一个中转站和加油站，所以她爸爸给她起名叫薛迪，就希望以后我们老了的时候，叫孩子名字的时候，想起当年奋斗的青春。

敬一丹　看，他最在意的一个是工作的地方，一个是自己的孩子，两个都带个“迪”字，这太有深意了，这个字特别好。我们说给石化人当妻子有太多不容易，这不是一年、两年，这是九年。你有没有过太需要他在家了，自己撑不住的时候？

薛军妻子黄莹　有，很多次吧，像怀孕的时候。我刚开始不知道自己怀孕，就提了重物，背和腰都疼得不能走路，又不好意思请假。走不动路的时候就特希望他在，能扶扶我。我还孕吐，趴在马桶上吐得爬不起来的时候，特希望他能给我递一杯水，但这都是不可能的，感觉挺遗憾的。

敬一丹　一杯水都是奢望。黄莹特别可爱，她上台之前特别紧张。你可以想象就这样一个特别娇小的妻子，一个母亲，她多有韧性，为了石化，为了丈夫的事业，她坚持了九年，太不容易了，我此刻真希望大家的掌声中既包含着对她丈夫的敬意，同时也包含着对咱们石化家属的感谢之情。

我真希望你丈夫此刻也能听到这个掌声，因为大家的掌声是给你们俩的，也是给你的小孩的。

2018

第四届『感动石化』人物

陈俊武

中国科学院院士

颁奖词

“青春投学，鲐背躬耕；爱国有志，报国有恒。将梦想的火花，化作绽放的‘金花’，事业需要你在哪里，你就扎在哪里。数不清的图纸，画一世情怀；停不下的耕耘，成松木参天。春风桃李传薪火，不用浮名绊此身。青山夕照，你怀揣千里宏志，再启程。”

人物事迹

俊骥伏枥小众山

91 岁，中共党员，中国科学院资深院士，洛阳工程有限公司技术委员会名誉主任。

1949 年 12 月，痴心炼油技术的陈俊武，来到条件较差的抚顺石油三厂，自此与石油谈了一辈子“恋爱”。

半个多世纪以来，他和同事先后完成我国第一套 60 万吨 / 年流化催化裂化装置自主开发与设计，以及我国第一套提升管催化裂化、第一套高效再生催化装置工程技术开发与设计，建设国内首套 50 万吨 / 年同轴催化裂化装置，第一次在工业上将渣油作为催化裂化装置的进料取得成功，获得我国催化裂化工程技术领域第一个发明专利……

诸多“第一次”，引领我国催化裂化技术从一片荒芜变为满园锦绣。目前，我国已成为仅次于美国的催化裂化大国。

退休后，他也没有停歇。在他的指导下，煤制烯烃世界性难题被一举攻克，形成了具有我国自主知识产权的 DMTO、DMTO-Ⅱ 及烯烃分离成套技术。

近几年，他又把目光投向减少温室气体排放、气候变化、碳减排和氢能技术等多项战略性研究。

他对自己特别“小气”，出差常常会为省点坐车钱、住宾馆钱而计较；他对他人又异常大方，常常把奖金捐给优秀青年人才。

已是鲐背之年的陈俊武说：“我从20多岁开始搞创新，一天也没有安静过。不能觉得自己得到了很多荣誉，就该歇一歇了。我时刻警惕，不敢有这个思想。”

现场访谈

敬一丹 陈院士，您平常自己过生日吗？怎么过自己的生日？

陈俊武 60 岁以前经常忘记生日，有时候坐在火车上，一想怎么今天是生日？是这样的，我没有把自己生日当作一个纪念日，而是把生日作为一个为国家操心的时间的累积。

敬一丹 咱们今天中国石化过生日，您心里头是什么感觉呢？

陈俊武 因为今天是中国石化 35 岁的生日，从中国石化诞生那一天，我就已经投身石化事业，所以现在感觉特别亲切。

敬一丹 听说咱们陈院士特别喜欢中国的古典诗词，那么在过生日的时候，哪句诗会涌上心头，和我们大家分享一下。

陈俊武 我对诗词不是很在行，只是比较欣赏。我对于苏东坡写的一首诗比较欣赏，所以把它记下来了，就是“人生到处知何似，应似飞鸿踏雪泥。泥上偶然留指爪，鸿飞那复计东西。老僧已死成新塔，坏壁无由见旧题。往日崎岖还记否，路长人困蹇驴嘶”。

敬一丹 陈院士读诗的时候我就在想，其实他这一生，他的职业生涯就充满了诗意。今天咱们石化人过生日，应该算是三世同堂还是四世同堂？

陈俊武 我看是四世同堂。

敬一丹 那四世同堂。您是最资深的石化人了，您现在 91 岁，还有刚刚入职的可能是19岁，都是“90后”。我们正在看直播，假如说您跟现在电视机前面那些19岁的，您的特别年轻的小同事交流一下，您会给他们什么样的嘱咐呢？

陈俊武　我祝福这些小同志们能够在我们中石化，将来争取在世界上取得头筹。

敬一丹　此刻正在收看直播的我们年轻的石化人，听到了吧，咱们一起过生日，能够听到这样的嘱咐，也是我们的福气。谢谢陈院士。

镇海炼化烯烃部

颁奖词

“千日奋战，百万乙烯终梦圆；八载风雨，茫茫海涂绘彩卷。创‘国’字号纪录，与世界级对接。穿越黑夜白天，追求极致的脚步永不停歇。精心优化，似静心‘绣花’；呵护装置，如呵护‘宝贝’。牢记总书记的嘱托，工业强国的跑道上，你们初心如磐，行稳而致远。”

人物
事迹

百舸奋楫成一流

镇海炼化烯烃部是一个平均年龄 35 岁的年轻集体。

2006 年 11 月 6 日，投资 235 亿元的镇海炼化 100 万吨 / 年乙烯工程打下第一根桩。时任浙江省委书记的习近平在奠基仪式上说：“早日把镇海炼化大乙烯工程建成‘世界级、高科技、一体化’的具有国际竞争力的标志性工程，为我国石化产业和浙江经济社会的和谐发展谱写新的篇章”。

镇海炼化烯烃部牢记总书记的嘱托，奋勇争先，37 个月建成完工的大乙烯夺得国优金奖，第一个运行整年绩效就进入全球第一群组，运行 5 年就收回全部投资，单装置运行连破 9 项世界纪录。他们用追求极致的精神，代表中国石化率先打造世界一流炼化基地，印证了石化员工产业报国的热血和忠心。

烯烃部的操作人员大多来自炼油装置岗位，从“炼油人”向“乙烯人”转变并非易事。他们远赴兄弟单位学习取经，一头扎进现场，休息时间也挤在小房间集体钻研，高强度的学习使他们很快磨炼出“铁军”的技能。目前，烯烃部已拥有 11 项国家专利。

在工程建设中，他们创造了业主管理团队人员最少、建设工期最短、国产化率最高的纪录，实现了重大安全环保质量事故为零的目标，创造了连续作业 3000 万工时的安全业绩。

6 月 8 日，完成常规检修任务的镇海乙烯迈入第三轮四年的连续运行周期。“镇海乙烯是套光荣的装置，烯烃部是一个大家庭，也是一个大学校。在这个单位工作，大家都为了能驾驭好大乙烯而奋发图强，你追我赶，争当第一。”工作两年就挑起大梁的 90 后员工王宇轩说。

现场访谈

敬一丹　和大家认识一下吧？自我介绍一下。

智茂轩　我是镇海炼化烯烃部的主任智茂轩。

王林芳　我是镇海炼化烯烃部 u 一机装置主管王林芳。

敬一丹　刚才大家都在这个短片中看到了，智主任说到他的大乙烯工程的时候，就像说自己的孩子一样。每个人对自己孩子出生的情景、细节都记得清清楚楚。那么，大乙烯开工的时候，你印象最深的细节是什么？

智茂轩　我记得很清楚，因为现场有总书记的嘱托，当时的影像我珍藏着，今天我带到了现场。

敬一丹　好，我们一起来看。（视频）

2006 年 11 月 6 日，公司 100 万吨 / 年大乙烯工程举行项目开工仪式，时任浙江省委书记习近平同志为乙烯工程奠基并发表重要讲话：“早日把镇海炼化大乙烯工程建成‘世界级、高科技、一体化’的具有国际竞争力的标志性工程。”

智茂轩　我当时就坐在小板凳上，还是一名普通的技术员。我就在后面中间的位置。

敬一丹　当时习近平同志任浙江省委书记，出席了开工仪式，非常隆重。当时你作为员工坐在下面，那是什么感觉呢？

智茂轩 当时是非常激动，因为在现场，时任浙江省委书记习近平同志发表了重要讲话，对我们提出了殷切的希望，这就是我的初心和使命，一直激励着我奋斗。

敬一丹 那是2006年，已经过去这么多年了，他的每个同事都有自己的记忆。那么，刚才我们在镜头里也看到了，王林芳既是专家又是主管，还有一个身份，她还是一位妈妈。你这次到北京来参加我们这个活动，来给中国石化过生日，你儿子知道你来做什么吗？

王林芳 我来的前一天，我儿子钢琴课结束的时候，他很自豪地跟他的钢琴老师说，我妈妈明天要去北京领奖。

敬一丹 真好，这是咱们石化的又一代了。他现在了解你的工作吗？他慢慢长大，将来你怎么给他讲他的母亲在做什么？他的母亲和伙伴们在创造什么？怎么给他讲这个故事呢？

王林芳 现在他可能不是特别清楚，以后我会告诉他。有人讲我们乙烯工程就像一艘航空母舰，我们每个乙烯人都是舰上的一员，现在我们就在现任舰长志智主任的带领下奋力前行，争取为我们石化，为我们国家创造更大的效益。我为自己是其中的一员感到自豪。

敬一丹 我想我们石化人的下一代，听了长辈讲的这样的石化故事，没准他就是一个小小的石化人，我们祝福他们的未来。好，谢谢两位。

李干生

集团公司原副总工程师

颁奖词

“想当年头戴铝盔，征战荒原沙海；转身后运筹帷幄，布局万里关山。干了一生，只为找油找气忙。筚路蓝缕，沐风雨砥砺行；甘当人梯，架未来育栋梁。不断扩大的版图上，刻下你皓首穷经的印记。一个个油田投产，一条条气龙腾空，那是你心中最美的风光。”

人物
事迹

襟怀浩气战天地

78 岁，中共党员，集团公司原副总工程师，油田事业部第一任主任。

1998 年，58 岁的李干生调入中国石化，在即将退休的年纪开始了“创业”人生，创建油田事业部，并任第一任主任。

为确保东部硬稳定，他组织隐蔽油气藏勘探攻关，胜利油田创出连续 30 年年均新增探明石油储量 1 亿吨以上的业绩。

对于新区勘探，他果断提出要立足大盆地发展南方海相，并部署两口重点井。毛坝 1 井还没打到目的层就有显示。大家都犹豫时，李干生提出赶快测试，否则会贻误战机。一测，日产气 33 万立方米。中国石化南方海相首次获得突破！

随后，普光 1 井在打到目的层时，发现下面还有储层，很多人希望继续打，但李干生不同意。他认为这是发现井，获得发现的主要任务已经完成，必须抓大放小，而且继续打工程风险太大，一旦整井报废就会贻误战机。结果普光 1 井日产气超过 40 万立方米，南方海相获得重大突破，发现普光大气田。

既敢打敢冲，又不冒进，20 年来，在无数像李干生这样的油气工作者的奋斗下，中国石化上游从“七八条枪”变得“兵强马壮”，探矿权面积增加 9 倍，天然气产量增加 6.4 倍。

如今，78 岁的李干生依然关心关注石化上游事业。他说：“我为祖国献石油，哪里有石油哪里安家，不能忘了这个初心！”

现场访谈

敬一丹　李总，刚才我在镜头上看到您接受采访，看到您开会，完全看不出您是已经退休的人，您现在还是工作状态？

李干生　现在对我来讲好像没什么大的变化，因为我一直在关心石油天然气的资料和材料，只要有，我就收集。

敬一丹　回忆自己的职业生涯做了那么多事，像川气出川这件事，在您的职业生涯中也是个大事，是吧？

李干生　对。

敬一丹　我们心里有一个问号，几代人都没能实现，为什么后来实现了？关键是什么？

李干生　对了，我认为你这个问题很好，我认为有两点是值得总结的：

第一，是解放思想，不断创新。这种思路给我们带来不竭的动力，使我们不断地发现。第二，我们继承发扬了苦干实干，三老四严，敢打敢拼，不冒进，永远奋斗的石油石化传统，这是我们的力量所在。

敬一丹　您走了那么多的地方，现在回想起来，经常梦回什么地方？是现场吗？

李干生　我经常梦回两个地方：第一个是现场，在井队；第二个是在开大会的时候，部署作战图，在什么地方搞突破，在什么地方搞发现，这是我在想、在看的东西。

敬一丹 李总的表达让我们真的是心生敬意。听说咱们中石化的退休员工就有几十万，李总就是他们中间特别优秀的代表，我们在这也把掌声给和李总一样的，已经退休的老石化人。

孙同根

金陵石化

颁奖词

“高中学历，练就‘最强大脑’；独门绝技，激活亿元效益。枯燥的数据海洋里寻找蛛丝马迹，几十万次操作中摸准装置‘脾气’。耐得住寂寞，扛得起重担，解得了难题。一念执着，心无旁骛；一生追寻，精益求精。把工艺技术提炼成创新艺术，你用33年的专注，让质量在积淀里升级。”

人物事迹

至臻至纯铸匠心

52 岁，中共党员，中国石化劳动模范、金陵石化资深首席技师，享受正处级待遇的技能专家。

1985 年 12 月，孙同根高中毕业到金陵石化工作。33 年来，他认真钻研炼油理论知识和操作工艺，从一名学徒工做起，逐步成长为技师、高级技师、首席技师、资深首席技师，练就了一手“绝活儿”：只要看到炼油装置指标，就知道哪里出了问题。

2011 年，金陵石化油品质量升级重点项目——150 万吨 / 年催化汽油吸附脱硫装置筹建，孙同根被推举为技术负责人，这是一套全新装置，没有建设经验和技术储备，一切只能“摸着石头过河”。

孙同根研究装置操作规范、工艺，编写培训教材，对操作人员进行培训，使所有员工通过考核。他精心准备了方案，保证了装置顺利开车，为江苏沿江八市汽油升级作出了贡献。

开车 8 个月后，汽油吸附脱硫装置能耗比集团公司多套同类装置低 50% 多的同时，汽油辛烷值损失只有 0.4，比同类装置平均低 0.5~0.7，这些指标让专家啧啧称奇，创造了中国石化油品质量升级的奇迹。

现在，孙同根被全国炼化企业争相邀请指导。中国石化相关部门发文要求催化吸附脱硫装置人员学习“孙同根操作法”，让“孙同根操作法”进入了 24 家企业。

现场访谈

敬一丹　刚才您从观众席走到台上的时候，我心里就默默地数着 1、2、3、4、5……也就 10 秒钟。刚才短片中说您用 10 秒钟就能看出设备运行的要害，这怎么练出来的？

孙同根　石油炼制装置的一些关键的运行数据背后其实都有很强的逻辑性。通过这些数据的区间，是可以推导出这个装置的运行状态的，在能耗、产品分布，特别是经济效益方面，都可以做一个比较准确的判断。

敬一丹　现在您的操作法是用您的名字命名的，叫“孙同根操作法”，在多大范围内正在运用？

孙同根　目前就是催化汽油吸附脱硫装置，在国内有 31 套在运行，后边还有若干套在建设。

敬一丹　这 31 套设备是在全国各地？

孙同根　对，在中石化、中石油、中海油，包括盐场等。

敬一丹　我基本上是一个科盲，您给我科普一下。现在我们总是听到这个油品质量升级的消息，从国 3、国 4、国 5，现在到国 6 了，那么硫的含量，还能降到什么程度？

孙同根　油品质量升级，过去我们从 800 个 ppm 逐步降到 500、350、50 个 ppm，现在要求 10 个 ppm 以下，我们可以控制在 5 个

ppm 以下。跟过去相比，我们脱硫，把汽油中的硫脱除，超过 99%。

敬一丹 听您这样说，我就感觉到，您和您的同事们的工作和我们都连着，不仅仅是和咱们石化连着，和我们这些开车的、走路的，我们这些老百姓的生活品质都连着，谢谢您。

张从邦

国际石油工程公司

颁奖词

破冰海外市场，你敢打敢拼敢闯。目光如炬，洞悉发展先机；尽心竭力，誓将品牌打响。风沙狂，心中挂的，唯有做大做强；遥相望，放不下的，不只白发高堂。逆势奋进展一面旗帜，合掌为拳铸钢铁之师。你，将丝路悠远的驼铃，化作巍然矗立的井架。让产业链集群企业，在世界的舞台上，腰杆挺拔。

人物事迹

智勇并济拓乾坤

48 岁，中共党员，国际石油工程公司副总工程师，科威特分公司区域党工委书记、总经理。

2009 年，在群雄逐鹿、强手如林的科威特石油工程市场，张从邦带领团队启动了中国石化第一部钻机，也将国工科威特分公司发展成科威特石油公司（KOC）最大的钻井承包商。

调研期间，张从邦及其团队晚上在公寓楼里整理和分析白天搜集来的各种数据和信息，白天前往甲方、代理公司、中资企业等地调研。张从邦认定，科威特市场有重大发展机遇。2009 年 4 月，他们凭借报价仅 2‰的微小差距中标 15 部钻机，其中包括当时中国石化海外单笔金额最大的钻井合同。

多年来，张从邦主动帮助国内厂家建立和完善与国际接轨的质量控制体系，并抓住一切机会向甲方各管理层级推介中国设备。目前，仅国工科威特分公司引入的国产设备就超过 43 亿元，中国石化工程队伍设备配套国产化接近 100%，有力带动了我国石油设备走向世界。

现在，中国石化在科威特的钻机已达 55 部，国工科威特分公司成为该国第一大钻井承包商，也成为斯伦贝谢、哈里伯顿等国际油服强手的合作伙伴。张从邦还有更大的梦想："我们一定要走向高端！在深井钻井、录井、提高采收率、油田一体化开发等方面进一步延伸产业链，打造中国人的石油工程国际品牌。"

现场访谈

敬一丹　平常你工作的时候，工作语言是英语？

张从邦　对，几乎全部是英语。

敬一丹　如果用带有科威特口音的英语说“中石化生日快乐”，应该怎么说呢？

张从邦　用阿拉伯语，他们讲阿拉伯语，“e 的满意的 3 亿的 Sinopec”（音译）。

敬一丹　你说的是什么语？

张从邦　阿拉伯语。要是说英语的话，“All the best to Sinopec”，就那样子，不太好听懂，舌头是朝上卷的。

敬一丹　在外面奔波这么多年，也是第一次回来过中石化的生日吧？

张从邦　对，第一次。

敬一丹　每年有多少时间能够回到国内和家人团聚？

张从邦　按照我们的规定，我们是干三个月休息一个月，上游板块的，歇一个月。但是因为是项目群的关系，我们休息不够这个时间。

敬一丹　你的很多工作是没有先例的，很多空白是需要你去填补的。对于这点，你怎么认为？

张从邦　我感觉每到一个新地方，就是一个挑战，但也是一个取得成就的机会。第一胆子要壮，敢闯，哪都敢去、哪都敢跑，这是我的长处。第二就是脸皮厚，敢问，别人拒绝之后我也反复问，反正第一次不行第二次，第二次不行第三次，我非要问到你给我答复为止。第三就是要心细，我觉得咱们闯海外市场，跟别人竞争，不能忽略任何一个细节，忽略一个细节，就可能丢很多钱，如果你把细节都考虑到了，按照目前中石化的能力，我们干国际项目没有搞不好的。

敬一丹 你现在这么能干，有没有一些国外同行或者其他公司想挖你的？

张从邦 真有。我在科威特最主要的对手，他就想挖我，想让我过去，这是实话。第一次、第二次我把他完全忽略掉。第三次，我就跟他说"No"，我说你别跟我谈你买我的事情，你把你的公司卖给我，我可以买你的公司，然后他就不吭声了。我背靠的是一个三千亿美元的中石化大平台，他算什么呢，对吧？就这种胆气，没把他当回事。

敬一丹 你总在外面奔波，做了那么多的事，你妈妈知不知道你到底在干什么？

张从邦 知道。我跟她聊了很多，我回家之后，一般第一个晚上，会挨她睡一晚，就跟她聊天，但是不跟她说外面有多苦多累，只跟她讲出了多少成绩、多少成就。

敬一丹 有成就的时候是要和母亲分享的，你想怎样告诉她？

张从邦 这两天准备回趟家，我得给我妈再扫扫坟了。我清明节没有回来，因为那边正在投标。

敬一丹 在坟前你会告诉她，此时此刻吧。

张从邦 会，我会跟她说。

江苏石油南京湖西街加油站

颁奖词

“一天 24 小时，奔腾的车流里迎来送往；一年 365 天，真诚的微笑中为幸福加油。跨界营销，链接‘人 · 车 · 生活’；爱心驿站，让城市更有温度。空间有限，创意无疆，用智慧打开美好生活的窗。送出的是时代动力的源泉，折射的是社会前进的力量。你们是最可爱的石化‘蓝精灵’，全面建成小康的路上，有你们谱写的美丽诗行。”

人物事迹

日新行远天地宽

江苏石油南京湖西街加油站位于南京河西 CBD 商圈和河西精品住宅小区交互中心，是南京石油重点打造的综合服务驿站，也是中国石化销售企业改革创新的一个缩影。

建站之初，湖西街站大胆突破加油站固有布局设计思维，开创菱形泵岛斜体机位、双进双出口模式，有效提升了进站率、通过率。2016 年以来，该站在第三方合作、平台服务、人才培养、社会公益等方面不断发力，实现了多功能服务，由单一的加油场所发展为“人 · 车 · 生活”综合服务体。

该站从新模式、新业态、新品质入手，推进“加油站 +”平台建设，通过与苏果超市强强联合，引入烘焙店、鲜花店、自助洗车店等，丰富了业务种类，拓宽了服务领域，有效提升了客户满意度。

此外，该站还通过设立环卫驿站、精准扶持农户增收、开展公众开放日活动助力社会公益事业，更好地履行央企社会责任。

近年来，湖西街站在“最佳站长”和“绝活儿员工”的共同努力下，年加油量达 1.8 万吨，人均劳效达 1285 吨，先后获得江苏石油 “金牌示范站”、“青年文明号”、销售公司“百强安全班组”、南京市产业工会“工人先锋号”等荣誉称号。

现场访谈

敬一丹 你好，林芳！林芳一上台大家眼前一亮吧！刚才我们在镜头上看见你是穿工装的，特别职业，为什么在这个舞台上穿得这么漂亮？

张林芳 今天是我们石化人 35 岁生日，我很开心，所以穿得漂漂亮亮地过生日。

敬一丹 有没有人走进你们加油站说，这是加油站吗？怎么什么都能干？

张林芳 时代在变化，客户的需求也在不断地变化，所以我们湖西街加油站有洗车店，有花店，有蛋糕店，还有超市微店，这些都是为了满足不同客户的需求。

敬一丹 所以这是一个具有时代特征的加油站。看到环卫职工在你们那休息的时候，我心里一热。平常他们真是风餐露宿，风里来、雨里去的，在这儿找到了一个这么温暖的地方，应该说中国石化还是投入了很多。他们用什么样的方式反馈？跟你们的关系又有哪些改变？

张林芳 是这样的。江苏石油在我们湖西街加油站打造了中国石化第一个以加油站为载体的环卫驿站，我们给环卫工人提供热烧饭，就是让他们歇歇脚、休息休息，真正体现我们中石化的社会责任。

敬一丹 后来他们和你们都成朋友了吧?

张林芳 现在我们和环卫工人亲如一家，今年二月南京下暴雪，环卫工人主动到我们加油站来帮助扫雪，环卫工人曹师傅就说了，你们油站女孩子多，不要累着，这个活让我来干。在环卫工人的帮助下，我们加油站做到了一夜无雪。我们献出了爱心，环卫工人同样给予我们爱心，爱是可以传递的。

敬一丹 真好！我听她说的时候眼前有一个画面，漫天飞雪，这个加油站一夜无雪，她给了我们什么提示呢？我真希望在我们身边，都有这样散发着热量的，散发着温暖的，散发着爱意的加油站。谢谢林芳。

王友忠

胜利油田

颁奖词

“黄河尾闾，采油一线，坚守‘阵地’21年。遇到困难是主心骨，唯一的‘特权’是带头吃苦。一副宽肩膀，扛基层重担；一身正能量，燃发展引擎。把员工当亲人，把奉献当本分。7000多个日夜，变化的是企业的日新月异，不变的是你的赤胆忠心。你用鲜艳的工装，为党旗添上最亮的一抹红光。”

人物事迹

润物无声风正清

54 岁，中共党员，胜利油田胜利采油厂采油管理二区注采 201 站党支部书记。

身为基层党支部书记，21 年来，他始终坚守基层党建这块阵地，积累了丰富的党建工作经验。

2009 年，王友忠在胜利油田率先创立党员“三先”工作制度，后纳入集团公司《基层党支部工作细则》并进行推广；2010 年，他提出“三唱”管理法，为油田 14 期党支部书记学习班共 1000 多名同志做经验介绍；2011 年，他探索实施党员“八自责任文化”管理模式，牵头成立了油田第一家党建工作室……

近年来，基层党支部面临很多新的矛盾、新的问题，王友忠积极创新思维，率先提出并组织实施了“党员业绩形象听证”制度，让全体党员通过业绩形象述职，在职工大会上做出承诺。

面对低油价，王友忠创新开展“党员承包单井”活动，让党员主动承包地处偏远、基础设施差、管理难度大的油井，并将党员的姓名印在油井上，亮出党员身份，凸显党员责任。

在他的带领下，该站先后有 78 项创新成果分别在山东省、中国石化及胜利油田获奖，有 60 余项成果获得国家专利，累计创效 9000 余万元。所在基层单位连续四届荣获集团公司“金牌采油队”称号。党支部连续 24 年获得胜利油田“优秀基层党组织”称号；2017 年荣获国务院国资委“中央企业第一批示范党支部”称号。

现场访谈

敬一丹　还是能看出当过兵，走路的步子就像有过军旅生活的。现在你每天其实是在做人的工作，尽管你在节目里说你的关键词是“融合”，但是最后你最关注的还是人。当你们的员工要退休的时候，你怎么跟他做工作？

王友忠　首先要告诉咱们老师傅，在上班期间，为咱们的石油石化企业作了很多的贡献。

敬一丹　要肯定他，给他荣誉。然后呢？

王友忠　让他有一种自豪感。同时，我们会安排好多员工跟他去交流，到家里边去交流。另外，我们小站搞了好多活动，这时再把他邀请回来，继续让他融入我们这个大家庭里。

敬一丹　真好，这就是特别有针对性地做人的工作。我再问你一个问题，我刚才看镜头里面女员工比较少，女员工如果出现一点小心思、小问题，你怎么跟她谈？

王友忠　我们那个班每天是从驻地到工作岗位去，由一辆通勤车拉着我们去，那辆车的最后面一个座位是我的，一般别人都上去以后，我最后一个上。上去我就来回看，看到最后差不多 80% 我就知道有没有情况了。

敬一丹　你怎么看出来的？

王友忠　咱们的员工不是演员，他要是心里有想不开的事情，掩饰不了，会挂在脸上。

敬一丹 心里有人的人，眼睛里就有发现。我再问你一个问题，新员工入职的时候，人事部门都要对他们进行入职教育，到你这儿报到了，你怎么样让一个刚刚入职的小年轻找到感觉？

王友忠 我就告诉他，咱们班长，是一个非常好的班长，是吧？你来到咱们这，加入这个群体，以后一定要注意这么几点：一是你必须得跟我一样，把岗位当阵地来看，把你的工作当事业来干；二是你要把工友当亲人来待。

敬一丹 大家看，一个基层的党支部书记就是这样工作的，眼睛里有人、有发现、有办法，所以他这个团队有活力。你会不会邀请我以后到你们队里去看看？

王友忠 我是非常想邀请，您有时间就过去。

敬一丹 我想我们应该到这样的团队去看看，它是一个点，从这个点我们也就认识中石化的一个面了。好，谢谢您。

朱卫华

销售公司

颁奖词

“守在偏远的村庄，泥泞和贫穷中拓荒，只为让质朴的双眸看到希望的光。访百家门，问百家情，双脚丈量每一寸土地。修致富路，引资源渠，从此深山再没有距离。一桩桩办到节骨眼上，一件件想到乡亲心里，用爱兜住人心的底。脱贫有时限，责任无止境。这不是一个人的信念，这是一个企业的良心。”

人物事迹

大爱于心成璞玉

59岁，中共党员，中国石化销售公司扶贫办干部。

“我一直对这个地方念念不忘，凉灯村是深度贫困村当中的深度贫困村。”朱卫华说。今年6月24日，朱卫华来到湖南省湘西土家族苗族自治州的凤凰县凉灯村，他想去看望一下村民龙阿婆一家。

凤凰县是中国石化定点扶贫的县城之一。2013年，朱卫华带着扶贫项目到凤凰调研，当天晚上就住在龙阿婆家。那时的凉灯村被群山环绕，村民生活贫困，几乎过着与世隔绝的农耕生活。调研结束后，朱卫华与当地政府商量，想帮当地修一条公路。不过凉灯村四周都是悬崖峭壁，修路难度极大。

“要修这条路必须从悬崖上切出来。”朱卫华说。这条从悬崖上切出来的路就是中国石化为凉灯村新修的公路，如今村里的年轻人大多出去打工，孩子也能到镇上去上学。

凤凰县的山江猕猴桃是中国石化在当地扶持的重点产业之一，也是朱卫华每次到凤凰县必去跟踪考察的重点项目。

2002年起，朱卫华专职从事扶贫工作，16年来，他每年近一半时间都在各个扶贫点调研，落实扶贫项目的进展。他先后被评为“中央企业扶贫开发工作先进个人”“中央国家机关等单位定点扶贫先进个人”等。

现场访谈

敬一丹 你是一个心很软的人吧？

朱卫华 是，泪腺比较丰富。

敬一丹 我觉得心软的人最适合去做扶贫了。他会动心，会为别人动心；他会为别人流泪；他也会为别人尽力。我想有的乡亲们可能很难走出大山，他们也没去过加油站，没进过你们的加工厂，但是他们知道中国石化，因为扶贫这个工作已经惠及了他们家。

朱卫华 对。

敬一丹 你拍了很多照片？

朱卫华 是的。

敬一丹 其实他一边工作一边拍照，我觉得这既是爱好，也是一种有意识的记录。每张照片后面都是有故事的，我们现在就听老朱来讲讲这个照片后面的故事。我们看这个照片，这个盘山路在哪儿？

朱卫华 是大别山的，我们中石化修的通村路。这个房子在东乡县的新农村。

敬一丹 这是移民村？

朱卫华 对，把旁边一个破旧的村庄整体移过来。这是小学，我们援建的。这个比较特别，我想多说两句，因为这是我们建成的海拔最高的援藏小学，这个位置海拔 4750 米。学校建成以后，我们把中石化对口支援的班戈县四到六年级的所有学生集中到这所学校来享受优质教育资源。今年特别巧，既是我们中国石化集团公司成立 35 周年，也是我们中石化承担国家扶贫任务 30 周年。我们工作的亮点除了建学校，还有修了 653 公里的通村的水泥路，我们还资助了 14162 名学习成绩优秀，但是家庭比较贫困的高中生和新入学的大学生。这一位就是我拍的，考到北京大学医学院的刘卫东同学。

敬一丹 中国石化那么大的企业，做扶贫工作，不就是花钱就好了？修路、建项目、帮助学生，就花钱不就完了吗？

朱卫华 是。但是我个人认为，花钱跟挣钱比并不容易。

敬一丹 是吗？

朱卫华 的确是这样。因为挣到钱以后，你就拿机器点钞就行了，现在连点钞都不用了，就计数就行了。

可是花钱，按照国家现在的要求，要变。我们原来的扶贫叫大水漫灌，现在讲精准滴灌，就是精准扶贫。

此外更重要的是，我们的扶贫资金要花得公开、公平、公正。所以我个人在机关里边专职做了 16 年的扶贫，我们投了 10 多个亿，到目前为止，我还没收到一封告状信、检举信，都是感谢信。人的一生，有时候只够做一件事，而且还不一定能做好。如果能够把一件事做好，我认为这一生就算值了。

敬一丹 扶贫这个事儿倾注了你那么多的心血，那些受助的项目还在继续，那些受助的孩子还正在长大，你能停下来吗？

朱卫华 肯定停不下来。

敬一丹　那怎么办呢?

朱卫华　是这样，我从开始的犹豫，到逐渐的热爱，到现在实际上已经放不下了。我跟每个县的熟人都说过，我退休以后，每年到这些县至少走一次。

再有，我跟中国扶贫基金会已经建立联系，他们已经邀请我好几次了，但是我有个前提，给钱的地方我不去。中国扶贫基金会说，我们最多给你出差旅费，你就帮着我们一起做扶贫，没有工资，我说这可以。

敬一丹　其实我相信，不管退不退休，在扶贫这条路上，老朱会继续往前走的，因为他是一个有情怀的人。

我听我们采访的记者说，你不但喜欢照相，还喜欢写一些什么，用图和文两种方式来表达自己的内心。写诗吗?

朱卫华　其实不是诗，我最近老是不由自主地写一些小文，我前不久刚刚写了一篇《我的扶贫独白》，我把其中的几句话给大家读一下：

“干扶贫有风险，雅俗黑白各种脸；多吃亏、别埋怨，有便宜不能占；立心对天地，立命随民愿；绝学要继承，太平人心欢；农桑稳国基，仁爱是友善；国正人心顺，百姓大于天。”

敬一丹　谢谢老朱，向老朱致敬!

朱卫华　好，谢谢。

润滑油公司空间润滑技术中心开发团队

颁奖词

“神舟，嫦娥，蛟龙，复兴……中国制造腾飞的动脉里，流淌着你们输送的‘黄金血液’。一甲子潜心，一缕之韧能引千斤之重；三代人接力，点滴之能助燃民族之光。你们是大国重器背后的隐形力量。于无声处显精湛，孜孜不倦筑长城。用的是石化心，润的是中国梦。强了，长城润滑油！”

人物
事迹

源源之力通寰宇

长城润滑油公司空间润滑技术开发中心源源不断地为中国航天提供润滑材料。

中国石化润滑油从零起步，打破国外垄断，自主研发出我国第一批全氟碳油脂等特种油脂，全面满足我国核工业、航天工业发展需求。目前，已形成七大类 58 种航天润滑产品。更新换代后的含氟油产品通过国家鉴定，获国防科工委发明奖一等奖。

随着中国运载火箭的发展，航天工程的实施，对配套的油脂提出了更高要求。科研人员经过深入研究和反复试验，终于找到能做成合格产品的油料，成功制成了适用于火箭多处部位的轴承脂和密封脂。他们研制出的特种异丙醚，打破了国外厂家垄断，标志着我国含氟油脂达到国际先进水平。

中国石化润滑油公司对标国际坚持自主创新，围绕重型运载火箭、深空探测及空间飞行器等，开展润滑材料研究，为复兴号等一系列“大国重器”提供润滑服务与支持。

作为“大国重器”背后的隐形力量，新一代长城人持续开展与航空、航天、高速铁路、远洋运输等高端技术应用领域的合作，是国家高端装备制造业的坚定支持者和参与者。

现场访谈

敬一丹 我以前采访过神州，采访过嫦娥，采访过一些“大国重器”，但还真是第一次有机会接触长城润滑油后面的这些人。刚才我看到你们的笑容特别可亲。你们长城润滑油有多少员工？

赵　恒 有6000多名员工。

敬一丹 有6000多名员工，为什么这三位成为代表？比如说那小伙子，是因为他颜值高而出现在这儿吗？

辛　虎 那肯定不是，是因为他的工作岗位。这位小伙子来自我们空间润滑技术开发中心，是新一代的科研工作者，90后的赵恒。

敬一丹 90后代表。那这位90后代表，你觉得在你身边的这位，他为什么会出现在这？

赵　恒 这位是我们空间润滑技术开发中心的主任辛虎，他是我们航天润滑技术团队的领头人，每当我们在工作上遇到困难时，他都会悉心地给予我们指导。

赵　恒 这位是我们润滑油公司副总工程师张华，她参与了我们第二代、第三代航天特种润滑油品的研制工作。在工作中她是我的老师，在生活中她是我的好大姐。

敬一丹 听他们互相这么一介绍，我们就知道了，在我们眼前的是润滑油的三代人，是吧？三代人其实是一种接力，一代一代地传递接力棒的时候，什么变了、什么没变，你希望把什么东西传递下去？

赵　恒　我觉得我们的时代变了，工作环境变了，工作方式也有变化；不变的是我们的爱国敬业、勇于承担、不断追求创新的精神，和我们勇于创新、精益求精、视质量为生命的工作作风，这种精神和作风代代相传，始终没有变。

敬一丹　现在，你们正在准备什么样的项目？为哪些“大国重器”提供保障？

辛　虎　现在我们最重要的工作是为中国的长征系列运载火箭，如神舟号载人飞船、天舟号货运飞船这些往返天地的运输工具提供润滑油脂。未来几年，我们最重要的工作是为我国首座空间站研制和提供配套润滑油脂。

敬一丹　以后咱们看一些大型航天任务直播的时候，我们鼓掌时，其中有的掌声就是给他们的。

好，我们的90后。和90后谈什么？当然要谈未来了，你展望一下，未来的35年，在你的眼中、你的心中将是什么样的呢？

赵　恒　作为一名90后，今天我感到十分的自豪。今后我们要牢记服务国家发展战略，打造世界一流的初心和使命，做好未来20~30年中国航天润滑技术储备，为实现强国梦想而奋斗。

敬一丹　好，谢谢三位，谢谢长城润滑油的同事们。

2019 第五届『感动石化』人物

李大东

中国工程院院士

颁奖词

“人生为一大事来，为国家谋，为炼油强。从‘根’做起，十年潜心砺‘剑’出。深耕反应之道，雕琢现有之业，始置再生之术。你，让‘混沌’变得清澈，用担当谱写蓝图。霜鬓不坠青云志，锐意创新意犹酣。以身为烛，德厚流光；石化风骨，国之栋梁。”

人物
事迹

大器屹东方

中共党员，1938 年出生，中国工程院院士，石科院战略咨询委主任，石油炼制催化剂及工艺方面的专家。

1978 年，科研工作者迎来科学的春天，40 岁的李大东开始担任加氢催化剂组组长，带领团队做自主研发。“那时我正值壮年，奋斗的激情空前迸发，每天工作 16 个小时。”李大东回忆。

李大东深知，催化剂开发是石油炼制领域的一项核心技术，必须走自主创新之路。而要解决催化柴油氧化沉渣问题，脱除催化柴油中的吡啶类碱性氮化物是炼制难点之一。李大东和同事每日泡在实验室研究，近乎痴迷。

他们研制的 RN-1 加氢精制催化剂项目获中国专利金奖、国家科技进步一等奖。目前，RN-1 加氢催化剂已广泛应用于海内外 52 套工业装置。该催化剂家族的 80 多个品种的应用拓展至 500 多套工业装置，大大提高了油品质量。

如今，81 岁高龄的李大东仍心系炼油事业。在他的参与指导下，2009 年，鄂尔多斯 100 万吨 / 年煤直接液化加氢提质装置开车；2013 年，中国石化 1 号生物航煤完成技术应用；2015 年，燕山石化和高桥石化成功生产出满足国 6 标准的柴油。

他深情地说：“我的科技人生目标是研制高效的石油炼制催化剂，为国多加油，加好油。”

现场访谈

敬一丹　李院士，在这个舞台上，我曾经采访过好几位院士，其中闵院士还是我们《感动中国》的获奖人物，他们和您都是非常熟悉的，一次又一次的“感动石化”，我总是在这儿遇到我们的院士，我们现在在屏幕上看到的这些院士，他们给您带来什么样的影响？

李大东　这里面有闵恩泽院士、侯祥麟院士。我是 1962 年从北京大学化学系毕业以后，分到当时的石油化工科学研究院工作。当时就是在闵院士主持的催化剂研究室，在他的直接领导下工作，闵院士和侯院士不仅是我的领导，也是我的老师。侯祥麟院士不仅是中国炼油技术的奠基人，还是一位战略科学家，早在 1978 年他就提出建议在石油化工科学研究院筹备成立基础研究室，并委托闵院士来组建和领导研究室的工作，他之所以要成立基础研究室，加强基础研究的目的，就是要改变我们研究工作的方式，从跟踪模仿走向自主创新。当时，我有幸成为基础研究室筹备小组的成员之一。几十年来，在他们的引领下，经过几代人的努力，我们的炼油技术发展到今天这样一个国际水平。在这个过程中，早期是石油部，1983 年中石化成立以后，中石化历届党组对科技都是高度重视和支持的，特别是在组织形式上对重大技术开发的支持，把研究单位、设计单位和企业通过 10 条龙攻关的形式，组织起来开发重大的技术，并大量推广应用，这对于推动我国炼油技术的发展和进步起到了非常重要的作用。

敬一丹 您现在还带着很多学生?

李大东 对，我现在还带一些博士生。

敬一丹 现在您还有在读的博士生，您现在还处于工作状态?

李大东 我现在已经退休，但是返聘，我现在的工作除了带博士生，还担任石油化工科学研究院战略咨询委员会的主任。

敬一丹 所以我们看到您的时候，一方面觉得您是特别资深的院士，另一方面又觉得您真年轻，上班的状态真好。刚才在镜头里我看到了，您和孙子在一起的那张照片特别美好，这是一种美好，工作的时候是另外一种美好。今天在现场、在各个地方有很多年轻的同事，想不想和我们年轻的石化人说些什么，作为我们的国庆寄语。

李大东 你刚才提到我的孙子，正好前几天是他的生日，9 月 14 号是他的生日。在他生日那天，我带他到北京大学的未名湖去转了一圈，他挺高兴，非常喜欢那个地方。后来我说你要喜欢这个地方，将来要争取到北大来念书，现在就要好好学习，扎扎实实地学习，将来才能进这个学校，要真正做一个对国家有用的人。

敬一丹 他如果进了这个学校和您就成了校友了。

李大东 刚才你说对年轻人是吧，对我们现在的年轻人，我的看法是这样，我们要实现中国梦，现在的年轻人必然是栋梁。根据我几十年科研工作的经历，我深深感到要建设一个世界一流的能源化工公司，核心技术是要不来的，也是买不来的，必须靠我们自己的力量，自主开发。所以作为一个科技工作者，我们必须把自己的命运和国家的命运紧紧地联系在一起，以知识报效国家，以创新振兴石化，开发引领型的技术，加快我们科技强国的建设，为建设科技强国而奋斗不息，这是年轻人必须承担的责任。

敬一丹　我听到李院士这番话的时候就想到，这个行业的那么多的院士，这些年来为国家作出那么多的贡献，在节日到来的时候，我们给他们送上深深的祝福。好，谢谢李院士。

焦义平

扬子石化

颁奖词

“穿上军装，保家卫国；脱下军装，建设祖国。从战士到工匠，用心才能转身；从操作工到技能大师，执着方能破题。磨砺中寻找事业支点，光荣缀满胸前；创新中刷新事业高度，续写人生传奇。退伍不褪色，建功新时代。装置高效运转的轰鸣，是你梦想开花的声音。”

人物事迹

中共党员，1965年出生，集团公司技能大师、扬子石化PTA联合装置生产主管。

33年间，从初中毕业生到集团公司技能大师，从操作工到装置生产主管，从复转军人到“全国五一劳动奖章”获得者，焦义平一步一个脚印，始终把责任放在第一位，把对装置的呵护发挥到极致。

1986年，焦义平怀揣三等军功章来到扬子石化，投身45万吨/年PTA装置建设。他带上流程图，在现场爬塔罐、摸流程，最后能快速准确报出1000多个工艺参数，被同事称为“会说话的流程图”。

市场原因，PTA装置二线2014年全面停车保运。焦义平在做好三线生产的同时，不忘二线保养，带领员工坚持擦拭、维护设备。2018年PTA市场趋好，公司计划重启二线生产。由于维护得当，停运4年的生产线比计划提前30天完成生产重启，并一次开车成功。

多年来，他完成140多项小革新、小改造。以他名字命名的创新工作室挂牌成立后，他开始专啃装置的硬骨头，先后攻克多项技术难题。2017年，“焦义平劳模创新工作室”被命名为江苏省示范性劳模创新工作室。

因为专业过硬、能力突出，众多民营企业向焦义平抛出橄榄枝。高薪面前，他始终不为所动。在他看来，有了PTA装置，才有了自己的成长。

现场访谈

敬一丹 你好，我看到了那个背景，刚才那个环境和您特别相配，从装置现场来的，是吧？这就是您平常活动的一个空间。

焦义平 刚才那个画面就是我们 PTA 上线。

敬一丹 说起这个有好多的故事，我看到您在那行走的时候，想象着过去您穿军装的样子，穿军装和不穿军装，对您有什么影响？脱了军装以后再干这一行有什么不一样的？

焦义平 我们在部队是军事化管理，我们中石化是严细实，这是我们的光荣传统，跟部队也差不多。

敬一丹 要求非常严格，准军事的。

焦义平 对，因为我们石化系统的工作都是易燃易爆、高温高压的，有潜在的安全隐患，我们必须经常巡检，发现问题及时处理，不留任何隐患。

敬一丹 可能有过军营生活的人，那种自律、那种严格都成了一种习惯，所以从事这样的重要的工作就特别适合。

焦义平 我 1987 年退伍回来就进了扬子石化，当时我父亲跟我讲，你当过兵、立过功、为国家作过贡献，你到了石化系统，要继续为国家作贡献，因为石化系统是我们中国的脊梁。

敬一丹 那个时候父亲就对您有过这样的嘱咐。

焦义平 对，我父亲是个老党员。

敬一丹 后来，当您的儿子也干了这一行，甚至跟您成为一个公司的同事的时候，您对他有什么嘱咐吗？

焦义平 可能我对儿子潜移默化的影响比较大。

敬一丹 好，那么现在我们就请上焦成，他们家的第二代石化人，有请焦成。在咱们石化系统里边有很多石化之家，二代、三代都有。

焦　成 对，是这样的。

敬一丹 你成为二代石化人，是不是从小在这个环境里潜移默化受到了一些影响？

焦　成 是的，因为我是在扬子石化这个大家庭中成长起来的，我的小学、初中的学业都是在扬子石化的子弟学校完成的，我对扬子石化有一种特殊的感情。

敬一丹 特殊感情，家里头就有一位师傅。你从小怎么看爸爸的工作？小时候的印象和你长大以后的印象有什么不同？

焦　成 我父亲把大量的时间和精力都花在了装置上，对家庭的付出是比较少的，但是我的母亲非常支持他，这么多年，他用实际行动给我呈现了什么叫作敢担当、敢创新，什么叫作不畏艰难，什么叫作极致认真，我觉得这比任何的说教都来得强劲有力。

敬一丹 我可以想象一个一个的石化之家，当他们的子弟在做职业和人生选择的时候，都能够听到老一辈人的声音和心愿。焦成，你后来学了这个专业以后，对这个行业的认识就更深了，自己成了其中的一员，父亲已经成为你的同事，这个时候你怎么看父亲呢？

焦　成　其实我学的是化工机械，我的父亲是搞工艺的，我觉得专业虽有所不同，但我们的奋斗目标是一样的。我觉得我们青年一代一定要将我父亲这辈石化人的光荣传统传承下去，真正做到不负韶华，只争朝夕。

敬一丹　我们看父子俩站在这儿，穿着一样的工装，戴着同样的党徽，所以我们的掌声不仅仅是给感动我们的焦义平的，也是给焦成的，谢谢你们。

王　涛

胜利油田

颁奖词

人生的岔路口上，你选择一线，把根扎在一线。瓶瓶罐罐间擦出智慧火花，千百次试验中探究增油奥秘。踏平坎坷通大道，向世界上最苛刻的油藏进军；醉心科研终不悔，把爱深深镌刻在胜利的土地。柔弱之躯，独秀方圆；锲而不舍，金石可镂。你，传递了科技力量，更传承了精神和传统。

人物事迹

地层深处"驱油人"

1976 年出生，胜利油田石油工程技术研究院油田高级专家。

王涛从事高温高盐油藏开发研究，工作 14 年，主持和参与了 14 项国家级、中国石化课题研发，获国际发明展览会金奖 1 项、省部级和局级科技进步奖 13 项。

2008 年，王涛以全票通过胜利油田博士后科研工作站的考核。她的博士后课题"聚合物微球逐级深部调剖技术研究"，首次从微观提出深部调剖体系设计理念，让原本投资成本高的操作简易化，实现聚合物在线连续注入，截至目前累计增油 5 万余吨，在油田多个矿场及海上推广应用。王涛也因此获得"球博士"的称号。

成绩的取得，源于超乎常人的努力。2006 年底王涛怀孕时，她所承担的国家"863"项目也到了关键时期。为保证试验数据的准确性，她坚持每天自己筛沙子。由于工作强度大，曾一度晕倒在实验室。

2016 年，王涛参与的胜利油田特高含水期深度堵调技术入围"中国石化十条龙计划"。

作为世界上最苛刻的油藏，胜利油田高温高盐的油藏条件连高精尖的技术都毫无对策。她和同事研发的高弹性吸水树脂，在初始阶段仅仅有几毫米，但是进入孔道深处体积膨胀上千倍，能够堵住大孔道进行驱油。王涛说这项研究印证了一个道理：世界上再苛刻的油藏，我们科研人员也能攻克。

现场访谈

敬一丹　刚才在屏幕上看到你是穿着工装，现在穿着时装，一样的美，特别好。王涛一出现就让人眼前一亮，我想王涛已经不知道多少次回答记者的这个问题了，你为什么做这样的选择？但是我的感觉是回家还需要理由吗？是吧？我觉得你回到家做这样的职业选择和人生选择是可以理解的。我现在想问的是，你做出了这样的选择以后，你有怎样的满足感？这种满足感既包括自己情感上的，也包括自己事业成就上的。

王　涛　我觉得每个人对幸福的定义不一样，所以选择也就不一样。对我而言呢，我觉得一家人在一起，为了同样的一个石油石化的梦去努力，相互扶持，相互鼓励，这就是幸福。所以我觉得选择了中石化胜利油田，我就是选择了幸福。

敬一丹　应该说他们一家子都在幸福着，互相给予着幸福，看到这个全家福，我们就能读出每一代人都有他的幸福，这都是谁？一家子几代人？

王　涛　这边是我的爸爸妈妈，这边是我公公婆婆，我们全家都是石油工人，包括我的爱人和哥哥嫂子。我挽着的这位是我的母亲，她现在非常胖，当年她是一名教师，为了支持我爸爸的工作，她来到了油田，成为油田第一代家属。那个时候，油田处于建设的初期，体力劳动非常繁重，为保持体力她不停地吃东西，后来就吃成了一个胖子。她常开玩笑地对我说，爸爸来到了胜利，别的没长，就长了一袋子面。

敬一丹 其实你妈妈应该是很有成就感，很幸福的，培养出了那么好的二代，接下来还有三代，哪个是你先生？

王 涛 最边上的那位是我先生。

敬一丹 你看这张照片很有意思，人家夫妻俩一个站在这边，一个站在那边，这表达了什么？

王 涛 我觉得我们要守护着家人，守护着这片土地。

敬一丹 我们说到女博士的时候似乎就觉得是一种标签，但其实刚才我们看到你在短片中的讲述，就会有这样的感觉，女博士也是要在家里做饭的，也要煮汤圆的。不同的是，我们煮汤圆只看它熟没熟，而女博士煮汤圆就能从中有所发现，科学地发现，这太有意思了。你们科技人员中，女性比例是多少？

王 涛 在石油石化行业，女性的比例要偏低一些，但是在研究院里相对要高一点，比一线高，能占到 1/3 左右。

敬一丹 我特别希望以后女性比例再提高一点。女性从事科学研究一定有优势，比如说能在煮汤圆时有所发现，是吧？我刚才看到一个镜头，没有看到结果，你和你儿子下棋，最后谁赢了呢？

王 涛 有时候我赢，有时候他赢。

敬一丹 就刚才我们看到的情景，谁赢了？

王 涛 那局应该是他赢了。

敬一丹 这就对了，我们特别希望他赢，他现在已经上中学了，和你交流内容应该也很丰富了。

王　涛　今年初二了，有自己的想法。

敬一丹　假如说国庆节到了，作为一个中学生，要写一篇跟国庆相关的作文，如果他跟你聊起这个话题，你会用什么样的思路来启发他？

王　涛　我会给他讲，你的爷爷奶奶、姥姥姥爷是我们油田第一代的建设者，在他们的手中油田从无到有，我们才建设出如今的现代化的大油田。到了爸爸妈妈这里，我们接手的是一个高含水的油藏，含水量非常高，所以我们需要不断努力去攻关更多的技术。说创业难，我们守业更难，未来，还需要我们的下一代，需要我的孩子。我会跟他说你要努力学习，将来推动更多的科技进步，让我们的油田通过这种科技进步焕发出新的青春，青春永驻，为祖国贡献更多的原油。同时，也希望未来我们中石化，我们祖国拥有更多的核心技术，使我们中石化基业长青，使我们祖国步步辉煌。

敬一丹　你看妈妈的思想一定会影响到孩子的，我们可以想象这孩子的未来。将来国庆 80 周年、90 周年、100 周年的时候就看他们的了。好，谢谢王涛。

许惠春（李记）

安庆石化

颁奖词

“一个善良的背影，汇入茫茫人海。你用两个字，掩盖半生的秘密。守一世清贫，献一生大爱。平凡的老人，朴素的心愿，高贵的心灵。大音希声，大爱无形。‘李记’不是一个名字，是一脉香火，我们为你传承。”

人物事迹

1932年出生，生前系安庆石化退休职工。

许惠春坚持匿名捐款30余年。老人去世后，其子女才发现原来父亲就是被人们多年寻找的捐款者“李记”。

2019年3月20日，88岁的安庆石化原建安公司退休职工许惠春老人去世。3个儿子整理老人遗物时，发现了几沓厚厚的汇款单，署名均为“李记”。早在20世纪80年代，从安庆石化寄出的署名“李记”的汇款单被送到很多需要帮助的人手中，但“李记”从未露过面。

原来父亲就是被人们多年寻找的“李记”。3个儿子都哭了，他们不敢相信，因为父亲从来没有提过此事。过去30多年，许惠春几乎年年捐款，向青海玉树地震灾区捐款3000元，向中国红十字总会捐款5000元……能找到的汇款单数额加起来近10万元。

许惠春老人最后一次捐款，是向安庆市民政局捐款5000元。当时他已80多岁，脑梗出院不久。儿子许海鑫发现他没有在家休息，后来在一家银行外找到了他。银行保安说看到老人是一步一步挪过去的。许惠春老人从银行出来也没有提及汇款的事情，儿子只是发现老人心情不错。

许惠春老人一生勤俭，有时连菜汤都舍不得倒。“我们一度误解甚至抱怨父亲，但在这一张张汇款单面前，我们才知道错怪了父亲。”儿子许海鑫说。如今，安庆石化好人“李记”爱心基金已成立，全体干部职工自发捐款，继续发扬和传承好人“李记”的精神品格。

现场访谈

敬一丹	刚才看完了短片，我们都觉得还有一个谜底没有解开，他为什么叫“李记”？
“李记”儿子许海星	其实我也不知道，估计永远是个谜了，我父亲化名“李记”出于什么原因，现在没有人知道。
敬一丹	我们了解了他做的这些善事，就在想，其实叫什么名字不是特别重要，他留给我们最大的谜，就是为什么要这样做？为什么那么多年一直坚持这样做？
“李记”儿子许海星	当时，我们弟兄三个整理出来他那么多的捐款单，感到特别震惊，因为我们弟兄三个怎么也不理解，那么清贫的父亲，一生舍不得吃，舍不得穿，非常清贫，怎么能跟那么富有的“李记”联系起来？我们当时非常震惊。
敬一丹	在你发现汇款单之前，“李记”这个名字对你们来说是早已经知道了的。
“李记”儿子许海星	是的。当时，我们弟兄三个都在石化厂工作，也一起寻找“李记”，我还曾经问过我父亲，我说爸爸，我们厂一直都在找好人“李记”，你知道不知道有这么离奇的一个人，做好事不留名。当时，我父亲看着我默不作声，我就跟他讲，我说你们都已

经退休了，退休办里有没有这样一个人？他就笑着跟我们说，好，我也帮你们一块找“李记”。

敬一丹　父亲这样做和他平常，他这一辈子的行为有什么关联吗？

“李记”儿子许海星　我父亲一生舍不得吃、舍不得穿，他特别看不得别人穷，他曾经看到外面有个流浪汉，心里边特别难受，自己不声不响地跑回家，拿了一件崭新的工装棉袄，就我们厂里发的那种新的棉袄，给了流浪汉。这个流浪汉当时还有一点点抵触情绪，我们也不太清楚，反正给他穿到身上，他也感到好奇，肯定想怎么还有人给他送棉袄？我父亲把棉袄披在他身上，这个情景我没看到，是我以前的一个领导看到的，他说你父亲很了不起，看到流浪汉那个样子，冷，回家悄悄地拿了一件棉袄给他，他看到了才跟我说的。我父亲心地非常善良。

敬一丹　他是发自心底的那种善，那么淳朴的一种表达。老人家一辈子自己舍不得花一点钱，到晚年的时候他有没有什么愿望？有没有什么遗憾？在最后的日子里有没有跟你谈过？

“李记”儿子许海星　我母亲 20 年前就得了股骨头坏死，一条腿残疾了，在 10 年前得了阿尔兹海默病，就是我们俗称的老年痴呆，生活不能自理，也不能说话了。我父亲看着我们弟兄三个，他最大的愿望就是让我们把母亲照顾好。我在此表示一下，我们弟兄三个一定会把母亲照顾好，养老送终，告慰我父亲的在天之灵。

敬一丹 很多年以后，当你们家的后代慢慢长大的时候，也许“李记”这个名字已经离他们很遥远了。那个时候你会对孩子们说什么，他们的爷爷是怎样一个人？

“李记”儿子许海星 我已经跟我兄弟讲好，我们把他的汇款单一张张地裱好，把他这种大爱美德和凡人善举一代代地传下去。

敬一丹 所有有向善之心的人，面对着这样一个老人都会感动的，我们会记住他。

“李记”儿子许海星 我父亲这种精神让整个社会充满爱，让全社会充满着正能量。

敬一丹 好。谢谢海星。

赵甸生

云南石油

颁奖词

“十六载坚守，3400 米油站云和月。与高寒纠缠，缺氧不缺精神。一碗酥油茶，驱散刺骨的寒；一声‘扎西德勒’，温暖前行的路。顶天立地的康巴汉子，两抹高原红，一颗质朴心。生命禁区高扬的旗，雪山之巅圣洁的光。你用微笑，映红高原上那轮最美的朝阳。”

人物
事迹

丹心映朝晖

中共党员，1975 年出生，纳西族，云南石油巴斯巴加油站站长。

巴斯巴加油站位于海拔 3400 米的云南迪庆州德钦县，许多行走川藏线的驾驶员都要来这里加油、歇脚，亲切地称其为“旅途中的温暖坐标”。

它也是云南石油条件最艰苦的站。缺氧、日照强、海拔高、温差大……条件之艰苦令人难以想象。

44 岁的纳西族站长赵甸生在这里坚守了 16 年，不曾懈怠。

他带领员工做到旺季 24 小时不打烊，淡季 24 小时有人值班。因为担心值班员工的安全，每天晚上他都会陪着员工加班到凌晨。为保障冬季热水供应，他每天驱车 6 公里从县城运水到加油站。遇到下雪天出行不便，他就背上水桶到离油站 3 公里远的河边去背水。

16 年来，加油设备更新了一代又一代，人换了一拨又一拨，但赵甸生的站长手册、交接班记录、各类文件和规章制度汇编等，样样清楚、件件整齐。

赵甸生的家在距离德钦县 200 多公里的香格里拉市，开车最快也得 3 个小时。他两三个月才能回家一次。因为工作，他没见到母亲最后一面。多年来，他与妻子两地分居，7 岁的儿子是他心中最大的牵挂。

赵甸生常对员工说：“德钦虽然缺氧，但勤奋的人呼吸是顺畅的，精神是澎湃的。”这些年，在他们的不懈努力下，加油站年销量从 400 多吨增长到 6000 多吨，最高的一年突破了 8000 吨。

现场访谈

敬一丹　这就是你们站，你经常在哪个位置上？

赵甸生　在背后背个风就很好。

敬一丹　其实赵站长啊，他对这个舞台、这个环境不是很喜欢，他最喜欢的是他的环境，那么多的加油站，有机会到梅里雪山脚下的加油站是不容易的。在那样一个加油站您工作了 16 年，16 年都不怎么回家，我特别想知道的就是像过年过节这么重要的日子也不能回去吗？

赵甸生　基本上是要值班的。

敬一丹　纳西族最重要的节日是什么？

赵甸生　纳西族最重要的节日是 2 月 8 号，农历的 2 月 8 号。

敬一丹　你那么长时间不回家，家人有没有点抱怨？像你的小儿子可能会说，你到我们家来干什么？家人，其他的人，比方说你的媳妇，她能够理解吗？

赵甸生　今天我的媳妇跟儿子都在台下。

敬一丹　好，我们请他们上来。

你介绍一下你的媳妇和儿子，他们都叫什么名字？

赵甸生　他是我的儿子，叫赵松涛，她是我的老婆，叫毛建英，藏名叫卓玛。

敬一丹　卓玛这些年来也挺不容易的，自己在家带着孩子。

赵甸生　是的。

敬一丹　儿子会不会问你，我爸到底是干什么的？为什么总也不在家？

有问过你吗？你爸是干吗的？

赵甸生儿子　加油的。

敬一丹　加油的。对了，这句话你琢磨琢磨，特别有意思。干嘛的？加油的。加油有很多层意思是吧？这是一个特别好的词儿，而你老爸干的事是最好的一件事。老爸回家的时候，你会不会说你到我家来干什么？

现在已经认识了啊，现在认识了。你觉得你爸爸穿这样的衣服是不是特别神气？你从来没有拿过话筒吧？你是第一次来北京吗？你到北京以后想去什么地方？

赵甸生儿子　天安门。

敬一丹　去了吗？

赵甸生儿子　没去。

敬一丹　没去，等爸爸拿到了奖杯以后，你们就可以一起去了。我们可以拿着奖杯一起去。除了天安门，你还想去什么地方？长城，你想去的这些地方都是谁告诉你的？

赵甸生儿子　我妈妈。

敬一丹　我再问你一个问题，你知道吗，像你爸爸这样加油的，就这样的加油站在全国有多少个，你猜猜？我不知道这么大的孩子，他数数能数到多少，有多少个加油站呢，赵站长告诉儿子吧？我们中国石化最了解有多少加油站的人，让他来告诉你有多少加油站，30000 多是吧？ 30000 多，你现在能数到多少呢？能数到 100，接着数，一直数到 30000 多。你爸爸的加油站就是 30000 多中的一个，这个时候我们是不是应该给你爸爸，给那么多 1、2、3、4、5、6、7、8……一直到 30000 那么多的加油站鼓个掌，加个油？你说一声“加油”，你说“加油站加油”，来一二。

赵甸生儿子 加油站加油。

敬一丹 真好，可惜当爸爸的一次家长会都没去开过，孩子正式上学以后，您还是应该去开一次家长会，幼儿园的时候没去过也就罢了，上学的时候您还是要去开个家长会，也给孩子加加油。我们再问一下卓玛，我觉得给石化人当家人挺不容易的，你有什么困难是自己不能解决的吗？有什么样的要求，包括对他的要求，对咱们公司的要求，有什么样的想法，我们也想在这儿听你说说。

赵甸生妻子 说实话，刚开始确实是挺困难的，特别是孩子刚出生的时候。那几年也比较委屈，因为我怀孩子的时候每个月都要去产检，都是我自己去的。孩子长这么大，基本上都是我一个人带的，心里面还是有很多的委屈、抱怨。但是看到他在加油站挺辛苦的，特别是刚开始到德钦，我也去过，那会儿还没孩子，比较自由，去的机会也比较多，次数也比较多，他们那里确实条件很艰苦。大家很难想象，他们加油站只有两台加油机，罩棚什么的都是坏的。一到下雨天，外面下大雨，里面就会下小雨，到冬天的时候，外面下大雪，里面就会有小雪。新鲜的蔬菜根本吃不上，只能随便喝点酥油茶，吃点干粮那样子的，现在各方面条件都改善了。我说实话，对他也不像以前那么担忧了，现在他们的生活啊，还有住的、加油站的设施，都得到了很大改善，通信也很方便，我要感谢所有领导的关心和支持。

敬一丹 你看卓玛多好，本来我问你有什么需要帮助的，她没有说自己的需求，只是说看到了丈夫的工作条件改善了，还有她的心情。这就是咱们石化的家人，那么多员工的背后有多少这样的家人？在这里，我们要对这些家人说一声“加油”。好，谢谢赵站长和卓玛一家人，我建议他们留在台上，一起来感受这份荣耀，来接受这样的掌声。

赵甸生妻子 谢谢。

王志伟

五建公司

颁奖词

挺进波斯湾畔，建设‘一带一路’。在遥远的异国他乡，你遇强更强、遇钢更刚。科学管理，一丝不苟；履职尽责，使命铿锵。诚尽半世芳华，一头乌发飞霜。赢得世界尊重，挺起央企脊梁。你和你的团队，让炼化工程‘国家名片’在国际舞台精彩亮相。

人物事迹

扬帆志四海

中共党员，1974 年出生，五建公司科威特新炼厂（NRP）工程项目部经理。

2006 年，五建公司实施“走出去”战略，王志伟被派到海外工程项目。13 年来，他在沙特拉比格炼油化工一体化项目、延布 HDPE 项目、卡扬 K80 公用工程项目和朱拜勒 2000 万吨 / 年常减压装置等项目担任施工经理。这些项目全部实现安全优质高标准机械竣工，为公司赢得 6000 万美元的经济效益。

2016 年 7 月，返回国内工作不到 1 年的王志伟，再次服从公司调遣，前往科威特新炼厂项目。该项目是中东地区最大炼油厂、五建公司有史以来中标的最大的海外项目。

项目一启动，王志伟就从抓项目实施策划着手。在科威特炎热的天气下，他每天都在现场勘察 6 个小时以上，详细了解 6 套装置的组织实施、施工细节。他带领团队想尽办法创新管理方法，先后完成管道工厂化预制的规划和设计，大胆采用新工艺、新设备，优化物料流转程序，提高生产效率，避免了机械、设备及人员的重复投入，节约成本近 600 万美元。

目前，五建公司科威特新炼厂项目已交付 5 套装置，项目进度完成 97%，在与其他国际工程公司同台竞技中脱颖而出，令业主和总承包方交口称赞。“我们要用创新的理念、过硬的质量在科威特乃至整个中东地区留下中国品牌的样板。”王志伟对项目充满信心。

现场访谈

敬一丹 我们和获奖人物在一起的时候是先谈工作的，可是刚才那个短片的最后几个镜头，让我特别想看到你的妻子。好，现在，我们的镜头聚焦王志伟的妻子，这个掌声是给你的，这个掌声也是给千千万万在海外工作的石化人的家属的，都太不容易了。好，你请坐。刚才你所说的“和你在一起，你不要怕”，我觉得这会给予你很大的精神力量。

王志伟 接触科威特项目的这个时间比较特殊，是公司最困难的时候，因为公司之前的项目亏损比较严重，所以这个项目是扭亏为盈的一个契机，如果我在这个项目上执行失误，就是一个千古罪人。当时自己的压力确实非常大，也就有点不敢接。

敬一丹 所以看起来那么柔弱的一个妻子说，你不要怕，我想我们向海外派人的时候，哪是改变一个人啊，那是改变着一家人，一家的老小啊。再说到你的工作，你常年在那工作，是不是生物钟都发生变化了？你回到北京的时候是不用倒时差的吧。

王志伟 虽然在海外已经很长时间了，但是对我来说已经没时差了，回到科威特或者沙特以后，我也能立马适应，包括回国以后，根本没有需要倒时差的感觉，虽然科威特、沙特跟中国有 5 个小时的时差，但还是很容易适应的。

敬一丹 现在你工作中面对的那些员工也很不一样，那么多的外籍员工，还来自不同的地方，有着不同的文化。作为中国企业，用什么方法来凝聚他们？你跟他们在一起沟通的时候有没有难度？

王志伟 其实还是用我们的办法，把我们中石化的人文关怀，包括中石化的文化氛围，都通过师带徒传递下去，尤其是科威特项目管理人员缺乏的时候，我们从印度招了100多个管理人员，当时我们就组织了师带徒，就是中国师傅带外国徒弟，效果还不错。尤其是半年以后，印度的一些职工已经完全熟悉中石化的一些管理规定了，也熟悉我们项目的管理氛围，能很快地融入，跟我们的工人能进行简单的汉语交流，确实取得了很大的成功。

敬一丹 你跟他们用什么语言交流？

王志伟 主要是英语，偶尔也学一学他们的母语，但是我学得还不算太多，比如，兄弟，早上好。

敬一丹 用这样的方式来交流就亲近了，他们就这样面对面地看到了中国企业的模样，中国企业管理者的模样，石化人的模样。现在马上就要国庆了，你在外面那么多年，每到国庆的时候，在海外用什么方式来过国庆节？

王志伟 在海外10多年，国庆节基本上都在项目上，在项目上也一直干活，业余时间我们会组织各种活动，比如利用周末举行一些篮球赛、足球赛、扑克赛等各种比赛，让大家在过节期间能有家的感觉，消除长期集中管理给大家带来的那种烦躁的感觉，让大家能全身心地投入第二天的工作。

敬一丹 国庆节还是很不一样的，可能还要和咱们外籍员工说一下，咱们中华人民共和国的国庆是什么意思？五星红旗、国徽，我们中国人在国庆节时候的习惯也让他们了解一下。

王志伟　是这样的，尤其是外国职工，比如说越南的、印度的，每教一套装置，他们都要跟我们的工程师合影，他们主动拿来我们的五星红旗，好像他已经是中国的一分子了，已经是中石化的了，起码他是中石化的员工，拿着中国的五星红旗，那时候也确实觉得我们就是一个国际公司。

敬一丹　此刻我们正在直播，你要不要通过摄像机向遥远的你的同事们预祝一下国庆节快乐。

王志伟　今天我在这里祝我们科威特的全体职工国庆节快乐，大家在国庆节注意安全，好好工作。

敬一丹　石化人永远要说安全，最后的落点一定是好好工作，不仅仅是科威特，在海外那么多的你的同事们，虽然身在遥远的地方，此刻我们的心却很近。国庆就在我们眼前，我们一起庆祝这个日子。好，谢谢您。

胡联伟

镇海炼化

颁奖词

“专注质量三十年，守护工程生命线。火眼金睛，不放过点滴细节；铁面无私，不妥协分毫瑕疵。用高标准严把每一关，以大智慧管理大工程。雷厉风行，追求极致，你拥有的不仅是高超的技艺，更是责任与信念。质量‘零缺陷’，是你交给祖国石化工业的完美答卷。”

人物事迹

正气护伟业

中共党员，1967 年出生，镇海炼化质量监测站站长、项目管理部质量控制部副主任。

质量是工程建设的生命线。对工程质量的把关，胡联伟严苛到不近人情，这在镇海炼化和众多施工单位中，几乎人所共知。

有一次，有人以剖开设备检测损耗太大为由拒绝复查，胡联伟态度坚决：“工程质量是人命关天的大事，我开了绿灯，就给装置开了红灯。如果没有作假，一切损失我来负责！”

渣油加氢装置施工中，73 毫米厚的不锈钢管壁焊接国内罕见，采用双壁透照超出现场射线检测范围，有人提议用超声波来检测。胡联伟坚决不同意，理由是这会导致反射声波不稳定，影响检测结果。他和同事研发了能够在弯管中自主爬行的机器人，圆满完成所有厚壁管的射线检测任务。

胡联伟意识到，质量监督不仅仅需要专业的检测知识和高度的责任心，更需要科学规范的工程管理。2015 年，在他的推动下，镇海炼化在我国石化行业首次建立数字化的《工程质量管理系统》。

工作 30 年来，胡联伟负责检测的装置达 27 套，仅工艺管线焊缝就有 1090 万寸径，相当于 2700 公里的长度。作为国家无损检测专家，胡联伟参与编制和审定的国家标准和规范达数十个。

现场访谈

敬一丹 我听我们的同行《中国石化报》的记者说到你那去采访时，有焊工说，他们在这干活，觉得自己干得不太好的时候，如果远远看见你过来了，他们撒腿就跑，什么人那么怕你，你怎么那么让人家害怕?

胡联伟 那是很多年前，现在在镇海炼化肯定不会发生这样的事。

敬一丹 很多年前那些人为什么怕你?

胡联伟 因为有些人在无证私焊，他们自己也知道这样做是违规的，所以知道我来了撒腿就跑。

敬一丹 他自己知道质量不过硬心虚，看见你就跑。我刚听说这事的时候，觉得你肯定是那种很铁面的人，但是现在看笑眯眯的，你的威严是从哪来的?

胡联伟 其实工人师傅在建项目的时候，冒着风雨，顶着烈日，他们也很辛苦，所以我们在监管的同时更多的是尊重，更多的是给他们提供服务。其实我在镇海炼化交了很多朋友，我很愿意跟他们交朋友。

敬一丹 刚才那个短片的最后一个镜头是你的眼睛，我觉得你的眼睛就是专门负责挑毛病的，眼神特别专注，职业就是挑毛病，是吧？任何毛病都不能放过，但是对我这样一个科盲来说，您给我科普一下，你的专业叫无损检测，无损检测是什么意思？用让我们这样的外行一听就明白的话跟我说一下。

胡联伟　工业的无损检测，就好比医院里的体检，当你去体检的时候，医生可能会叫你去拍片、做 CT，或者叫你做核磁共振、B 超，这里面核磁共振和 B 超几乎对人不造成伤害，所以我们可以叫它无损检查，但是拍片或者做 CT 的射线会对人体的细胞造成伤害，这就是有损检查。我们的无损检测也一样，就是利用射线、超声波、电池和渗透液体对容器和管道的材料焊缝进行检查，因为跟我们打交道的都是铁疙瘩，射线对它们是不会造成伤害的，所以这些都叫作无损检测，从这个意义上来说，我们就是容器和设备的体检医生。

敬一丹　我们一听医生就觉得特别高大上，是吧？就是在很高大上的背景下产生的这样一种方法是吧？还有刚才我在短片里看到一些镜头中有一本本那么厚的书，您参与了行业标准的制定，这对未来意味着什么？

胡联伟　我一直在想，如何把镇海炼化 30 多年来的工程经验固化下来？如何把我们工程质量人经常说的“按照程序走、遵循标准干”这个理念显现出来？所以我们就把这些都写进标准册，让大家知道我这个应该怎么干？应该如何去干？

敬一丹　这是非常基础的一件事，它对未来会产生怎样的影响？比方说，你的徒弟们手里有标准了，会怎样？

胡联伟　很多新来的人或者不是很专业的人，可以按照标准，一步一步看，拿标准去学，干出很多优质的工程。

敬一丹　我觉得你所做的那些工作都是特别有未来感的，让人觉得特别靠谱，这就是靠谱的人在做的靠谱的事儿。好，谢谢您。

江建兴

长岭炼化

颁奖词

“扶贫必须精准，不落一人一户。泥泞的三里村，你走出了路。丛山遍访，行多少来回，多少亲情不忍顾。掏真心，换真心；树志气，断穷根。从全员脱贫到乡村振兴，岁月无声，沧桑有痕。山上的果子熟了，老区人民的心热了。”

人物
事迹

甘露润民心

中共党员，1973 年出生，长岭炼化驻村扶贫干部。

湖南省平江县是著名的革命老区，这里的三里村资源极度匮乏，山路崎岖难通，人均耕地仅 0.6 亩。2017 年，该村人均收入不到 2700 元，全村建档立卡贫困户达 153 户 518 人，贫困率超过 20%。

江建兴投身扶贫工作 15 年，先后参与岳阳市 6 个贫困村及凤凰县、泸溪县等地的脱贫攻坚工作。2018 年初，江建兴主动申请，来到平江县三里村驻点帮扶。

他与工作队积极推动引进万亩果园、分散养殖等项目，组织大家学技术，协调村民到果园务工、在家养羊养鸡。他利用石化消费扶贫机会，想方设法帮贫困户销售特色农产品。

他以真诚换贫困户真心。他记得每一个贫困户的生日。村里不好做的贫困户工作，他出面总能理顺。

三里村正在从全员脱贫向乡村振兴过渡。江建兴东奔西走，协调几家扶贫后盾单位合力拓宽村级公路 3.6 公里，又带着村民建起村部办公室、活动室和文化广场，接通自来水，建设 46 套安置房，整修三里村小学。

2018 年，江建兴在三里村扶贫跑了 4 万多公里，几乎绕地球一圈。在江建兴和扶贫队的帮助下，如今三里村村民就业率达 91%。截至 2019 年 1 月，三里村脱贫 142 户 497 人，贫困率降至 0.83%。

现场访谈

敬一丹 你是从村里来的？

江建兴 对，我是从平江三里村过来的。

敬一丹 我们现在是把你看成三里村人，还是把你看成石化人？

江建兴 大多数人都说我是三里村人。

敬一丹 我们知道现在有很多央企都派出扶贫干部专门去做扶贫和脱贫的工作。前不久我还做了一个节目，就叫央企扶贫。在那个节目里我了解到石化人的努力，很多扶贫干部驻村一两年、三五年，你这一下子就是 15 年，是什么让你觉得离不开，不能走开？

江建兴 一个是职责所在，作为一个央企的职工，我们有能力、有义务为这个社会尽自己的一点责任。

敬一丹 我了解到有一些脱贫非常艰难的地方，那里的人们会对央企寄予更大的希望。比如说扶贫脱贫的力度还不够，有的人就会说，让央企来，这个时候我们就看到了央企人的那种社会责任，其实在中间个人的付出也是很多的，有什么事让你觉得很享受，很有成就感？

江建兴 主要还是得益于我们央企对扶贫工作的重视，特别是看到贫困户一户户的脱贫，收入也增加了，村民的笑容更多了，这是我最幸福的时候。

敬一丹 现在和你一起在乡村进行扶贫工作的，咱们中国石化的扶贫干部有多少位？

江建兴　我们在总公司参加学习班时说过，我记得总共有 1994 名派到外面的扶贫干部。对我来说，就是中石化里面的一粒沙子吧。

敬一丹　我想就在此刻，有很多来自中国石化的扶贫干部正在穷乡僻壤奋斗着，在那些我们的视线还没能到达的地方，在我们的镜头没能聚焦的地方，他们在默默地工作着，改变着那些穷乡僻壤的面貌，在这里让我们把掌声送给他们。

中原油田普光应急救援中心

颁奖词

为了国家能源安全，十三年忠诚守望。在人民需要的时刻，勇敢的心从不彷徨。钢的意志，铁的臂膀。一次次舍生忘死，用烈火熔铸责任与信仰；一幕幕最美逆行，用生命撑起生命的希望。唯大英雄真本色，胸膛化作盾牌，鲜血染红勋章。你们是中国应急救援排头兵！

人物
事迹

铁血铸忠魂

中原油田普光应急救援中心的成员是一群来自中原大地的健儿，为了油气安全长年驻扎在巴山深处。

成立 13 年来，他们成功完成普光气田作业监护 1.6 万次，保障气田安全的同时，承担着社会救援与救助任务。2018 年，被应急管理部命名为“国家危险化学品应急救援普光队”。

普光应急救援中心成立之初，在清溪一井井场鏖战 13 个昼夜，成功制伏超高压溢流，将隐患之虎牢牢囚入笼中。普光气田投产 10 年，未发生安全事故。

2018 年 6 月 1 日，四川达州市某商场负一层冷库突发大火。接到增援任务，中心迅速出动 49 名救援队员和 13 辆消防车，比原计划提前 8 分钟到达现场。现场浓烟直蹿几十米高，形势危急！作战前，他们成立临时党支部，分组交替深入火场腹地开展人员搜救和冷却灭火。火场温度高达 70 摄氏度，防火面罩里，他们的脸大片脱皮，头发、眉毛打起了卷儿。他们的消防靴里满是汗水、污水、血水。救援行动历时 6 个昼夜，他们出色完成 7 个阵地的排险、灭火、疏散战斗任务。

凭借过硬的本领，普光应急救援中心多次完成周边地区火灾扑救、社会救援与救助任务，出动人员 3.3 万人次，成功处置周边地区各类险情 1400 多起，挽回巨额经济损失。

现场访谈

敬一丹 看，一起向我们走来的不仅仅是他们三位代表，我们真想把这些指战员都请到这儿来，如果他们都来的话，我们这个舞台就太小了，于是我们请来了三位代表。好，和大家认识一下，做一个自我介绍。

袁华成 大家好，我是普光应急救援中心战区科科长袁华成。

马新文 我是普光应急救援中心党总支书记马新文。

王庆银 我是普光应急救援中心副主任王庆银。

敬一丹 他们每个人都是有故事的，每个人都有很多故事，我们从哪讲起？好在我们有一些影像和照片，我们就从照片讲起，从视频讲起。好，我们先看大屏幕。

画外音 震后的 72 小时是挽救生命的最佳时间，周东福向记者介绍，这个楼经过地震和余震的破坏，倾斜度已经达到了极限，随时可能倒塌。应急救援中心的小伙子就是在这样的环境下，硬是从一楼与二楼楼梯的夹缝中把李东海营救出来。

同期声 快点上车……走过去了……快点，人都上车，上车，上车，不要不下来……赶紧走。

画外音　经过中国石化普光气田应急救援中心抢险队队员 5 个多小时的紧张施救，被困 69 个小时的李东海终于被解救出来。

敬一丹　您看，在那些橘黄色的身影中就有他们，其中有你们哪一位呢？

袁华成　这个右边是我们马书记，这边是我们杨总，我们当时在后面。

敬一丹　这是什么？这一个瞬间是什么情景？

袁华成　这是我们 2008 年参加汶川地震救援时救出的 6 个幸存者之一，他叫李东海。当时，他被废墟及楼板夹住两条腿，作业难度比较大，现场比较复杂，医疗队要对他进行截肢，以争取时间。但是这个小伙子哭着对我们说他不想失去双腿，能不能不截？出于人道主义，我们又调整了方案，历经 22 个小时，在余震不断，房屋随时有可能倒塌的情况下，成功地将他救出。

敬一丹　好，我们再看两张照片，这两张照片里又有怎样的故事？

王庆银　这个我来解释一下。首先，这些照片都拍摄于去年的 6 月 1 号，位于四川省达州市，也就是四川省川东北最大的一个小商品集散地，有 9 万多平方米，地下 1 层、地上 5 层。当时，这个建筑里发生了一场立体的火灾，大火烧了 6 天 5 夜，我们的应急队员在现场也是 6 天 5 夜。应急救援中心接到报警以后，出动了 49 名队员 8 辆车。大火扑灭以后，国家派出一些专家对现场进行了勘察，一致认为我们中国石化这支救援队在现场救援的工作面过火面积最小，火灾损失最小，战术战法得当。在全国的电视电话会议上，也点名表扬了咱们中国石化这支救援队。这次救援只是我们成千上万次救援中的一项。作为企业的专职救援队，我们还要履行好央企的政治和社会责任，为人民多作一些贡献。照片中那位医护人员正在处置队员的伤口，有溃烂的、有磨烂的，泡得皮肤已经开裂了，还有一些队员被高温灼伤皮肤，医护人员正在处置。在救援过程中，时时刻刻都面临着毒烟啊、坍塌啊这样的危险，但是没有什么。

敬一丹 你看刚才这张照片，他们的样子我们都看不大清楚，但是他们那个脚让我们特别感动，这是他们在工作中经常遇到的场景。好，我们再看一张照片。

马新文 这张照片是今年 7 月份文莱国家能源部部长到我们营区进行慰问的场景。截至目前，我们单位外闯市场项目达到了 18 个，每年的效益能达到 1.4 亿元。不管在哪里，祖国和人民需要我们的时候，我们挺身而出，为祖国、为人民赴汤蹈火，请大家放心。

敬一丹 你看这样一支队伍，它已经走出了气田，走出了国门。看到这样的照片，就让我们有一个愿望，就是走近他们每一个人，听听他们的故事。在我靠近他们的时候，我就看到了这些标志，这些标志都有什么样的意义，镜头请给一个特写，给我们的观众解释一下。

袁华成 大家看一下，这个标志是咱们中国石化自主设计的，标志下方的这些设备和机器，代表着中国石化的石油、炼化、销售三大板块，上面这个是消防水枪，消防服和消防梯是我们消防队作战的装备和武器。整个 Logo 的寓意是我们应急救援人要枕戈待旦、秣马厉兵，为我们中国石化安全生产建设保驾护航。

敬一丹 这个 Logo 让人看了觉得特别专业，特别有安全感，向你们致敬。好，谢谢各位。

2021

第六届『感动石化』人物

蒋士成

中国工程院院士

颁奖词

一丝一梦长，一路走四方。俯首绘经纬，躬耕为霓裳。你的梦想，是振兴石化的中国梦；你的初心，是造福百姓的赤子心。年逾耄耋未伏枥，意气风发志凌云。六十载青丝变白发，缕缕变化万千，织就你的传奇。

人物
事迹

为国筑功成

蒋士成，中共党员，1934 年出生，中国工程院院士，享受国家有突出贡献科技人员政府特殊津贴。

他为我国化纤工程设计与技术开发工作了 63 个春秋，是著名的化纤工程设计与技术管理专家，中国聚酯工业工程化的主要开拓者，开辟聚酯装置国产化道路，为中国化纤工业由小到大、由大到强作出突出贡献。曾获得建设部设计金奖、中国纺织总会科技进步奖一等奖、国家科技进步奖二等奖、中国化纤行业终身成就奖等多个奖项。

为了国家需要，蒋士成几十载转战大江南北：20 世纪 60 年代，为我国第一套万吨级醋酸乙烯和聚乙烯醇装置的设计和建设开辟国产化新路；20 世纪 70 年代，参与四大化纤基地的规划和设计工作；1977 年，担任中国最大化纤生产基地仪征化纤项目的总工程师；1992 年，组织带领技术团队开发具有自主知识产权的国产化大容量聚酯技术，结束了我国聚酯工业引进国外技术的历史。

进入新的发展时期，蒋士成围绕国家战略目标，继续为化纤行业转型升级、高质量发展提供“中国方案”。

现场访谈

敬一丹　蒋院士，我就是在物资紧缺年代长大的，特别珍惜布票，如果不是的确良，不是后来的化纤产品的出现的话，我都不知道我们什么时候才能告别布票，所以今天我特别高兴来到石化，终于见到了的确良的创造者。的确良是我们老百姓熟悉的商品的名字是吧，专业的名字叫什么呢？

蒋士成　聚酯和涤纶纤维，国内的有些专家把它翻译成的确良。

敬一丹　真好的翻译。

蒋士成　是。

敬一丹　所以的确良就是一个年代的记忆，如果没有的确良，没有后来的那些化纤的话，我们今天还要面对穿衣难的问题，所以院士一走上台的时候，我就很注意院士的衣服是什么质地的。

蒋士成　这个里面就有的确良的成分。

敬一丹　这就是吗？

蒋士成　这是毛涤，就是羊毛和的确良混纺。

敬一丹　您的衬衫也是吗？

蒋士成　衬衫也是的确良，这个的确良占化纤的 84%。所以，不管是服装，还是产业都离不开这个的确良。

敬一丹 院士在这说的时候，我们看到了这张照片，这张照片后面有什么故事呢？

蒋士成 这是我们聚酯国产化项目在 2000 年 12 月 8 号开车投料的按钮。

敬一丹 我听说您现在还经常给年轻人讲课，而且是用网络的方式讲课，都讲什么呢？

蒋士成 是讲聚酯工业的发展和今后的趋势，还有中国如何走向化学大国，走化学强国的必由之路。

敬一丹 您喜欢用网络这种方式和年轻人交流吗？

蒋士成 这是很好的一个方式。

敬一丹 有没有什么让您觉得很新鲜？

蒋士成 我不知道会有那么多人来听课，实际上网上有 1 万多人在听我讲课，我感到很惊讶。

敬一丹 听您讲课的人都是同行吗？

蒋士成 有业内，也有业外的。

敬一丹 我觉得如果给我们老百姓讲一些科普话题，大家也一定特别欢迎的，特别希望以后我们在网络上遇到您。

蒋士成 谢谢。

敬一丹 我们看到老院士上台的时候是戴着党员徽章的，既是老院士，也是一个党员，现在面对着很多年轻人，有的是同行，有的是年轻同事，在迎接建党百年的时候，您有没有什么话要对年轻人说呢？

蒋士成　我还是要感谢党。我上大学以及参加工作都是党给予我的机会，大学是党培养我们读的，我们有了基础，根据党和人民的需要，解决人民的穿衣问题，所以这六七十年来我都是从事这方面的工作。我希望年轻人也有这样的爱国的初心，为人民服务，为今后我们的纺织和化纤之业，从大国走向真正的强国，再贡献我们的一份力量。

敬一丹　好，谢谢蒋院士。

李郑军

湖北石油

颁奖词

“一墙之隔，为生命救援加油。黑暗中燃起不灭的光，为疲惫的心端出温暖和希望。与时间赛跑，和死神竞速；一起携手拼命，一样都是英雄。特殊时刻，你面对党旗庄严宣誓。千千万万个你挺身而出，汇聚成众志成城的央企力量。大灾有大爱，朝阳觅知音。”

人物
事迹

平凡见英雄

李郑军，中共党员，1973 年出生，湖北武汉蔡甸石油分公司副经理、原知音加油站站长，全国抗击新冠肺炎疫情先进个人。

2020 年 2 月 3 日，火神山医院建成投用，仅一墙之隔的知音加油站成为抗疫车辆油品定点保供站，为救护车免费加油并提供简餐。李郑军带领全站员工连续 76 天坚守在抗疫保供一线，为生命救援加油，为医院建设提供后勤保障服务，让中国石化加油站成为抗疫“红帽子港湾”。

2 月 4 日，李郑军向所在党支部递交入党申请书。3 月 7 日，经审查合格，李郑军火线入党。在武汉封城 76 天的战疫中，他一直坚守在知音加油站，没有回过一次家。

4 月 8 日，火神山医院病人清零，火神山医院为知音加油站送去“联合抗疫彰显企业担当，军地协同共筑坚强堡垒”的锦旗。负责医院后勤工作的胡江泉军官对李郑军说：“一起战斗了这么久，还不知道你长什么样子，也许以后很难再见面了，我们摘下口罩合个影吧！”一张间隔一米的双人合影，成为军民同心抗疫的见证。

现场访谈

敬一丹 你好，李站长！这个背景就是你们站刚才出现的那个背景，李站长经历了很多故事，我们今天通过几张照片来讲他的故事。

李郑军 这是当时我们在给建筑工人烧水泡方便面。工人们都抢着赶紧把方便面吃完了，赶紧回工地去干活，开水一来他们就涌上来。

敬一丹 加油站当时不只是给车加油，还为人加油。我觉得当时那么多人一下子云集到工地，都特想找一个踏实的地方，而这个时候一家国企的加油站就成了一个让人踏实的地方。你看这个照片上，一边给车加油，一边给人加油。我们再看这张照片，这是为什么？为什么出现了一个女警察？为什么这个女警察和我们穿防护服的主人公站在一起，这里也是有故事的，这个警察是谁？

李郑军 是我的妻子，我的妻子是一名人民警察，她当时是到对面的火神山警务室送生活物资，进来看看我。

敬一丹 你叫她的时候她什么反应？

李郑军 她当时也瞄了我半天，这是我们 38 天来第一次见面。

敬一丹 38 天啊，然后你跟她见面的时候，还要保持这样的距离，有没有摘下护目镜，摘下口罩？

李郑军 没有，当时我们面对的全部是拖重症（患者）的救护车。

敬一丹 38 天以后这样的相遇，有多长时间？几分钟还是几小时？

李郑军　站了有一会儿，很想跟她说几句话，但是千言万语在心里不知道说什么，只有简单地相互祝福和鼓劲、加油，因为她也是奋战在抗疫的第一线。

敬一丹　我们可以想象那个时候，他和他的家人在武汉那个特定的地方，是怎样一种状态？其实这张照片只是一瞬，而他坚持的是几十天，这张照片背后是一个怎样的故事？

李郑军　3 月 7 号，我在加油站火线入党。

敬一丹　你是在疫情中申请入党的？

李郑军　对。

敬一丹　这张照片的背后是什么故事？

李郑军　这张照片是我们湖北石油建的首座抗击新冠肺炎疫情教育基地，在 6 月 16 日开馆。

敬一丹　现在人们到这儿来的时候，可能都管你们叫火神山的加油站。

李郑军　对。

敬一丹　其实人家正式的名字叫知音加油站，我们也可以这样理解，这也是一种知音啊。我们的心是相通的，这是另外一种意义上的知音。好，谢谢您！

李郑军　谢谢！

曹绪龙

胜利油田

颁奖词

把脉开方，治愈油藏痼疾；半生拼搏，成就一场逆袭。突破极限，挑战禁区。在最复杂的地层求索希望，改写世界采油金科玉律。创新，是老油田不老的青春密码，也是你传递的不灭薪火。甘当沉默的砥柱，将潜力化作胜利。

人物事迹

潜心驱油龙

曹绪龙，中共党员，1964 年出生，集团公司高级专家，胜利油田化学驱三次采油技术领军人物。

37 年坚守在化学驱“三采”研究最前沿，专注挑战复杂油藏采收率极限，为胜利油田化学驱技术从跟跑、并跑到领跑作出突出贡献。曾获得国家科技进步奖 1 项，省部级技术发明奖 2 项、科技进步奖 10 项，先后被授予“中国石化突出贡献专家”“国务院政府特殊津贴专家”等荣誉称号。

20 世纪 80 年代末，胜利油田进入高含水期，国外油公司断言胜利油田不能搞化学驱技术。“决不能让胜利油田一半的储量在地下沉睡！”曹绪龙下定决心。他带领课题组一年内做了近万次实验，设计优化适应不同油藏条件的驱油用聚合物，开发出高温高盐油藏聚合物驱油技术。他攻克无碱条件下界面张力难以达到超低的国际性难题，配套形成无碱二元复合驱油技术，成为胜利油田大幅度提高采收率的撒手锏。

“创新瞄着问题去，攻克前进道路上的一道道难关。”曹绪龙说。

现场访谈

敬一丹 曹总，刚才那个短片快结束的时候有一张照片，就是您和几个老外站在一起，他们看您的那个目光，我觉得特别有意思，您在那个目光里看到了什么？

曹绪龙 一般来讲搞技术的，特别是搞化学驱技术的，都是和国外进行交流。但在这些交流中，过去我们是仰视人家，现在我们至少平视或者有一点俯视的感觉了。刚才你提的照片显示的，其实是在第22届世界石油大会上报告的一个技术，这个技术全世界的专家都认为现在处于世界领先水平。

敬一丹 所以我们在他们的目光中读出了很多，不是一个人的关注，其实那是一个很大范围的世界背景下的关注。

曹绪龙 对。

敬一丹 其实跟您聊天的时候我是挺有负担的，因为您那个名词术语我也不懂，我一直在想用什么方式来理解您的工作呢？我们的采访团队小伙伴告诉我，您夫人是医生，您也是个医生，只不过看的是不同的病，您同意他们的这种比喻吗？

曹绪龙 我觉得这个比喻很形象，医生是给人看病的，我们作为油藏或者地质工作者，实际上是给油藏看病的，就是把地下已经发现的这些油怎么尽量多地取出来。但是胜利油田的地质条件很复杂，温度高、矿化度高，这些状况就使得我们用的驱油的药剂效果不是很好，所以怎么治愈这个病症，成为我们做技术的这些人孜孜以求的方向。

敬一丹　医生给人看病，我们都知道有这些手段，比方说摸脉呀，依靠仪器呀，你们给油藏看病，恐怕很多也没有先例，是怎么个看法，有什么难度吗？

曹绪龙　我们要给油藏看病，实际上和医生看病道理相通，你首先得搞清楚油藏为什么采收率不高，或者说它为啥有这样的病症，也就是说要搞清楚病理学。要想给它看好，还要把药理学搞清楚，有哪些药剂可用。当然，我们用的是驱油的化学剂，能取得更好的效果。所以，我觉得给人看病和给油藏看病道理相通，都要把药理学、病理学搞得清清楚楚才行。

敬一丹　而且做这件事不是一个人，而是一个团队，我们也特别希望认识您的团队、同事和伙伴。

曹绪龙　这张照片上是我的团队的一小部分人，因为油田对团队建设非常重视，成立了一个 200 多人的大团队，包括研究院搞技术研究的，现场搞实施的，这里是一小部分。

敬一丹　你们团队中的年轻人占多大比例？

曹绪龙　我们这个团队年轻人占到了 40% 以上。

敬一丹　他们的学历一般都是什么？

曹绪龙　像做研究的这一部分，我们团队有 13 位博士、博士后，他们有来自国外的，还有咱们国内综合性大学的，还有一些是我们专业大学的，甚至有自己培养的。

敬一丹 你们看他谈到他的同事，特别是谈到年轻同志时眼里是有光的，所以如果有机会的话，我们不仅要听这位“大夫”讲他的故事，还要听他的同事们讲更多的故事，我觉得这些故事都是特别前沿的。好，谢谢您！

曹绪龙 谢谢！

杨越

茂名石化

颁奖词

“扎根现场，指挥磅礴的生产交响；指令铿锵，每一个音符都不彷徨。殚思竭虑，精益求精，把优化做到极致。凭借超常毅力，付出超常努力，抠出每一分效益。你是银铁塔林里的钢琴家，用智慧和实干，奏响高质量发展的雄浑乐章。”

人物事迹

优化谱华章

杨越，中共党员，1967 年出生，茂名石化高级工程师，计划管理部经理。

被称为茂名石化全流程系统优化的“现场总指挥”。在攻坚创效中，杨越把优化做到极致，实施全程优化、滚动优化、邻壁优化、每日优化，全面封堵效益流失点、唤醒效益沉睡点、开发效益增长点。他曾深情地说。“企业就像一架钢琴，80 多套装置就是 80 多个琴键，要通过优化的艺术弹奏出最和谐的乐曲。”

2020 年，新冠肺炎疫情突袭，国际油价宽幅震荡，炼化企业的日子过得异常艰难。杨越带领团队，利用所有资源，搜集最新信息，根据国内外市场形势变化及时调整生产经营策略，组织编制 151 份生产调整方案，下达 512 道重要生产调整指令，实施 200 多次自销产品调价。

他提出压减成品油产量，开发低硫船燃产品，率先打通低硫重质船燃出口通道；做大沥青产量，全年沥青产量增幅达 66.28%，产销量居系统第一；创新实施邻壁优化，与周边改制企业合作，利用降解法生产熔喷料的生产方案，茂名石化 Y1500 产品成为明星产品。

现场访谈

敬一丹　您好，刚才大家都看了短片，其实我觉得拍您的短片挺难的。尽管我们的拍摄团队也好好地拍，用心地拍，但还是有一种东西是拍不出来的。比如说我们拍战士，他可以冲锋；拍司机开车也是有动作的。可是拍您的时候您总是在思考、在焦虑、在纠结，这个我们镜头怎么能拍下来呢？好在您能聊出来，那您怎么理解这个词？运筹帷幄，怎么理解这词？

杨　越　第一收集信息，我们要根据市场政策以及行业的变化不断地收集信息；第二根据这些收集到的信息进行形势的研判和定量的测算；第三拿出应对的方案来，这是我们工作的三部曲。

敬一丹　其实我觉得在我们石化有很多像您这样的人，我们看到的镜头能够表现的只是很少的一部分。他头脑里的那么丰富的内容，我们真的没法充分展示。

杨　越　我刚才有个想法，在台下的时候，看到短片中说钢琴家，这个是强调优化的艺术性，优化不仅有科学性，也有艺术性。我是第一次看您现场主持，其实主持也是一种艺术，跟我们的优化工作是高度契合的，全员、全方位、全过程、全天候。您要根据不同的场合、不同的访谈对象、不同的受众，甚至不同的工作人员来做出您的优化调整，这本身就是优化。

敬一丹　在台上的是我和栗阳，其实我们背后还有一个特别的决策人物，就是导演，他们提供了很多基础的东西，我在这只是呈现出来而已，我没有您那么多的头脑风暴时刻，那么激荡，那么翻江倒海。

杨　越　程度不同，但是性质是一样的。

敬一丹　您看您在这谈的时候挺轻松的，但是我在使劲理解，您在苦苦思考的时候并不都是轻松的，所以才有这样的业绩，我听说，有的人特别惦记国企央企的人才，是吗？

杨　越　是。

敬一丹　有人挖您吗？

杨　越　说实话，有，民企的，包括外企的都有。

敬一丹　然后呢？

杨　越　我当然回绝了，否则我不会站在这里了。

敬一丹　当着老总的面也不好说啊。

杨　越　的的确确是回绝了，而且我回答得比较婉转吧，我说您出这个钱，我可能不值这个价。

敬一丹　这里肯定有您内心更在意的东西。

杨　越　是的。

敬一丹　站在您的职业角度看，给您带来享受感的是什么？

杨　越　我回答他们的话，其实就是我的真实感觉。我觉得我们这个团队十几个人围绕在我周围 ，我打个可能不太确切的比方，每一个人都相当于一粒闪闪发光的珍珠，他们每个人都有自己的特点，而我的角色是什么呢？我并不是一颗大珍珠，我是一根普普通通的线绳，我把他们每个人串起来，串成一条珍珠项链，让他们在自己的岗位上闪闪发光，挂在茂名石化这位美人的脖颈上，使得茂名石化这位美人更加光彩夺目，我的作用就是这么一根普通的绳子，所以并不值钱。

敬一丹　石化人都是这么会说话的吗？这样的表达让我们立刻就对石化、对石化人有了一个新的认识，特别好，谢谢您！

杨　越　谢谢！

邓尚

石勘院

颁奖词

在殿堂与荒漠之间，你选择后者。归来是你的梦，盈满对祖国的情。茫茫戈壁的风沙，不是谁都经得起吹打。为勘探苦行，为科研先行，青春在一线绽放，路越走越宽广。信念如磐，何惧征途漫漫；以梦为马，光阴不改少年。

人物事迹

大漠书新篇

邓尚，中共党员，1987 年出生，博士毕业于美国斯坦福大学地质系，石油勘探开发研究院西北中心副经理。

2016 年，他主动放弃国外石油公司优厚待遇回到祖国，入职石勘院，主动提出到勘探一线去。5 年来，他年均驻疆 300 余天。2020 年新冠肺炎疫情期间，他大年初一赶回乌鲁木齐生产攻坚主阵地。7 月中旬，新疆遭遇二次疫情，他坚守办公室全封闭攻坚 38 天，确保团队在顺北地区生产支撑与科研攻关有序进行。野外地质考察期间，他顶着 50 摄氏度高温在塔里木盆地肩挑背扛 40 公斤设备，行程千余里，用实际行动书写了赤诚报国的家国情怀。

他把心血倾注在顺北油气田开发上，许下了“不破楼兰誓不还”的诺言。作为项目长，主持国家自然科学基金项目 1 个、中国石化科技部项目 2 个，先后获得中国石化科学技术进步奖一等奖、前瞻性基础研究科学奖二等奖、油气勘探突破特等奖等，被授予“中国石化青年岗位能手”荣誉称号。

现场访谈

敬一丹 这是什么歌？

邓　尚 勘探队员之歌。

敬一丹 你会唱吗？

邓　尚 我会跟着唱。

敬一丹 你唱几句我听听。

邓　尚 我唱完了。

敬一丹 他在心里唱，这是首老歌。

邓　尚 对，对，对。

敬一丹 看到邓尚和他的伙伴们唱歌，唱得太好了。我觉得这首歌，特别有神，我看你穿这身衣服走上这个舞台，还有点不大习惯，我还是喜欢你在现场、在野外、在一线的样子。

邓　尚 对。

敬一丹 你看你穿红衣服的样子。

邓　尚 红工装，对，这是在西北油田的机房里。

敬一丹 你说你要去一线、去野外、去现场。什么那么有魅力吸引着你呢？

邓　尚 主要还是因为求学阶段的一些经历，因为做地质研究，我一直坚信两样东西：第一个就是资料为王，没有资料基本上不可能做出来成果；第二个就是问题为王，问题是跟着勘探的实践慢慢深入的，自己做，你真不知道问题在哪儿。所以说一个是资料，一个是问题，有这两样东西的地方也就只有前线了。

敬一丹　你到现场内心是一种什么感觉呢？有的人说“哎呀，那多艰苦啊”，但是我总在想，喜欢到那去的人，他内心一定有某种满足，有一种追求正在慢慢实现的那种满足。你在那个现场获得了怎样的心理满足呢？

邓　尚　应该说每天我都很有激情、很有劲。顺北（油田）发现之前我在那儿看资料，我就觉得这些东西肯定没那么简单，2016年6月份，宣布发现顺北（油田），我就感觉这机遇太宝贵了。后来慢慢做，也根本没意识到能给我们带来这么大的希望。这种激情、这种热爱，就慢慢地被点燃了。后来就每天都很亢奋，哪怕特别疲劳，稍微缓一阵，再回头看资料，又跟打鸡血一样，每天就这种感觉。

敬一丹　每天都很亢奋，这是一种什么样的状态？就跟刚才那首歌的旋律是一样的。那你从海外归来到了这样一个新的领域，有哪些是在你预想之中的？有哪些是意料之外的呢？

邓　尚　预想之中的就是在一线能够遇到一些问题，解决一些问题，这是预想之中的。但是现在来看，更多是意料之外的。因为顺北油田确实很特殊，是国际少有，国内仅有吧，我觉得严格意义上可以这么讲。后面发现的一些问题，包括勘探上的复杂性，这些都是意料之外的。但更重要的是，我觉得找到了一种归属感，就是很踏实，现在每天都很踏实。除了工作，当然家人也非常重要，但还是想把自己尽量沉浸在这个环境里面，让自己能有一种投入进去，时间是静止的感觉。我们团队在一线，有时候一天能干十五六个小时，那种团队精神、那种氛围，大家都使足了劲儿干。包括刚才采访视频里面我的战友也是这样，那种感觉是我以前没有想到的，就跟战斗堡垒一样，就是这种感觉。

敬一丹 你看他说意料之外的事，意料之外的更让他兴奋。他刚才用的词是亢奋，意料之外的事让他更为亢奋。他谈了很多很多的工作，中间我捕捉到了短短的一句话，“当然家人也很重要”。

邓　尚 对，我的夫人也来到了现场。张毓然，对，小张。

张毓然 敬老师，您好！

敬一丹 你夫人现在是在？

邓　尚 现在是在清华大学做水木学者的博士后。

敬一丹 你看他还很年轻，又要立业，又要成家，其实你俩现在没有一个物质的共同的家是吧，让你夫人说几句吧。

张毓然 我是去年博士毕业回国的，其实回国之后，也基本上是小异地的一个状态，比之前是近多了。

敬一丹 你在北京，他在新疆。

张毓然 对，他在新疆。

敬一丹 经常隔空啊。

张毓然 对，不过也习惯了，形成了一种奇妙的节奏。

敬一丹 好，谢谢您！立业成家这是年轻人应该有的，我觉得很多石化人可能都处于这样一种状态，但是她云淡风轻地说都习惯了，有种种的内心的想法然后你们私聊。

邓　尚　好，敬老师。

敬一丹　你看，就在这里从第一届到现在有很多前辈，比如说闵恩泽院士，他也是我们《感动中国》的人物，所以我有幸几次和他面对面交谈并且被他的魅力吸引，中国石化有那么多的国宝、国宝级的人物，几十位院士，包括我们今天在这见到的蒋院士，这让我们有一种特踏实的感觉。但是小邓他们站在这儿，给我们另外一种踏实的感觉，这种感觉是什么呢？后生啊，我们有未来啊，所以我说骄傲也不要紧，只要不自满就好。

邓　尚　都不行。

敬一丹　骄傲这个词是个中性词，骄傲它是一种自信，有实力，我们中国有这样的年轻人不该骄傲吗？是吧，我们央企有这样的年轻人不该骄傲吗？可以骄傲。

邓　尚　还是不行，我踏踏实实的、踏踏实实的。

敬一丹　其实我就想听他说可以骄傲，我的意思是可以骄傲，但不会自满。好，我们祝福年轻的小邓有更美好的未来。

邓　尚　谢谢敬老师，谢谢大家！

曹湘莉

沧州炼化

颁奖词

“二十年不离不弃，有多少日子，就有多少沟坎。命运百般挤对，你总咬紧牙关。一肩挑起生活重担，一肩扛起岗位重任。心有阳光，命就不苦；爱若在，陪伴就是幸福。狂风让你的筋骨更强，暴雨让你的身姿更挺。你是离离原上草，用坚韧的生命，呵护孩子，也融化人心。”

人物事迹

丽草自葳蕤

曹湘莉，中共党员，1974年出生，沧州炼化质量计量中心化工分析员，集团公司优秀共产党员。

18年前，曹湘莉满怀喜悦迎接双胞胎的降生。然而，这个喜悦很快被巨大的悲伤覆盖。两个孩子出生后不久，就被诊断为脑性瘫痪，随后白内障、自闭、癫痫等疾病接踵而至。苦难面前，她用柔弱的双肩扛起了生命的重量，18年不离不弃、精心呵护。

面对“高难度模式”的人生，曹湘莉从未认输，在工作中拼搏进取，在平凡岗位上做出了不平凡的业绩。

她在沧州炼化实验室工作了29个年头，扎根分析岗位，从一名普通化验员成长为主管技师，解决多项技术难题、创新分析操作法、带领团队完成无数次仪器调试。她7次参加公司技能竞赛，获金奖1次、银奖3次、铜奖3次。通过潜心钻研，她独创操作法“直接进样法改稀释法，优化重油分析”，制作操作指导和经验分享资料60余份，带出徒弟20余人。

现场访谈

敬一丹 你好，湘莉，你特别漂亮。

曹湘莉 谢谢老师！

敬一丹 刚才在短片里看见你穿着工装或者在家里穿着很家常，其实我们很想看到你这个样子，我觉得这就是石化女员工应该有的样子。

曹湘莉 谢谢大家！

敬一丹 在你出场，我和你面对面的时候，我心里在犹豫，我是把你当成最美妈妈和你交谈呢？还是把你当成最美儿媳和你交谈呢？但是在“感动石化”这个舞台上，我觉得还是把你当成我们石化的一位员工，一位女员工来交谈最合适。其实太多的理由可以让你放松自己，我看到那么多的金奖、技术标兵的奖状的时候，我挺震撼的。一个人的精力很有限，你怎么在每个角色上都让自己做得最好？

曹湘莉 没有，我觉着我只是做了我该做的。作为一个妈妈，不论谁遇到这样的孩子都不会放弃。作为一个企业的员工，你看我这么多年一步步地成长起来是企业培养的，企业给了很多机会，我很庆幸的就是自己牢牢地把握住了这些机会。我入厂的时候才 17 岁，那时候就给自己定下了一个目标，就是要做最优秀的技术工人，要做最好的自己，这个目标在我心里面 30 年没有变过。

敬一丹 刚才在镜头里看你工作的样子，我脑子里就出现了一句话，就是工作者是美丽的，特别好。我特别想看看你工作的细节，它给你带来了享受，所以你才能这么多年一直在那儿，你也是一个特别有韧性的人，你还带了很多年轻人吗？

曹湘莉 对，这些年带了 20 多个徒弟，每个徒弟都非常优秀，有很多人已经成为公司的骨干，有的人走上了领导岗位、技术岗位，然后操作岗位的也有很多，他们每个人都很优秀，我觉得带徒弟是一件非常幸福的事情。

敬一丹 未来三年是你职业生涯的最后三年，其实职业生涯是一个人的黄金时刻，华彩乐章，对你来说也是让你很累的一个阶段，最后这三年你有什么心愿？

曹湘莉 最后这三年啊，一是带更多的徒弟，把这经验跟热爱传承下去。二是希望我们沧炼明天会更好。三是希望可以多陪伴照顾我们家的老人孩子，给他们更多的陪伴，让他们每天都高高兴兴的，同时要照顾好自己的身体，因为未来我们家还会很难，但是我始终相信心中有信念，脚下就有力量。这么多年都过来了，这么多的困难都一步步地克服了，我有家人在身边，我有爱人，我有那么好的同事，我有这么好的领导，我有沧州炼化这么好的平台有力支撑着我，什么困难我也不怕。

敬一丹 我希望不仅是在职业生涯里，在你自己的日常生活中还有更多的美好，也希望你能够轻松一些。

曹湘莉 谢谢敬老师。

敬一丹 谢谢您！

东乡扶贫团队

颁奖词

“牢记嘱托，黄土塬上扎下根。困难大如天，但只要是百姓的事，就比天还大。用汗水耕耘希望，藜麦地收获灿烂笑脸；把心‘驻’进村里，悬崖边书写减贫奇迹。顾不上的只有远方的家，放不下的全是浓浓的情。上去高山望平川，乡村振兴再接力。山的那边，有我们的父老乡亲。”

人物事迹

山乡奔康庄

东乡扶贫团队，2013 年以来，中国石化牢记总书记嘱托，先后派驻严超、焦建国、钱有、张文涛、杨成等 4 批 6 名扶贫挂职干部帮扶东乡族自治县。2020 年 11 月，东乡正式脱贫摘帽。

甘肃省临夏回族自治州东乡族自治县，是全国“三区三州”深度贫困地区，是脱贫攻坚主战场之一。2020 年是脱贫攻坚收官之年，中国石化帮扶东乡工作组组长钱有带领两名组员张文涛、杨成把布楞沟流域 4 个未脱贫村作为主攻点，深入田间地头，走遍家家户户，用心用情为老百姓做好事、办实事——建立东乡藜麦种植产业链，引进企业入驻扶贫车间，组织易地搬迁点牛羊圈建设，启动民宿建设项目，开展直播带货，推广扶贫农产品……脱贫不脱责任，摘帽不摘担当。目前，扶贫干部仍坚守岗位，“资金不减，力量不撤”，为建设美丽新东乡持续贡献石化力量。

2021 年 2 月 25 日，全国脱贫攻坚总结表彰大会在北京隆重举行，钱有荣获“全国脱贫攻坚先进个人”称号。

现场访谈

敬一丹 要在这样一个小小舞台上，认出他们谁是第几任还真不容易，他们说接力，我们就从这开始接力，和大家认识一下。

严　超 好，我叫严超。我是 2015 年 6 月到 2018 年 1 月在东乡工作的，从东乡回来之后我就在油品销售事业部，还负责具体的扶贫的联络工作，应该说是亲身参与了、见证了东乡脱贫的全过程。我回来之后，把接力棒交给了我身边的焦县长。

焦建国 我是焦建国，自 2018 年 1 月至 2020 年 5 月，作为扶贫挂职干部参与了东乡的脱贫攻坚工作，我来自炼化工程集团，谢谢！

张文涛 我是来自甘肃石油的张文涛，我是 2018 年 6 月份到东乡的，有幸经历了东乡县高质量打赢脱贫攻坚战，见证了东乡发生的翻天覆地的变化，我也是在这个月刚刚结束挂职。

杨　成 我叫杨成，是咱们中石化派驻到东乡布楞沟村的驻村第一书记，我在那里工作生活了两年六个月，是从 2019 年元月开始驻村的，2019 年我被老乡亲切地称作“藜麦书记”。2020 年我和我的老乡们一起见证了东乡脱贫攻坚的新征程以及乡村振兴的新征程，谢谢大家！

钱　有 大家好，我叫钱有。我是 2020 年 4 月份到的东乡，现在仍然在东乡开展帮扶工作，助力东乡巩固拓展脱贫成果，并开展乡村振兴的有效衔接工作。

敬一丹　你看，大家注意他们传话筒这个动作特别默契，因为他们是接力关系，现在接力棒又到了这儿。大家记住他们的名字了吗？不大能记住，但是我们都记住了他们是东乡人、石化人。我想其实乡亲们也不一定能永远记住你们的名字，但是他们会记得你们是石化的是吧。

严　超　我刚开始去东乡的时候确实是这样的，乡亲们都知道来了一支扶贫的队伍，但是到底是谁来了，他们也不太清楚。有些老百姓说好像是石油还是石化，反正分不清，就是说来了一支队伍好像是搞石油的。但是在我们走的时候，他们知道了四个字“中国石化”，他们记住了我们。

敬一丹　他们将来可能忘了严超的名字，但是记住了这一群人的共同的名字，其实这群人里有一个人的名字特别好，就是那位接力的，他叫钱有。

严　超　老百姓和这个地方的干部都特别喜欢他，他来了之后把钱就带来了。

敬一丹　我在想我们石化是特意派了一个这样的人去吗？还是特意派这些年富力强的人去？你看他们站在这个台上特别整齐，都是最好的年龄，最有经验的年龄，最有沟通能力的年龄，这个年龄段的人，我觉得老乡和你们沟通起来是一件很容易的事，你看第二位，我请他转过来大家看。来，全村的希望。刚才我们在短片里看到的那个镜头，他特别受孩子们喜欢，孩子们家的大人也喜欢，因为这是希望，他们怎么称呼你？

杨　成　孩子们都叫我杨老师，因为有些时候我会给他们上课，带着他们一块玩，家长们、老乡们都称（我）为杨书记。

敬一丹 这几位大家记住他们了吗？我特别想问一个问题，我们到了贫困地区以后会听到很多人都在说感谢，可能你们离开的时候老百姓也会这么说，但是我想问的是作为一个央企的人，在那个地方度过了一段岁月，你获得了什么？央企的人到那做这个扶贫脱贫工作，回来以后仔细想想，除了付出，获得了什么？

严　超 我先说吧。我感触最深的，也是最大的收获就是改变，是一个贫困地区落后面貌的改变，还有人的那种内生动力的提高，对我来说这就是最大的鼓励吧。因为在东乡工作的这几年里，我看到了东乡发生的翻天覆地的变化，实实在在的，在眼前发生的变化。要说最感谢谁，我想还是应该感谢我们的党组。这有一个细节，就是我们去年成立了东乡工作组，以前都是一位挂职干部，无论是我，还是建国，都是一个人。去年很着急，因为我们中国石化在全国有 8 个县的任务，前面 7 个县都相继脱贫了，只有东乡还没有脱贫。党组领导，特别是玉卓董事长去年疫情期间的第一站就去了东乡，而且成立了东乡工作组。东乡工作组在脱贫攻坚最重要的时刻发挥了作用，钱有县长担任组长发挥了很重要的作用。东乡 11 月 21 日顺利脱贫。虽然东乡脱贫了，但是我们的工作组还在，同志们还在，还要继续为乡村振兴奋斗，所以最想感谢的还是党组织和党组领导。

焦建国 我在东乡有将近两年半的时间，最大的收获就是看着那些藜麦，从播种到发芽到慢慢地成熟，带着老百姓把田间的杂草除掉，给它们施肥，它们茁壮地成长，长到半腰，长到齐肩，后来高过我，伸手还是高过我，这个时候我的心里真的充满了成就感和为老百姓做事的满足感，谢谢！

张文涛 我觉得我最大的收获是看着身边的东乡的孩子，不用因为路太远而放弃上学，我们把学校修到离他们家很近的地方。看着农村的妇女在村口就能进扶贫车间，实现就业，就能够增收脱贫，这是最大的收获。

杨　成 其实我的收获挺简单的，就是老乡们笑了，我也笑了。我的脸晒黑了，但是我们所有挂职干部的心更红了，谢谢！

钱　有 我的最大的获得感体现在这张照片上，这张照片拍摄于去年的8月份藜麦快要成熟的时候，我们准备在藜麦地里做一次直播带货，但是因为事多耽误了，等我们到藜麦地的时候，老乡们在地里边已经等了将近40分钟。在炎炎烈日之下，老乡们能够等我们，还配合我们完成这张照片的拍摄和整个直播，当时我的心情是很激动的。我觉得得到了老百姓的认可，真正地认识到了“中国石化”这4个字的力量，我觉得非常幸福。

敬一丹 你看他们又开始了特别默契的接力，东乡已经脱贫了，接下来我们这接力棒还要继续传吗？我们还有什么后续工作吗？

严　超 总书记也讲，乡村振兴期间的工作难度不亚于脱贫攻坚，所以我想我们后面的工作还有很多，我们还要按照中央的要求，按照集团公司党组的要求把乡村振兴工作落实到位，前一阶段我们集团公司也发布了帮助东乡的“一县一链”的工作计划，我想重点还是打造产业，帮助教育，在这两方面做一些提升。

敬一丹 我们在这儿看这个团队，其中这两位是现任的。

严　超 钱有在任（是）工作组长。

敬一丹 也就是说，我们这个颁奖仪式结束以后，你还要回去是吧？我们也对他有很多的希望。他谈到村里的时候，谈到藜麦的时候，谈到乡亲们的时候，那个眼神告诉我们，他已经成了东乡人了。我们祝福未来的东乡，也祝福在东乡工作的我们的石化人。好，谢谢！

李恩朋

胜利石油工程公司

颁奖词

“　没有人能百毒不侵，大义可以融化恐惧。没有人生来是勇者，责任催促你坚守阵地。逆行，是那一刻的决定。远离祖国，主心骨就要顶得住。临危不乱，用生命托举使命。不退缩、不犹豫，稳生产、定人心。红衣为甲，你是惊涛骇浪中闪耀不息的灯塔。”

人物事迹

临危主心骨

李恩朋，中共党员，1974 年出生，胜利石油工程海洋钻井公司新胜利一号平台党支部书记、经理，中央企业抗击新冠肺炎疫情先进个人。

2020 年 6 月，在尼日利亚几内亚湾海域施工的新胜利一号平台突发疫情，整个平台只有李恩朋一人核酸检测结果为阴性。他主动请缨留守平台，带领 93 名阳性人员顽强抗疫，用 43 天解除疫情一级响应，70 天实现复工复产。

疫情发生后，恐慌、焦虑的情绪弥漫了整个平台，李恩朋本可以按要求撤离，但考虑到现场人员队伍稳定和几亿元国有资产的安全，毅然向公司党委三次请战，留守平台。他组织党员干部开展一对一安抚，引导员工走出疫情阴霾。平台岗位缺员，李恩朋带领党员干部冲在前面，采用跨界顶岗、平台短休、轮番顶班等方式，实现了连续生产 800 天安全无事故。平台因此顺利拿下一年的续签合同，实现境外抗疫和攻坚创效“双战双胜”。

现场访谈

敬一丹　我们刚才在那个短片里看到很多镜头，其实最危难的那些情景没能反映出来，倒是你和家人在一起，尤其是和女儿在一起的镜头特别让人感动，你回来以后才告诉家人你的经历吗？

李恩朋　当时说实话也非常担心，很怕家里人知道，很怕他们为我担心。当时我们征求所有平台员工的意见，大部分人都不希望直接告诉家人，因为那时候大家对这个病毒还是很恐惧的，包括我当时心里也没底儿，而且尼日利亚的医疗条件非常差，所以就特别担心。

敬一丹　现在回想起来，我觉得有一种害怕叫后怕，有后怕吗？

李恩朋　说实话确实后怕，一个是怕身体上的问题，任何人出现任何情况，都没法跟家里交代。另外，就在那种情况下，我们还要坚持生产，因为当时油气层打开了，不把它控制住，可能会有更大的风险。如果发生井控事故，那就是天大的灾难。所以说，如果当时不带着大家顶住压力，克服种种困难，真的不好说现在会是什么情况。

敬一丹　现在马上就要到“七一”了，在海洋上工作的你的同伴们，他们此刻还在平台上，他们会怎样过“七一”呢？

李恩朋　每年“七一”，我们都组织党员重温入党誓词，让大家重新感受一下作为党员的使命与担当，我这里也有个录像，是去年我们重温入党誓词的画面。这个视频是我们自己用手机录制的，后来同事又进行了剪辑，发到我们“海洋我的家”微信群里。说实话，我们做的水平可能有限，但是表达了我们在那种情况下对党的忠诚与热爱。

敬一丹 我们在这个视频里也看到了一种心声，看到了一种凝聚的力量。在这里祝福在海外工作的我们的石化人。好，谢谢您！

杜 莉

中原油田

颁奖词

石化的女儿有大气概，祖国为大，情怀不改。巴山深处忠贞坚守，接过父辈的旗，开辟明天的路。一方气，一腔爱，把美好芳华献给洁净能源。择一业，精一艺，可以没有条件，不能没有精神。三代石化人的传承和沉淀，已渗入你的血脉。心归处，是气田。

人物事迹

承志传薪火

杜莉，中共党员，1982 年出生，中原油田普光分公司天然气净化厂天然气净化研究所副所长。

杜莉自小耳濡目染了老一辈石油人艰苦创业的故事，祖父与铁人王进喜是共同战斗的“老伙计”，外祖父参加过抗美援朝战争，转业到克拉玛依油田工作。

2012 年，已在美国留校任教的她放弃高薪回到祖国，投身普光气田开发建设。刚到气田，杜莉就参与了国家“十二五”重大专项课题高含硫气田安全高效开发的技术研究，负责天然气净化厂能耗问题。作为天然气处理专家，她瞄准世界顶级生产厂家制造的净化装置尾气焚烧余热锅炉，带领团队历时三年研制出国产锅炉，使千万级设备价格降低六成，能耗降低 10%，为普光气田全面开启装备国产化作出了突出贡献。

她在工作之余收集翻译了大量国外高含硫气田开发的文献资料，编写了《高含硫天然气技术问答》，将经验和技术供同行借鉴。

现场访谈

敬一丹 好，有请杜莉的父母，杜如诗、郭新霞。您好，这得跟大家说一下，杜莉马上就要当妈妈了，行动不便，所以我们就请来了准姥姥和准姥爷，现在在幸福期待是吧。

郭新霞 是的。

敬一丹 杜莉情况怎么样？

郭新霞 现在还挺好。

敬一丹 所以现在我们都一起祝福她，当一个幸福的妈妈。其实两位在这儿出现，不仅仅是作为杜莉的父母，他们还是石油之家的代表，因为杜莉是“油三代”。

郭新霞 对的。

敬一丹 那你们两位就是……

郭新霞 “油二代”。

敬一丹 我们先看看“油一代”的故事。

郭新霞 这位戴着大红花的人是我的父亲，也就是杜莉的姥爷，他曾参加过解放战争、抗美援朝战争，从部队转业到新疆克拉玛依油田，在1970年的时候又参加了长庆油田大会战，在中原油田退休。

杜如诗 这个人是我父亲，在玉门油田的石油河，这是五六十年前照的。

敬一丹 你看石化的历史，我们可以在史书上见到，也可以从一家一户的讲述中了解到，那你们两位曾经是做什么工作呢？

郭新霞 我是医务工作者。

敬一丹 一直在石油部门。

郭新霞 在医院里头工作，但是在 20 世纪 70 年代，我们医务工作者也参加当时油田的压裂、扛沙袋，还有保健工作，我都参加过的。

敬一丹 您呢？您看他这个工装，就这个吧。

杜如诗 对。

敬一丹 就是这件工装，这是什么年代的？

杜如诗 这是 25 年前，我参加石油系统的生产管理方面大检查，到渤海的时候，在驳船上照的。

敬一丹 这个工装您一直留着呢？

杜如诗 当时我们退休要穿旧工装，这是导演要求的，所以就翻出来了。

敬一丹 从这样的工装，一下子就看出资历了。小伙子就没有，一看这个就知道有资历。

郭新霞 对，他对这个工装很有感情，所以一直留着。

敬一丹 老石化人。

郭新霞 对，一直留着。

敬一丹 刚才在短片里我们看到，杜莉回国是听了您的建议，您根据什么给女儿提这样一个建议？我觉得这个建议如果是妈妈提的话，肯定说“闺女，回来吧，家人团圆”，但是爸爸站的角度肯定不一样，是因为看到了前景才给女儿这样一个建议吗？

杜如诗　我支持女儿回国是因为中原油田普光的业务和她专业接近，发给她参考。之前她外公强烈要求她回来，说你学美国的技术我坚决支持，学好你要在美国待着，我这抗美援朝老战士的心里过不去，你非回来不可，这个时候我就叫她选择，她就回来了。

敬一丹　那您现在看，你们家是石油三代之家，马上就要迎来第四代了，第一代、第二代、第三代比较起来，有哪一点是相同的？有哪一点是不同的呢？

杜如诗　相同的一点，我觉得就是石油工人之歌，“哪里有石油，哪里就是我的家”。你看克拉玛依、玉门、长庆会战到中原，现在杜莉在普光，也是哪里有油（气），哪里就是家。不一样的就是我们三代人的文化水平，三代代沟特别大。像我父亲和我岳父，当时都是在部队和企业里扫盲学的文化，也就是能看报、能写信、能学习、能胜任工作的文化水平。而我们俩，我在70年代，她在80年代，都是工作了多年以后，企业推荐去上的大学，我上的是石油学院，在西南石油学院，她在延安医学院。杜莉是从油田考出去的，被推荐到美国全奖硕博连读，做交流生。你看这三代人的学历差距有多大，代沟有多大。

敬一丹　现在杜莉是你们家学历最高的人是吧？

杜如诗　那是肯定的了。

敬一丹　将来杜莉的孩子，我们想象啊，多大的想象空间，是吧，我觉得咱们石化人，这种石油之家，家家的历史集合起来，就是波澜壮阔的石化发展史。

杜如诗 对。

敬一丹 现在马上要当姥爷了，有没有给孩子起个名什么的？

杜如诗 你提醒了以后可以考虑了，原先没考虑。

敬一丹 这个起名，人家爸妈也要起名，姥姥、姥爷也要起名，没准爷爷、奶奶都想起名，到时候听谁的呢？

杜如诗 你既然提了，你的知识水平高，你建议一下？

敬一丹 这事儿得回家讨论。

郭新霞 敬老师，你有什么建议呢？

敬一丹 我的建议就是让杜莉起。

郭新霞 好的。

敬一丹 在这大家一起祝福啊，祝福杜莉，祝福准姥姥、准姥爷，多幸福啊。好，谢谢！

郭新霞 谢谢大家！

广东石油佛山南海一党支部

颁奖词

“服务改革开放前沿，勇当拓市创效先锋。支部是决胜市场的桥头堡，43 名党员就是 43 面旗帜。同频共振，点燃发展引擎；敢闯敢试，抢抓行业先机。油、电、氢‘三位一体’，人、车、生活跨界‘出圈’。用真情温暖城市，以创新定义未来。珠江潮涌天地阔，南海明珠蕴新能。”

人物事迹

潮头勇争先

广东石油佛山南海一党支部，地处改革开放前沿，所属在营站点 35 座，党员 43 名，中央企业先进基层党组织。

多年来，该支部坚持开展“三步走三步推”工作法，推进组织生活到现场、责任落实到一线、力量下沉到基层，是党建与中心工作同频共振、互融互促的突出典型。所辖樟坑站是全国首座油氢合建站，是集油、氢、电“三位一体”能源供给及连锁便利服务为一体的新型网点。

该支部坚持站排头、争第一的追求，引领党员亮承诺、作表率，勇当拓市增量先锋，并带领员工守住油站安全、油品数质量和员工廉洁从业三条防线。他们成立党员先锋队，义务安全巡逻；连续 9 年奋战在情暖驿站大型公益活动一线，为“返乡摩骑”免费加油。

现场访谈

敬一丹　你们好，刚才在镜头里一看到你们，就觉得特别温暖，和一个家庭一样，现在大家庭的代表来到了这儿，我们互相认识一下。

李俊东　我先来介绍一下，我们这个叫 Wi-Fi 组合，他们说我最高，我的信号最好，让我先来自我介绍一下。我是来自广东石油南海一党支部，原南一党支部的书记李俊东，大家看到我这个身材肯定很好奇，我身高 1.98 米，曾经是篮球队的中锋，我把打篮球的一些战术运用到市场竞争中，总结提炼出了一个“三步走三步推”的工作法，带领广大员工为我们广东石油扩销增量作贡献，谢谢大家！

敬一丹　你看第一位和第二位的落差，所以他起了个特有意思的名字叫 Wi-Fi。

杨静华　我是广东石油南海一支部书记杨静华，李书记是我的前任，也是我的前辈，我俩还是篮球队的队友，他是高中锋，我是组织后卫，小个后卫。李书记把他的接力棒交给了我，我就要握紧接力棒，传承和发扬我们支部精神和优良传统，带领我们的员工，打球就要有打赢球的决心，在竞争市场中战出精神，战出业绩，谢谢。

黄嘉恩　我是广东石油南海一党支部樟坑油氢合建站的黄嘉恩，我有幸能够见证我们氢能落地从 0 到 1 的过程，我们樟坑油氢合建站从

2019 年建成到 2020 年已经实现了商业盈利。

刘水娇 我是广东石油南海一党支部佛平路加油站的站长刘水娇，大家都叫我“娇妈”。

敬一丹 这个“娇妈”也太年轻了吧？我觉得顶多就是个姐姐。

刘水娇 为什么叫“娇妈”？其实是有原因的，因为我不仅是两个小孩的妈妈，还是油站员工的“妈妈”。因为我喜欢煮菜，平时喜欢做一些家常菜跟员工一起吃饭，遇到节假日我会包饺子、粽子给他们吃，营造一个家的氛围。我们的饭堂就叫作 OK 餐厅，广东话就是屋企餐厅，就是家里的餐厅的意思，谢谢。

敬一丹 我们越谈这些话题越能感觉到他们的那种温暖，我们把话筒放在你这，你给我科普一下，加氢还是让我觉得很新鲜的，冬奥会的汽车都是用氢的，是吧？但是我们很多老百姓都没有接触过，对我们的生活来说，它的前景会是什么样子的？

黄嘉恩 其实加氢跟我们的加油、加气一样方便，氢气加入氢燃料汽车之后，通过化学反应产生电能，排放出来的是水，是最环保，也是最便捷的。所以我们相信在不久的将来，全国的客户都可以在我们中石化的站点，选择加油、加气、换电、加氢等能源供应服务。

敬一丹 我理解，这不仅对我们来说很新鲜，对你们来说也是新鲜的，是吧？你们走在前面的意义是什么呢？是示范，是打样，还是做出标准？将来我们都习惯了加氢的时候，再回头看，看他们的起步，他们的实践有怎样的意义？特别好，特别好。刚才你们出场的时候，那个歌我们都没听够，这儿的路有点短，都没听够，你们能不能用粤语给我们唱两句？他们的实践就告诉我们，爱拼才会赢。

李俊东 人生可比是海上的波浪，有时起有时落，好运歹运，总嘛要照起工来行，三分天注定，七分靠打拼，爱拼才会赢。

敬一丹 谢谢你们!

2013
—
2022

感动石化

第二部分

“感动石化”人物风采

陈俊武
做一名有意义的“世间人”

刘　倩　贾春峰

青春投学，鲐背躬耕；爱国有志，报国有恒。

时光匆匆，95 岁的陈俊武仍然密切关注着国内外石油化工、煤化工和新能源领域的最新技术进展，默默关心支持着我国的能源科技事业。

争取为祖国健康工作到 100 岁

2019 年 9 月，在隆重庆祝中华人民共和国成立 70 周年之际，中共中央宣传部决定，授予陈俊武同志“时代楷模”称号，号召干部群众特别是广大知识分子向他学习。

2020 年 1 月，“时代楷模”陈俊武先进事迹报告会在北京人民大会堂举行，他出席并且坚持站着完成发言，他说：“我现在身体和思维还可以，有生之年，还要继续和大家一起努力，为党和国家尽一些绵薄之力！”

2021 年 7 月 1 日，庆祝中国共产党成立 100 周年大会在天安门广场隆重举行。入党 65 年的陈俊武和洛阳（广州）工程公司广大党员一起观看了大会盛况。作为一名 1956 年入党的老党员，他见证了国家在中国共产党的领导下发生的翻天覆地的变化，取得的一系列辉煌的成就。他饱含深情地表示：“祖国越来越繁荣强大，人民越来越幸福富裕，我深感自豪和骄傲。从加入中国共产党那一天起，我就做好了以身许国、一生献科学的准备。如今我 95 岁了，回顾自己 70 多年的工作历程，能够将个人的成长汇入国家发展是很幸运的。今后我将努力保持良好状态，发挥党员先锋模范作用，争取为祖国健康工作到 100 岁，继续为实现中华民族伟大复兴而奋斗。”

94 岁打卡国家图书馆

2020 年初秋，国家图书馆，一位 94 岁的老人久久地站在书架前，微微佝偻着身体仔细查找着文献，中文的、英文的、日文的。他拿起几本缓缓踱步到桌旁落座，如饥似渴地汲取着书中的精华。

那一刻，时光仿佛在他握着笔的指尖上回转——这位白发苍苍的老人依然是当年那个痴迷在北京图书馆自学的青葱少年。

2020 年 9 月，陈院士利用在京参加活动的间隙，抽出时间专门来到了心心念念的国家图书馆。

在工作人员的指引下，陈院士一边询问一边自学，通过计算机检索到了自己想要查阅的 *Oil & Gas Journal* 的最新几期。这本全英文的刊物是世界上最具影响力的石油刊物之一，提供了炼油、碳排放和氢能等领域的最新科技成果和行业发展动态。

最让陈院士高兴的是，工作人员还为他办理了一张电子阅读卡，能够远程访问国家图书馆资源，实现了他在家就能随时查找资料、了解学术新动态的心愿。陈院士活到老、学到老的精神引来了周围人的啧啧赞叹。

鼓励青年人做新时代的奋斗者

“云山苍苍，江水泱泱，先生之风，山高水长。”陈俊武把自己未了的石油情结，转化为对石化后辈的关心和爱护，对中国石化新生力量的无限期望。

2021 年 3 月 16 日上午，陈俊武所在的洛阳工程有限公司成立了青年创新先锋工作室。揭牌仪式上，精神矍铄的陈院士给年轻人讲解了中国能源艰辛的发展历程，讲述了新中国成立初期大秦线“倒煤”“万里测温”等故事。会上，他殷切希望青年人能够发扬勇于担当的探索精神，高标准严要求，站在老一辈人的肩膀上，把科技创新工作搞得更好、更出彩。

多年来，陈院士不忘关心、鼓励莘莘学子。2021 年 9 月 17 日，郑州大学化工学院党委书记王利国一行来看望陈俊武，详细介绍了郑州大学陈俊武研究生奖励基金获奖学生情况，表达了学校师生对陈院士的问候和祝福。陈院士又寄语大学生，要秉承科技报国志向，心有大我、至诚报国。

“人生在世不过七八十年，其中能保持健康的身体和良好的思维能力，也不超过四五十年。人生苦短，为了活得有意义，对社会的奉献要大于索取，一生才灿烂辉煌。我们应该在这短暂的‘人间世’，做一名有意义的‘世间人’。”这是陈俊武为 2019 年中国石化管理干部学院专家研修班的题词。

一代人有一代人的长征，一代人有一代人的担当，陈俊武用他爱国、奉献、奋斗的精神抒写了属于自己的灿烂人生。

作者单位：广州（洛阳）工程有限公司

张恒珍
做一串饱满的稻穗

张亚培 粟 婕

“习近平总书记到胜利油田考察调研并发表重要讲话，是石化人的光荣和自豪。因为热爱，因为责任，我们要不忘初心，传承石油精神，弘扬石化传统，在工作岗位上做一串饱满的稻穗，用心尽责把工作做到最好。”2021 年 10 月 28 日，在茂名石化裂解车间会议室里，中国石化技能

大师、茂名石化首席技师张恒珍正在讲一堂生动的党课。

像这样的课堂，在茂名石化经常能看到。党的十八大、十九大代表，全国政协委员张恒珍，26 年坚守生产一线，40 多万次操作零失误。她总是用自身的经历诠释石油精神、石化传统。

熟悉张恒珍的人都知道，只要在茂名，哪怕不当班，她每天也要去装置区转一转；一听说装置有事，不管有没有人通知，她都会第一时间赶到现场；每遇装置开车，她往往一天只休息几个小时。

始终和装置保持最亲密的接触，始终把握装置最真实的运行状态，是张恒珍最朴素的理想，也是她作为一名石化工人的初心。

这几年，张恒珍获得了不少荣誉，但对她来说，最重要的还是装置的安稳运行。

2020 年春天，新冠肺炎疫情形势严峻，张恒珍没有任何迟疑，长时间驻守在装置现场。同事们都说："看到张师傅在，我们心里就踏实了。"张恒珍带领大家深入现场排查隐患，2 号裂解装置长周期运行超 71 个月，创同规模装置最高纪录。

在 2021 年新中控搬迁阶段，裂解装置有 9000 个控制点随着中控室进行迁移，这在中国石化国产化控制系统中尚属首次。张恒珍和同事仔细翻译所有的仪表位号，点对点校对新中控与旧中控的操作画面，累计查出了 125 项问题。她们背着包，带着纸笔、工具，泡在装置里爬上爬下，按照流程图热火朝天地抢进度，对现场管线上的 2500 个测点、109 台动作阀做好标记，与施工单位交底，为大中控搬迁项目和检修任务按时优质完成作出重要贡献。

"做一串饱满的稻穗"，这是张恒珍对自己的要求，也是对徒弟们的要求。从全国技术能手到中华技能大奖，每一次提升，都让她更有底气。

2020 年，张恒珍被委任为全国乙烯装置行业职业技能竞赛茂名石化参赛队的教练。16年前，她和同事一起参加了全国石油化工行业职业技能竞赛，团队获得第二名，未获金牌的她始终留有遗憾。接到担任主教练的任务后，她下定决心要竭尽所能带领团队登上最高领奖台。

封闭培训期间，她制订了严谨周密的培训计划，一开始有选手吃不消，张恒珍每天观察总结选手状态，有针对性地制定策略帮助提升。如此细心周到的培训，让大家感动之余，更多了几分冲劲。

6个月，她没有给自己放一天假。有一次，因为身体不舒服要到医院输液，她只叫同事顶了3个小时的班，输完液又匆匆赶回教室和选手们一起讨论。

最终，她带领的团队一举夺得全国乙烯装置行业职业技能竞赛团体总分第一、个人第一的好成绩。

“这份好成绩，不是靠6个月的突击提升，而是源于大家日常的技能训练。”略显激动的张恒珍深知，打铁还需自身硬，日常的积累更为重要。

如今，张恒珍将工作的重心往人才培养上迁移了一些，在她看来，高级操作人才的培养，是企业发展的未来。

工作室里多是车间的劳模、工匠、班组长等技术骨干。张恒珍要利用这一高技能人员集中的优势，在优化系统和攻克“瓶颈”上下大功夫，在人才培养上下深功夫。

她不断完善劳模工作室管理制度，定期开展技术攻关会议，制定对应的优化措施。2020年，工作室实施全年增产丙烯等98项优化项目，增效8000余万元。

在工作室的带动下，车间职工争先创优，在小指标优化上纷纷献策，推动大指标创优。2020年，关键指标裂解装置损失率达到0.04%，创历史最高纪录，高附能耗273千克标油/吨，在系统内排名第一，被评为

“2019 年度乙烯子业务 30 万至 60 万吨乙烯和双烯能效最优企业”。

但最令张恒珍欣喜的，是 3 年来工作室成员有 6 人达到高级技师技能水平，9 人取得技师资格，各成员所带班组中有 36 名达到高级工技能水平。

“他们是我们一线操作人员的未来，也是我们企业发展的未来。”张恒珍这样说。

作者单位：茂名石化

陆鹏宇
呵护长江的绿色守护者

窦富吉

长江南岸，金陵石化总排口，经常会见到一个中年人的身影，查水情、看参数，确认水质合格才放心。他就是金陵石化首席专家、安全总监陆鹏宇。“贯彻落实习近平总书记在全面推动长江经济带发展座谈会上的重要讲话精神，共抓长江大保护，金陵石化作为沿江企业责任重大，环保的弦一刻也不能松。”

陆鹏宇，是第二届“感动石化”人物，在金陵石化名号响亮，人称绿色“驱动器”。为环保，他殚精竭虑，“不是企业消灭污染，就是污染消灭企业”是他的口头禅。工作30多年，长期的环保管理实践，既赋予陆鹏宇技术方面的严谨细致，又让他具备了管理者的深谋远虑。公司环保管理哪里薄弱、哪里出彩，环保设施运行得怎么样，他一清二楚。

陆鹏宇被大家称为“拼命三郎”。他经常睡到半夜，还要爬起来看一下手机里的实时环保数据，眼见没有异常，才能放心入睡。

每年的汛期，遇雷雨天气，暴雨倾盆，电闪雷鸣，别人都是往能避雨的地方跑，陆鹏宇总是带头赶往现场，检查雨污分流工作。遇到极端天气，他经常几天几夜不回家，带领环保技术人员值守现场。

有一次他感冒发烧了，不顾大家的阻拦，依然赶往现场，雨水淋透了全身。他克服冰冷的雨水和感冒发烧给身体带来的不适，坚持在现场巡视，监督各单位做好雨污分流工作，确保公司所有废水达标排放。那场雷暴雨下了三天三夜，陆鹏宇带领环保人员连续三天值守现场，确保了各废水排口的稳定达标排放。

身边的同事都称陆鹏宇为“环保达人”，具体到一个环保设施的关键参数，他都如数家珍。无论哪种检查，所有环保问题都能对答如流；公司边边角角的环保情况，他心里都有一本账。

为了强化职工环保理念，他逢人必谈，不厌其烦地宣讲绿色环保。近两年，仅是汇报和宣讲环保的PPT，他就做了50多个版本，草拟或者审核的上报材料达60多份，得到了公司和上级部门的好评。

金陵石化1800万吨/年项目环评前后历经4年，陆鹏宇与国家环境监测总站、省环保厅、省环保站，市环保局、水务局、水务集团以及集团公司总部，多次沟通协调，用翔实的环保数据和无懈可击的调研报告打动了参加技术论证的诸多专家，顺利通过了江苏省环保厅的验收。

环境保护“三同时”制度是指新建、改建、扩建的基本建设项目、技术改造项目、区域或自然资源开发项目，其防治环境污染和生态破坏的设施，必须与主体工程同时设计、同时施工、同时投产使用。一名环保局领导坦言，他曾多次派人暗查南京市的大型企业，发现金陵石化的“三同时”工作100%到位，做得最好，环保工作值得信赖。他投出的是赞成票。

说到陆鹏宇的缺点，大家都有共识，就是他“多管闲事”。有一段时间，公司附近常有难闻的异味，附近居民想当然地认为是金陵石化存在污染，公司也被部分居民打政府热线投诉。经过市环保部门的监测，确认污染不是来自金陵石化，而是附近的“小化工”“小碳素”乱排乱放造成的。

事情澄清了，清洗了企业的不白之冤，陆鹏宇却跟这些污染企业“杠”上了。

为了让政府部门重视这一问题，陆鹏宇带着环保人员对周边企业进行排查，汇总制作了《金陵石化公司及周边大气环境情况》的册子上报市环保局。这一情况也引起了政府部门的高度重视，很快就实施环境综合整治，搬迁、关停了一大批环保不达标企业，彻底解决了周边的污染问题。

陆鹏宇不认为自己是“多管闲事”。他说：“环保和每个人都息息相关，保护环境是每个公民应尽的义务，守护碧水蓝天是我们共同的责任，这样的‘闲事’我不仅要管，还要管到底！”

作者单位：金陵石化

王友忠

扎根一线，把自己当成“旗”

孙万芹

“我从没想过松口气，歇歇劲。”王友忠说。接受采访的头天晚上，他刚从北京回到胜利，此行是为集团公司直属企业的部分基层党支部书记开展培训。自从去年卸任胜利油田胜利采油厂注采 201 站党支部书记之后，做好“传帮带”，成为王友忠的重要工作。

2018 年获得“感动石化”人物后，王友忠又先后获得 “中央企业劳动模范”“中国石化劳动模范”“山东省优秀党务工作者”等荣誉称号。

名声在外，他更忙了。先后参加了集团公司党建专家行、中国石化境外示范党支部书记行，连续三年担任集团公司总部部门党建考核组组长，还作为执行副主编参与编写了《中国石化总部部门党支部标准化规范化建设工作手册》。

从 2019 年开始，他带领团队开展胜利油田新型采油管理区党支部建设调研，跑遍了胜利油田所有开发单位，以“示范党支部书记行”的形式，为基层党支部把脉、问诊、开方。

有人问他：“你都 57 岁了，不干党支部书记，还不给自己‘松松绑’。”王友忠不这么认为，连续几年天南海北的调研，让他积累了一些经验，发现了一些问题，有了一些感悟，也深感责任重大。

“都知道基层党建工作的出发点是以高质量党建引领推动高质量发展，但是切入点和落脚点怎么找，工作中是有技巧有办法的，我的任务就是把经验和做法传下去。”王友忠说。

他不想一枝独秀，想要百花齐放。2018 年，王友忠作为胜利采油厂注采 201 站党支部书记，接过“中央企业基层示范党支部”授牌时，集团公司领导曾叮嘱：“要继续把牌子擦得更亮，把旗帜染得更红。”

2020 年 11 月，随着油田新型采油管理区建设，注采站工作范围变更，党员人数减少，按照《中国共产党章程》及《中国共产党支部工作条例》规定，注采 201 站已不适合设立党支部。于是，王友忠卸任干了 24 年的党支部书记，被破格提拔为胜利采油厂基层党建专家。

“我绝对不会把组织对我的信任当作可以‘躺着休息’的资本，从没想过松口气，歇歇劲。”王友忠用这几年的行动给出了答案。

都知道他在基层党建工作上“有一套”，找他取经、问诊的党支部书记络绎不绝。只要有时间，他都会去一趟，“我想把自己学到的党建理论、积攒的加强支部建设的经验做法传授给更多支部”。

某联合站党支部在抓党员教育管理中感到“气力不足”，王友忠帮助该党支部深挖症结，分析出了“集输泵站倒班造成党员教育缺失，党员思想没有达成共识造成管理不到位”的根子问题，开出的“药方”也简单实用：党支部书记每季度可以讲两次、三次党课，可以在会议室讲，也可以去岗位上讲，可以用手机讲，也可以用网络讲，不能教条地认为，一个季度讲一次党课就能解决问题。

王友忠认识到，油田在改革发展过程中，单位调整重组力度大，存在一些基层党支部功能不强、作用发挥不到位、部分新任职党支部书记素质能力不适应等问题，帮助基层支部解决这些问题是自己的责任。

在他随身携带的文件包里，装着一册《中国石化基层党支部工作细则（试行）》，这是他参与编写的，内容早已烂熟于心，但是纸张的空白处还是密密麻麻写满了“注释”。他指着其中一处说：“各级党支部书记应带头开展‘双示范’创建。什么是‘双示范’，要给基层党支部书记解释明白。”这本小册子被很多党支部书记当成了“教案”。

2021 年，他又把主要工作精力转移到了党小组建设上，和党小组长谈心谈话，听取意见建议。截至 10 月中旬，他已经调研了 113 个党小组。他打算再编一册胜利油田范围内的党小组工作规范，抓实基层党建的“神经末梢”。

算算年龄，他有些着急，怕退休之前，还没做好“传帮带”工作；他也没有忘记“把牌子擦得更亮，把旗帜染得更红”的叮嘱，扎根在一线，把自己当成“旗”，插到基层党组织建设的角角落落。

作者单位：胜利油田

许惠春（李记）

“李记”没有走

刘安庆

2020 年初，新冠肺炎疫情肆虐武汉。疫情当前，社会各界伸出援手。2 月 5 日，安庆石化好人“李记”爱心基金助力武汉抗击疫情，首笔捐款 10 万元。

许惠春是安庆石化一名普通员工。多年来，他一直化名“李记”向灾区和慈善机构捐款，28 年留下厚厚一摞捐款单，捐款总额近 6 万元。20 多

年间，安庆石化党委多次收到外地寄来的感谢信，感谢“李记”。可“李记”是谁，一直是个谜。直到 2019 年 3 月，80 多岁的老人许惠春去世后，家人在整理遗物时发现了数十张署名为“李记”的汇款单，“李记”之谜终于被揭开。许惠春老人 30 多年甘守清贫、奉献爱心的故事很快传遍大江南北。他也获得全国道德模范提名，被评为中国石化“感动石化”人物。

为了让好人“李记”的大爱无言的美德和无私奉献的精神更好地在企业传承下去，2019 年 4 月 30 日，安庆石化成立好人“李记”爱心基金，并发动全体干部员工捐款。短短 3 天时间筹集 50 多万元。许惠春的子女也取出父亲生前那笔 3000 元的捐款，存入爱心基金专门账户。

2020 年 2 月 3 日，为支援和助力武汉抗击新冠肺炎疫情，当地银行开通公办业务的第一天，安庆石化好人“李记”爱心基金就专门拨出基金成立后的首笔爱心款 10 万元，直接转付武汉市红十字会。

“武汉加油！中国加油！”银行转账单上的短短 8 个字，是安庆石化干部员工对武汉抗击疫情的真诚助力。

“李记”虽然走了，但是无论在石化装置、生活区，还是在社会公益活动中，安庆石化都涌现出了一大批“李记”的身影。

“在我们身边，从来就不缺少爱岗敬业、诚实守信、无私奉献、助人为乐的人。”党员、安庆石化储运部码头区域员工胡继常这样谈起“李记”对他的影响，“我也想成为一个助人为乐的人，尽自己微薄之力回报社会。”

也是在 2020 年新冠肺炎疫情期间，胡继常主动报名，参加社区疫情防控，在下班时间参与社区人员排查、门卫值班。他参与志愿服务的社区是一个老旧小区，居住人员复杂，外防输入、内防扩散管理难度极大。面对一系列管控措施，有些居民不理解、不配合，他动之以情、晓之以理，耐心、细心讲解外出戴口罩的重要性，不理解的居民都转变了态度。胡继常用实际行动追寻“李记”足迹。去年，他被授予“安庆好人”荣誉称号。

2020年2月6日，安庆石化炼油新区中控室确诊一名新冠肺炎患者，员工出现紧张和恐慌心理。“我们是巾帼文明岗，这个时候我们都不退缩，我们要顶上去。”大家你一言我一语，纷纷表态要继续做好疫情防控工作。“班长，我不怕，我可以来！”“我也不怕！”7时30分，班长方龙春提前来到岗位，在做好自身防护的同时，义务为员工工作区域消毒。新冠肺炎疫情出现以来，她每天早中晚三次消毒，天天如此。“‘李记’的大爱、善举是我们学习的榜样。我们辛苦一点为大家服务，没什么。”方龙春这样说。

在2020年新冠肺炎疫情期间，安庆石化还有个署名“李记”的员工，先后两次向武汉捐款共计3万元。

一个人感动一座城，一座城温暖一个人。“李记”用他的大爱影响了一代又一代安庆石化人。

如今，许惠春老人已经去世两年了，他的名字依然时时被人提起。他的大儿子许海鑫说：“每当身边涌现出诚实守信、无私奉献、助人为乐的事迹时，我就会想起父亲，感觉是无私奉献的精神在传承。他们在用自己的大爱点亮社会。”

安庆石化四号路是安庆石化先模文化一条街，这里汇集着安庆石化各类道德楷模。走在这宽敞的大道上，两旁广告栏灯箱里一张张新时代“李记”的笑脸迎面而来。他们用自己的行动宣示：“李记”永远在我们身边！

作者单位：安庆石化

斯尔江·托合提木拉提

把荣誉当作前行的动力

王福全　王鹏飞

“安全环保是企业的生命线和一线员工的幸福线，切实抓好安全环保工作是我们的政治责任和历史使命。”这是西北油田采油一厂采油管理一区副总监斯尔江·托合提木拉提在 HSSE 带班巡检笔记本的扉页上写下的一段话。斯尔江经常将这本巡检笔记本带在身上。

斯尔江是第十二届全国人大代表。2016 年参加西北石油局“访惠聚”工作队，2017 年，在国家级贫困县新疆柯坪县驻村扶贫期间，斯尔江当选

“感动石化”人物。

“当选‘感动石化’人物，是我一生的荣誉。驻村结束回到油田以后，我主动要求从厂机关调到采油管理一区，从事 HSSE 管理工作。从严从实抓好生产一线的安全环保工作，就是为保障国家能源安全作贡献，为一线员工家庭守护幸福。”虽然已经跨过 4 个年头，但“感动石化”人物这一荣誉仍然深深地激励着斯尔江在工作中展现担当、作好表率。

采油管理一区油气生产呈现“四多一高”的特点，即稠油井多、注气井多、易抽喷井多、开井作业多，井控风险高。抓安全生产、推进绿色企业建设，必须实打实地干。2017 年 12 月，斯尔江到采油一区任职不久，就对采油区的安全环保状况有了清晰的认识。

同事们经常在生产现场看到斯尔江的身影。他逢人就讲安全、逢事就讲安全。慢慢地，大家发现，采油管理一区的 HSSE 管理工作有了新变化。

斯尔江将属地管理贯穿 HSSE 全过程，进一步细化了采油管理一区的安全目标责任制和失职追责制，完善安全责任承包点管理和带班巡检。编制重点井管理提示卡、风险控制手册等，强化现场清单式管理，有效推动了现场安全标准化操作落实落地。他每个月都要组织 30 多家承包商召开安全例会，激发承包商队伍齐抓共管安全环保的积极性和主动性，有效形成管理合力。

2020 年，在攻坚创效行动中，斯尔江主动报名参加采油一厂的保产先锋突击队，与大家一起，全力克服新冠肺炎疫情影响，推动油井稳产增效。

当年 7 月，根据疫情防控要求，西北油田在各管理区实行分隔式井站一体化管理，减少人员和车辆流动。为了给驻守井站的员工提供基本的生产生活保障，斯尔江不顾腰椎疼痛复发，带领员工连夜从厂里为井站运送物资。

装车设备不够用，斯尔江和同事就肩扛手抬。7 个多小时，直到早上 5 点多，把电动机、电缆、光杆、破乳剂等 12 吨设备和物资全部配送到各个井站。回到驻地，斯尔江才感觉腰部疼得厉害，几乎不能转动，手上磨了好几个血泡，小腿也被磕掉了一块皮。

2021 年，集团公司开展百日安全无事故专项行动，斯尔江更加忙碌了。采油区直接作业环节多，洗井、扫线等工作量大，但他并没有因为施工紧急而放松安全监管。他牵头开展人和物不安全状态大排查，共排查各类隐患 152 项，采用隐患销项式管理，提高整改质效，目前整改率达到 96%。暂时不能整改的问题，也按规定挂牌督办、责任到人。这些举措，有效提升了采油区安全生产水平。

在斯尔江的手机通讯录里，仍然保存着几十个驻村时认识的干部群众的联系电话。“相处了两年，他们就像自己的亲人。”有空的时候，斯尔江总喜欢和他们聊聊，了解柯坪羊和恰玛古的销量，孩子上学的成绩，工人上班的情况。

“无论是驻村，还是在油田工作，干一行、爱一行、专一行，是每一个人都应该坚持的事。”斯尔江说。

作者单位：西北油田

杜　莉
守护“福气”出巴山

张松才

10 年前，中原油田“油三代”留美博士杜莉毅然归国，走进川东北大巴山，投身普光气田开发。10 年来，普光分公司天然气净化专家杜莉两度挂帅科技创新“国家队”，领衔承担“十二五”“十三五”重大专项技术攻关重任，把科研成果写在大巴山深处。

她主导研发出的系列降耗利器，年节电 2400 万千瓦时、节气 3500 万

立方米，创效过亿元。她挂帅研制的尾气焚烧余热回收锅炉，售价只有进口锅炉的 38%，能耗降低 10%，多项技术指标均优于进口锅炉。

2021 年 6 月，杜莉当选 “感动石化” 人物。6 月 23 日，第六届“感动石化”人物颁奖典礼在北京隆重举行。然而，由于产期迫近， 39 岁的孕妇杜莉没能到现场感受这一高光时刻。杜莉的父亲杜如诗、母亲郭新霞代替女儿赴京领奖。

“颁奖典礼安排在庆祝建党 100 周年前夕，意义重大。作为老党员、‘老石油’，我们替女儿接受表彰，比当年自个儿上台受奖还光荣。” 70 岁的中原油田退休干部杜如诗激动不已、感慨万千。

杜莉出生于石油世家。她的爷爷在新中国成立前就在玉门油矿工作，跟“铁人”王进喜是“老伙计”；外公是一位参加过解放战争、抗美援朝战争的“老石油”，更是杜莉归国最坚决的支持者和推动者；杜莉的父母转战长庆油田、中原油田，直到退休。

父亲杜如诗说：“虽然我家三代人所处时代不同，接受教育的程度不同，但是我们每个人都始终怀抱一颗‘我为祖国献石油’的初心，哪里有石油，哪里就是我们的家！”

70 多年来，杜家三代人逐油气而居，为油气而战，在玉门、克拉玛依、辽河、长庆、中原、普光等油气田，留下了他们奋斗的足迹。

母亲郭新霞是一名退休医生，对女儿要求一向严苛。杜莉从油田小学读到浙江大学，再到出国读博士，母亲很少表扬她，生怕她翘尾巴。“当学生，成绩优异，理所当然；搞科研，多出成果，天经地义。杜莉只是中原油田基层单位一个普普通通的科技人员。国家和油田培养她那么多年，她在科研上干出一点成绩，是她应做的事情。”

话虽如此，郭新霞和老伴儿回到油田，还是第一时间把“感动石化”人物表彰大会的视频转发到杜莉的姑奶奶、叔叔、姑姑和舅舅家的微信上，和家人分享喜悦。

“要是我的老哥哥、老嫂子健在，看到这一切该有多开心啊！”在千里之外的辽河油田，杜莉的姑奶奶眼圈儿湿润了。

杜莉的外婆90岁了，近几年很少言语。老人看完颁奖典礼的视频，慈祥地笑了。

杜莉在普光气田全程观看了颁奖活动直播。

荧屏上，杜莉的父母朴实、健谈、幽默，跟主持人敬一丹愉快地互动，一点儿都不拘谨。杜莉竖起拇指，为他们点赞。

那天，杜如诗特意穿着当年的旧工装，风趣地讲述高原会战故事；郭新霞从丈夫手里夺过话筒，回忆起父亲对杜莉的谆谆教诲……赢得全场阵阵笑声和掌声。

“凡是过往，皆为序章。”杜莉说，“当前，国际能源领域竞争形势严峻，关键技术要不来、买不来、讨不来。重返工作岗位后，我会继续撸起袖子加油干，在关键核心技术攻坚战中多解决一些气田‘卡脖子’技术，把大巴山里更多的天然气变成泽被亿万居民的福气，为长江经济带输送更加强劲的绿色动能，为中国石化高质量发展奉献青春和才智”！

8月，杜莉在中原油田总医院顺利产下一个重3.7千克的男孩儿。兴许是受了鲁迅先生当年在课桌上刻下“早”字的影响，杜莉和丈夫商量后，给小家伙儿取了个小名——早早。杜莉满心希望这个粉嘟嘟的“油宝宝”珍惜时光，健康快乐成长，早早长成有用之才。

作者单位：中原油田

润滑油公司空间润滑技术开发中心团队

永不停步　奋勇前行

孔煜也

2021 年 10 月 16 日 0 时 23 分，搭载神舟十三号载人飞船的长征二号 F 遥十三运载火箭，在酒泉卫星发射中心点火发射，神舟十三号载人飞船与火箭成功分离，进入预定轨道，发射取得圆满成功。喜讯传来，空间润滑技术开发中心团队成员欣喜不已，长城润滑油的“微米级高洁净润滑”技术，在这次航天任务中再次发挥了关键的作用。

“润大国重器”的使命，中国石化润滑油已经担当了 60 年。

从 1958 年中国第一个煤炼厂艰苦创业，到 1962 年转产含氟油脂，中国石化润滑油从零起步，打破国外垄断，自主研发生产中国第一批全氟碳油脂、氟氯碳油脂和聚全氟异丙醚油，全面满足我国核工业、航天工业发展需求，已形成航天发动机油、航天液压油等七大类 58 种航天润滑产品。

2018 年 7 月，润滑油公司空间润滑技术开发中心团队荣获“感动石化”团队称号。此后几年，中国载人航天工程“三步走”发展战略迈入第三步，建成空间站是发展战略的重要目标，空间润滑技术开发中心团队面临着更加重大的挑战与机遇。

进入空间站建设时期后，为长征五号 B 运载火箭提供润滑油脂成为空间润滑技术开发中心的一项重要任务。长征五号 B 运载火箭是我国专门为载人航天工程空间站建设研制的新型运载火箭，在技术方面进行了很大的革新，所使用的燃料变成更加环保的液氧、液氢和煤油，对配套润滑油提出了更高的要求。

为此，空间润滑技术开发中心成立专门的技术研发团队，开展油品性能提升研究。

为了提高油品与新型燃料接触的稳定性，科研人员通过多次相容性测试及模拟台架应用研究，找出影响油品稳定性能的关键因素。

经过反复试验，技术研发团队对油品生产过程进行技术升级，增加深度氟化工艺，进一步去除油品中杂质，保证油品与新型燃料接触时不发生任何反应。同时，他们联合相关航天单位对升级后的油脂进行了大量的验证性试验，以确保新研发航天润滑油脂能够充分适应新型燃料，保证火箭关键运动部件润滑效果良好，保障火箭顺利完成空间站建设发射任务。

2020 年 5 月 5 日 18 时，长征五号 B 运载火箭在中国文昌航天发射场圆满完成首次飞行任务，空间站阶段飞行任务首战告捷，拉开了中国载人航天工程“第三步”任务序幕。

听到喜讯，空间润滑技术开发中心技术研发团队的每一名成员都很自豪。很难想到的是，这些共筑航天梦的技术人员大多是刚到而立之年的 90 后。这个团队虽然年轻，但已然开始为大国重器的梦想负重前行，其中就包括中心工程师、技术负责人赵恒。2018 年，空间润滑技术开发中心入选“感动石化”团队时，他也在颁奖现场见证了这份荣誉。

“这对我们来说是一种荣誉，但更多的是一种责任。作为新一代的科研人员，我们要传承和发扬前辈敢于担当、自强不息的精神，立足本职，勇于创新。眼下要紧跟我国航天发展步伐，围绕空间站建设、深空探测等开展润滑材料研究，做好航天润滑技术储备，为航天事业加油。”赵恒深知，年轻的他们已经在一代代石油石化人的接力中，挑起了“润大国重器”的担子。

中国第一个空间站“天宫”预计将在 2022 年前后建成，空间润滑技术开发中心将继续作为大国重器背后的隐形力量，为“天宫”输送润滑的“黄金血液”。

“未来，我们要伴随航天步伐搞研发，中国航天设备飞到哪里，我们的长城润滑油就跟到哪里！”润滑油空间润滑技术开发中心总经理辛虎介绍，他们正在为空间站配套润滑油研发工作全力以赴。除了长征五号运载火箭发动机所需要的润滑油脂，他们还将担负保障天地之间人员往返神舟飞船和天地之间货物往返天舟飞船动力系统任务，以及保供将要在轨服役 10 年的空间站本身关键部件所需要的润滑油脂。

除了为中国航天事业提供服务与支持，近年来，空间润滑技术开发中心也积极拓展民用市场，努力做大规模，从规模效益中汲取力量，为技术进步和科技创新提供养分。他们向各行业龙头企业，尤其是高科技企业提供各种苛刻环境下的润滑产品，形成了中国石化润滑油的优质品牌形象。

“荣誉属于过去，未来任重道远。”空间润滑技术开发中心团队将不忘 60 年初心，传承老一辈石油石化人优良传统，在新时代坚守用石化心润中国梦的光荣使命。

作者单位：中国石化报社

吴汉川
“永远不要停下脚步”

孙海涛 庞 坚

“永远不要停下脚步。路是走出来的，摸着石头过河，先行先试，才更有希望成功。” 这是石化机械压裂设备高级专家吴汉川常对年轻技术人员说的话。

已经年逾花甲的吴汉川说起压裂机组，仍像当年那个拿着图纸研究引进设备的小伙子一样兴奋。从仿制出国内 4 种型号的第一套压裂机组，到

自主研发的 2500 型压裂机组亮相“十一五”国家重大科技成就展，最终 3000 型压裂车刷新中国石化 8 项页岩气井压裂施工纪录，吴汉川与压裂机组打了半辈子交道。

2015 年，吴汉川当选“感动石化”人物。之后几年，压裂装备技术发展迎来重要机遇期，非常规能源蓄势待发，已经到退休年龄的吴汉川选择了继续奋进。

大功率压裂是规模有效开发非常规油气资源的决定性手段，而大型压裂装备属于高端油气装备，吴汉川和他的团队迎来了重大挑战。

涪陵页岩气田开发初期，使用的是柴驱压裂机组，能耗大、每小时燃油消耗相当于 700 台家用轿车耗油量，而且烟尘排放多、施工噪声大，相当于飞机从身边起飞。而且，压裂装备的动力系统一直受制于国外技术垄断。

为攻克技术难关，实现压裂装备从燃油时代迈向电驱时代，吴汉川团队依托“十三五”国家科技重大专项“深层页岩气开发关键装备及工具研制”，综合运用压裂装备负载特性匹配技术、大功率电机及多项变频控制应用技术等，将压裂装备功率提升到 5000 马力以上，传动和执行部件负载也大幅增加，全面开发出超大功率全电动压裂成套装备，解决了柔性调速、压裂泵可靠性、高压液体安全输送等难题。

但更大的难题仍摆在吴汉川面前，压裂工程电动化意味着整个施工模式的改变，需要供配电安装、电缆敷设和设备吊装布置等，装备的操作和运行特性也都发生了变化，这也是电驱压裂一度难以推广应用的原因。

电动化应用首先要解决高压供配电及安全应用难题。用户都不愿意做第一个吃螃蟹的人，毕竟高压用电安全、新型设备的可靠性都存在潜在风险，大家没有经验，都在等待。

于是，吴汉川走上了从电力外行到行业标准制定者的奋斗之路。先期，他只能凭借对压裂工程和装备的认识配合电力专业团队工作。通过学习专项技术，他逐步与工程、装备、电力等各专业团队协同合作。最后，他直接组织并参与了行业电动压裂作业相关标准和规范的制定工作，促进了电动压裂装备的推广应用。

2020 年 4 月，新冠肺炎疫情形势稍缓，为保障电驱压裂现场服务，吴汉川带领团队立即赶往涪陵页岩气田现场，一住就是数月。从策划组建电动压裂装备示范服务队到设备和人员组织管理，从装备的连接调试到运行数据收集和分析，吴汉川与研发团队同吃同住同劳动。

施工前，他们与电力部门协调电力工程、供电检测、用电事宜，快速实现从电网到高压分线箱，再到变压器的电缆敷设和电动压裂机组的安装调试；施工中，实施电动压裂泵送服务到现场，提供专业配件及维保服务，保障设备可靠运行；施工后，通过远程数据管理平台，对作业装备的运行数据和工作状况进行分析评估，为装备升级优化提供支撑。

最终，他们成功实现超大功率全电动压裂成套装备的首次规模化应用，完成涪陵页岩气田焦页 27 东平台 100 段压裂施工，实现了国内首个全电动化井场压裂施工。

如今，吴汉川团队已经坚守两年，国产电动压裂装备不断得到优化。与传统柴驱压裂设备相比，该设备可以 24 小时施工，设备数量减少 50%，国产化率达 95%，现场作业员人数减少 40%，噪声降低近 20%、能耗降低 20% 以上，在连续工况下作业综合成本可降低 30% 以上，并实现了二氧化碳、氮氧化物等污染物零排放。截至今年 10 月，该设备已在川渝地区完成超 1000 段施工作业，并在大庆、新疆等地区的大型压裂施工作业中得到推广应用。

“赶超国外先进技术，开发出具有自主知识产权的大型压裂装备，保障国家能源安全。”吴汉川说，这是他一直以来最大的梦想，虽然早已到了可以退休颐养天年的年纪，但他仍奋斗在追求梦想的路上。

作者单位：石化机械

东乡帮扶团队
为乡村振兴继续贡献力量

孔煜也 李斌源 李朋涛

“脱贫摘帽不是终点，而是新生活、新奋斗的起点。”中国石化东乡帮扶团队现任队长钱有目前仍驻扎在东乡挂职县长，为乡村振兴贡献着力量。

2021 年 4 月，中国石化党员教育基地在布楞沟村史馆正式揭牌；7 月，启动布楞沟村美丽乡村建设，打造民俗及红色旅游产业；加速建设藜麦加工产业园，打造“育产储加销”全产业链……钱有对东乡方方面面的情况娓娓道来，其中最令他挂心的还是教育帮扶工作。

“再穷不能穷教育，再苦不能苦孩子。任何一个地方想要发展，教育是关键，人才是关键。”钱有说。近几年，中国石化在东乡建设多所中小学，持续开展师资培训，资助贫困学生，他期待看到未来几年孩子们的成长，把东乡打造成教育帮扶标杆，制订一套可复制、可执行的教育帮扶方案，能为更多地方的孩子造福。

说到工作，钱有满怀豪情；说到生活，他只有愧疚。妻子和年近七旬的父母在家中照顾孩子，他帮不上忙，就将他们都放在心里，激励自己加倍努力、奉献前行，不负家人的信任与支持。

“张县长，比耐雅扶贫车间妇女的上岗补助，县劳务办已经全部给发放到位了！”8 月，东乡县政府秘书白勇男给原东乡县副县长张文涛打来电话。张文涛在和新上任挂职干部进行工作交接时，得知 19 名妇女的上岗补助没有发放，立即与县劳务办联系协调，临走前特意嘱咐白勇男跟踪落实。

结束东乡帮扶岗位任期后，张文涛担任甘肃兰州石油经理、党委书记，在新岗位上依旧心系东乡，惦记着坚守岗位的“战友们”，以实际行动支持东乡的乡村振兴工作。他组织兰州石油员工前往中国石化党员教育基地布楞沟村史馆重温入党誓词，参观学校、藜麦工厂、扶贫车间等，以东乡的“旧貌换新颜”激发石化人的自豪感，激励员工坚守岗位作贡献。在兰州的易捷便利店中，除了东乡藜麦、粉条，现在还能看到东乡“菇东东”系列食用菌和杏皮茶等商品。近期，张文涛还在积极探索建设东乡特色产品专卖店，希望能把老乡们生产的优质产品送到更多消费者手中。

“虽然离开了东乡，但是心会一直在那里。”张文涛说，只要乡亲和“战友”有需要，他会全力以赴。

不再天天往田里跑的“藜麦书记”杨成，肤色已经没那么黝黑了，但仍每天都和藜麦打着交道。杨成目前担任甘肃石油农牧品销售中心藜麦项目部经理，从事“一县一链”藜麦全产业链条建设工作，时不时会回到布楞沟村处理藜麦收购等事宜。

“感觉未曾离开，每次路过，看到村里提升改造项目正在如火如荼地建设，总有一种兴奋感！”杨成看到村里的新变化，发消息给村干部，“看到大家都动起来，真好！”村干部回复他：“现在不是干起来，是跑起来了！”看到这样的回复，杨成心里激动得不得了。

杨成驻村三年多，妻子从没有抹泪叫苦过，却在看完“感动石化”人物颁奖现场的视频后落泪了。她说：“第一次为我们感动落泪是在结婚那天，这是第二次感动。”杨成对妻子说，这就是他们结婚 10 周年最珍贵的礼物。

“藜麦书记”卸任了，如今却有了一对“藜麦夫妻”。杨成夫妇在家会一起讨论藜麦的新做法、新吃法，以及如何能将老乡们的藜麦卖得更好、卖得更广。

“黄土坡上扎下根，困难大如天，但只要是百姓的事，就比天还大。”充满力量的颁奖词在“感动石化”人物颁奖现场响起时，站在台上的严超内心突然平静下来，在东乡的画面浮现在眼前。

严超和焦建国是早期被派往东乡帮扶的干部，那时的东乡一穷二白，啥也没有。东乡的现在都是成就，但基础是那时候打下的。东乡岗位任期的结束对严超来说是人生的一个新起点，自那以后他一直从事脱贫攻坚及乡村振兴管理工作。

“我们不仅有感动，更有行动。”正如杨成所说，从脱贫攻坚到乡村振兴，东乡帮扶团队不仅是东乡巨变的见证者，更是开创者。无论何时何处，他们都会在自己的岗位上继续为乡村振兴贡献石化力量。

作者单位：孔煜也（中国石化报社）、
李斌源（甘肃石油）、李朋涛（华北油气分公司）

2013—2022

感动石化

第三部分

“感动石化”的社会反响

遇见心灵的“加油站”

敬一丹

“感动”这个词，对我来说，是有特殊意义的。

《感动中国》走过了20年，我有幸一起走过。每年早春，在这样一个特别节目里和“好人”约会，是我特别珍惜的职业经历，也是非常宝贵的人生体验。由于《感动中国》，我内心多了一种力量，这种力量就是对真善美的相信，对未来的相信。

每一次主持《感动中国》，对我来说都是心灵的滋润和净化，就好像走在漫漫长路上，遇到加油站一样。

《感动中国》不仅为观众提供了一个特别的节目，而且形成了一种媒体现象。在全国很多地方电视台都有类似《感动中国》的节目，一些大企业也推出了这样的节目。这让我感觉全国媒体同行都有一种自觉，面对感动，大家都在行动，发现感动、传播感动。

就是在这样的背景下，我遇到了“感动石化”。

在这之前，说起中国石化，我的印象是一个特别庞大的很有力量的群体。作为共和国“长子”，这个群体一直以来给人很稳定、厚重，值得信赖的感觉，但我还不大有机会走进这个群体。通过“感动石化”这个平台，我有机会认识了一个个生动的石化人、可敬的石化人、可爱的石化人。他们在我面前变得具体可感，让我有了特别强烈的走近他们、传播他们事迹的愿望。

初遇“感动石化”的时候，我并没有想到，之后我会一次又一次地主持“感动石化”。现在回头看，一届又一届，我已经连续主持了六届“感动石化”。在这样一个平台上，我认识了那么多石化人，也了解了那么多石化人背后的故事。所以，现在再谈到中国石化，我的印象不仅是群体的，也是个体的，不仅是厚重的，也是生动的。

六届“感动石化”，我采访了58位石化人（团队），他们是行业中的佼佼者，也是各具人格魅力的人。

闵恩泽院士是给我留下深刻印象的石化人，也是《感动中国》年度人物。大家，往往有着独特的人格魅力。闵院士是国宝级的人物，他为国家作出了那么重大的贡献，为我们留下了那么多宝贵的财富，然而他和我们面对面的时候，却是那么平和。面对这样一个儒雅的知识分子，我有一种强烈的愿望，就是希望通过我们的访谈，尽可能展示出闵院士内心的风采，让更多人走近他，了解他，对他产生更深的敬意。

还有一位中国石化的院士也给我留下了深刻印象，就是蒋士成院士。蒋院士特别低调、谦虚，他不愿意别人叫他“的确良之父”，可当我和他面对面的时候，我真的特别想这么叫他，特别想跟他说，当我还是一个中学生的时候，“的确良”那么深刻地改变了我们的生活。我是在紧缺经济、计划经济、票证年代里长大的，从小就负责管我们家的布票，一寸一寸的布票啊，全家是那么珍惜。直到“的确良”出现了，各种各样的化纤产品出现了，才改变了我们的生活。所以，我特别感谢我们的院士，我们的石化人，他们的创造，他们的付出，在丝丝缕缕之间，影响了我们的生活。

一届又一届“感动石化”，让我有机会认识德高望重的、资深的中国石化人，也有机会接触到中国石化的新生代。每次在这个平台上见到年轻的石化人的时候，比如杜莉、邓尚，我都会眼前一亮。他们给人带来的是生气、是希望。在他们身上，我看到了中国石化的明天。

通过“感动石化”，我还有机会接触到了一个群体。这个群体特别具有时代感，他们的影响力已经远远超出了中国石化，他们就是中国石化从事扶贫工作的团队。多年来，他们在穷乡僻壤，在远离公众视线的地方“接力”开展工作，在脱贫攻坚战中付出了很多，也牺牲了很多。当地的老百姓多年以后也许记不住他们每个人的名字，但是都会记住帮助乡亲们脱贫的这群人，他们共同的名字叫中国石化。

中国石化从事扶贫工作的团队分散在四面八方，我见到的只是他们当中的优秀代表。我想他们有人现在已经完成了扶贫任务，回到了中国石化。然而，他们对贫困地区的影响却是深远的。很多年以后，也许一个年轻人会对中国石化说：“我就是当年山里那个穷孩子，现在我的家乡已经变了，我的命运也因你们而改变。”在中国石化的扶贫工作者身上，人们看到的是央企的社会责任。我想这个良性效应随着岁月流转，还会继续放大。

六届“感动石化”，使我有机会走近石化人，我想对他们说：“是你们让我觉得中国石化更立体、更丰富、更可敬、更可爱。”

我是哈尔滨人，我的家乡和大庆是邻居，从小最熟悉的口号就是“工业学大庆”。这就是榜样的作用。后来，我在黑龙江人民广播电台工作的时候，也曾经去大庆采访，多次面对话筒、面对镜头，传播过大庆经验、大庆精神、铁人精神。

“感动石化”这个平台，用一种更加生动的方式，让我进一步了解了中国石油石化工业的历史，感受到了石油石化优良传统在新时代的传承。这种优良传统已经深深融入了石化人的血脉，成为石化人共同的价值追求，在深入了解以后，让人心生敬意。这也是我从“感动石化”中收获的宝贵的精神财富。

最初我主持“感动石化”的时候，多少有些意外。我以为这是一个视觉呈现的节目，而创作团队却是“报人”。后来，在和中国石化报社“感动石化”团队的合作过程中，我看到他们并不是原来我以为的传统的“报人”。他们既有“报人”良好的职业素养，又有很强的资源整合能力，是具有融媒体素养的优秀团队。

在“感动石化”颁奖典礼的前期准备、呈现过程和后期制作中，我都能够感受到中国石化报社的实力。这种实力首先体现在对“感动石化”人物的发现中。在一个拥有那么多优秀人物的央企中去发现、去挖掘、去呈现，需要的是中国石化“报人”的眼力和呈现力。

在看到“感动石化”素材的时候，我能够深刻感受到中国石化报社的同仁在前期准备方面下了很大功夫。在中国石化的一个个企业、一个个生产现场，都留下了中国石化报社记者、编辑们的身影。他们在努力发现典型，挖掘好故事，当形成文字的时候，我看到的是他们的专业素养。

“感动石化”团队前期的深入调研和采访形成了很好的基础，后期需要通过视频来表现的时候，中国石化报社又整合资源，用多种方式把一个个人物立体地呈现在屏幕上。我和中国石化报社的同仁在整个合作过程中都很愉快、和谐、顺畅。正因为有这样专业的创作团队，有他们的精心策划和组织，才成就了一届又一届“感动石化”。

在未来的日子里，一定还会有更多“感动石化”人物出现在我们面前。我们会面对很多新的现象、新的环境，也会有更大的创作空间。我想，作为媒体人，有没有更新的目光去发现他们？有没有更好的方式去呈现他们？在融媒体时代，我们有各种各样的传播方式，如何将这些方式运用到“感动石化”中，让我们一起期待。

外部媒体报道

中国石化报社第一届“感动石化”人物评选落幕

来源：中国产业经济信息网　时间：2013-04-24　作者：沈青霞

3 月 29 日，由中国石化报社主办的第一届“石化盈科杯感动石化”人物评选活动结果揭晓暨颁奖仪式在北京举行。代旭升、权西京、王文清、谢存义、邵均克、刘家明、杨克红、李安喜、玛丽、闵恩泽荣获第一届“感动石化”人物。他们或尽职尽责、拼搏进取，在平凡的岗位上干出不平凡的业绩；或在生活、家庭中坚守责任，不畏艰难，忘我付出，体现了中华民族传统美德；或在社会公德方面表现突出，助人为乐，扶危济困，无私奉献，在社会上引起热烈反响。

2013 年是中国石化成立 30 周年。30 年来，中国石化在保障国家能源安全、促进国民经济健康快速发展的同时涌现出许许多多行业标杆和榜样。中国石化报社发挥报刊台网等多媒体集群优势，借鉴中央电视台《感动中国》的运作模式，于 2012 年 4 月启动“感动石化”人物评选活动。

评选活动分为申报推荐、集中宣传和评选表彰三个阶段。活动开展以来，中国石化各企事业单位积极配合，精心筛选，共推荐“感动石化”人物 69 名。经“感动石化”人物初评小组认真研究，从中选出候选人 31 名。自 2012 年 9 月起，中国石化报社所属报纸、网络、电视、手机报联动刊播了31位候选人的事迹，在系统内外引起热烈反响。

为突出活动的引导力、影响力和公信力，中国石化报社开门组织此次活动，邀请中央电视台《感动中国》栏目组提供全程指导。《感动中国》主持人敬一丹担任“感动石化”颁奖仪式主持人。《感动中国》制片人朱波，《感动中国》推荐人、中国青年报社总编辑陈小川，《感动中国》推荐人、新华社电视网总编辑陆小华担任“感动石化”评委会推荐人。人物评选采取群众投票与评委推荐相结合的方式。评委会由《感动中国》推荐人，知名传媒人士，中国石化总部领导、中国石化一线员工组成。10位“感动石化”人物是综合网络投票、企业投票、评委投票情况产生的。

《感动中国》制片人朱波表示，2013年《感动中国》将把行业媒体纳入《感动中国》合作媒体范畴中。颁奖仪式当天，朱波代表栏目组向中国石化报社授予“2013年中央电视台《感动中国》媒体合作联盟成员”牌匾，中国石化报社由此成为《感动中国》30家媒体联盟中唯一的行业媒体。

中国石化报社还创新传播方式，除了录播颁奖仪式，还通过中国石化远程培训系统、视频会议系统、中国石化网络电视、中国石化统一通信系统等平台进行现场直播，让中国石化海内外员工第一时间收看到颁奖现场，共同体会感动的力量，受到了广大员工的欢迎。

活动结束后，中国石化报社通过各媒体继续刊播10位“感动石化”人物的典型事迹及广大干部员工的学习体会和感受，继续传递“感动”正能量，号召干部员工学楷模争当先锋，为中国石化增光添彩。

《感动中国》主持人敬一丹在颁奖仪式结束后表示：“过去跟中国石化打交道，都是作为加油者与加油站打交道，很少到石化企业采访。今天特别高兴有这样一个机会集中地认识那么多石化人，觉得中国石化离我们近了，就有了做媒体人的愿望，特别想走进这些人的生活场景中去了解更多的石化人。”

《感动中国》推荐人、新华社电视网总编辑陆小华在观看颁奖仪式后表示，仪式让他看到了一个从来没有认识过的石化。他表示，这些感动人物，完全可以推介给石化系统以外的更多人。这个活动对中国石化企业文化的建立，对中国石化形象的重新塑造，对促使全社会以新的眼光、新的高度看待中国石化，都有非常好的价值。

《感动中国》推荐人、中国青年报社总编辑陈小川在现场观看完颁奖仪式后也表示：“这是一次精神的洗礼。”他调侃道，看了节目之后发现，自己还不太老，还有被感动之心。他建议这个活动一直办下去，因为每一年必定会收获新的感动。

第二届“感动石化”人物揭晓

来源：中国新闻网　时间：2015-04-16

中国石化集团公司领导与10位“感动石化”人物一一握手，并合影留念。

中新网4月16日电：4月15日，中国石化在北京举行第二届“感动石化”人物颁奖仪式，共有十位中国石化员工获评“感动石化”人物。

据中新网能源频道了解，本次评选各单位共推荐“感动石化”人物97人，经过初评选出30人，并最终评选出10位“感动石化”人物。他们有的是坚守海岛的加油站员工，有的是在死神面前不服输勇敢向前的技术骨干，有的是曾被人称为傻子的油田社区志愿者，有的是退休后仍继续发光发热的老干部，但都在平凡中做着不平凡的事，用他们的执着、爱心感动着现场的每一个人。

中国石化董事长傅成玉在做总结发言时说，这次活动让我们分享了一场精神的盛宴，经历了一次灵魂的洗礼。10位“感动石化”人物，他们的故事很平凡，却令人感动；他们的行为很伟大，又令人振奋；他们带给我们的是温暖，更是力量。不论来自中国石化的哪个领域，不论身处闹市，还是远在荒野大漠、偏远海岛，“感动石化”人物都在各自的岗位上辛勤奉献、默默耕耘、艰苦奋斗、开拓创新，他们展示了中国石化百万员工的精神风貌。

在颁奖仪式现场，央视《感动中国》制片人朱波在接受采访时说，一定会有更多的榜样，从“感动石化”走向“感动中国”。

据了解，这十位“感动石化”人物分别是：胜利油田吴吉林，茂名石化张恒珍，山东石油王忠英，石油工程机械公司吴汉川，湖北石油杨玉琳，西南石油局刘言，新疆石油穆合塔尔·沙吾提，齐鲁石化张方兴，金陵石化陆鹏宇，中原油田宋丽萍。

有些故事总让人奋进——第三届“感动石化”人物揭晓

来源：光明网　时间：2017-03-24　记者：毕孝斌

中国石化集团公司正如三月春风使人温暖，感动同样能抚慰人心。

“最开始，我们想象他们在神坛，慢慢地，发觉他们在身边。他们会哭会笑，会唱会跳，除此之外，他们还是不灭的蜡烛，企业的脊梁。”3月17日，“易捷杯”第三届“感动石化”人物评选结果在京揭晓。

在中国石化总部大楼的颁奖现场，主持人敬一丹、栗阳的现场访谈，一个个真实的故事，一句句平常的对话，掌声伴着泪水，温暖着现场的每一个人。

这十位感动石化人物分别是：工程建设有限公司徐承恩、催化剂公司薛军、西北油田斯尔江·托合提木拉提、湖北石油陈鹏龙、中原石油工程公司宋保健、天津石化赵燕、河南油田景天豪、广西石油李金兰、武汉石化金宏伟、胜利油田薛梅。

他们中，有的扎根基层，默默奉献，连续守护油井管线 20 多年；有的坚持公益活动超过 50 载，践行生命不息、服务不停、奉献不止；有的承受两地分居之苦，扎根海外，撑起公司产品出口的“一片天”；有的正值壮年，却在抗洪抢险过程中不幸遇难，用生命诠释了共产党员的责任和担当……他们温暖着成千上万的人，感染着成千上万的人，也让成千上万的人加入爱岗敬业、勇于担当、乐于奉献的队伍中。

颁奖仪式上，中国石化集团公司领导王玉普、戴厚良、李云鹏、王志刚、蒋亮平、马永生、赵东和中国记协书记处书记张百新、人民日报社副总编辑谢国明为“感动石化”人物颁奖。

现场不少人在听罢他们的故事后热泪盈眶，起立鼓掌。是什么样的力量如此鼓舞人心？中国石化集团公司党组副书记、副总经理李云鹏在随后的发言中告诉了我们：

“感动石化”人物之所以让我们感动，就是在他们身上有一种精神、有一股力量：他们几十年如一日，干一行、钻一行、爱一行、精一行，不怕困难、不惧挫折、不畏风险、勇往直前，一身正气、敢抓敢管、积极作为、严以律己；他们算企业大账、不算个人小账，顾大家的利益、不顾自己的利益。

“易捷杯”第三届“感动石化”人物评选活动自 2015 年开始策划并实施，共推荐“感动石化”人物 73 名，2017 年 1 月 16 日，经“感动石化”人物评选委员会初评，选出第三届“感动石化”人物候选人。2 月 23 日起，评选活动进入投票阶段。经过综合评定，今天正式公布 10 位当选者。

中国石化成立35周年·“感动石化”特别节目

来源：光明网 记者：战钊

7月12日是中国石化35岁华诞，中国石化在总部举办“中国石化成立35周年·感动石化特别节目”，以“不忘初心、牢记使命、永远奋斗”为主题，表彰为中国石化改革发展作出突出贡献的优秀人物和团队，用他们的奋进创新、敬业奉献精神凝聚干事创业的正能量，激励广大干部员工朝着建设世界一流能源化工公司宏伟目标奋力谱写新篇章。

鲜花红毯，璀璨舞台，感动常在，真情永驻。14时30分，9个获奖

人物和团队的故事一一呈现，他们分别是中国科学院院士陈俊武、镇海炼化烯烃部、集团公司原副总工程师李干生、金陵石化孙同根、国际石油工程公司张从邦、江苏石油南京湖西街加油站、胜利油田王友忠、销售公司朱卫华、润滑油公司空间润滑技术中心研发团队。

使命呼唤担当，榜样引领时代。中国石化成立35年来，榜样模范辈出，先进典型涌现。这9个获奖人物和团队就是其中的杰出代表。陈俊武是中国炼油工程技术的奠基人，91岁高龄仍然在能源科技前沿攀登不停；镇海炼化烯烃部牢记习近平总书记的嘱托，用追求精益极致的精神将百万吨大乙烯装置开出多项世界纪录；李干生临近退休，不辱使命，为公司油气勘探开发业务取得一系列突破默默耕耘；孙同根33年刻苦钻研，由高中学历成长为炼油技能大师；张从邦带领团队从零起步，用10年不到的时间开辟了中国石化效益最好的海外钻井市场；江苏石油南京湖西街加油站由单一的加油场所发展为“人·车·生活”综合服务体，是销售企业改革创新的缩影；王友忠在21年的基层党支部书记生涯里将岗位当“阵地”，用执着奉献让所在采油队连续多年保持金牌团队；朱卫华为中国石化扶贫事业忙碌16年，被老乡们亲切地称为“朱县长”；润滑油公司空间润滑技术中心研发团队作为大国重器背后的隐形力量，60年接力为国家国防和航天事业服务。

使命呼唤担当，榜样引领时代。9 个获奖人物和团队虽然各自奋战在不同岗位和业务领域，有着不同的人生轨迹，但闪耀着同样的光华：那就是他们对初心使命的坚守，对石油石化精神的传承，对央企责任的担当，对人性至善的追求。

在中国石化总部大楼的颁奖现场，主持人敬一丹、栗阳的现场访谈，一个个真实的故事，一句句平常的对话，掌声伴着泪水，激励着现场的每一个人。与此同时，全系统许许多多干部员工通过石化新闻客户端、石化新闻网、“奋进石化”平台、石化网络电视、视频会议系统和石化网络学院的直播直通节目现场，经受了一场精神洗礼。

中国石化集团公司领导戴厚良、李云鹏、蒋亮平、赵东、凌逸群、刘中云等为“感动石化”人物和团队颁奖。

中国石化报社作为中央电视台《感动中国》栏目 30 家媒体联盟成员中唯一的企业媒体单位，此次活动得到《感动中国》栏目组的大力支持。《感动中国》制片人朱波在现场接受采访时说，通过“感动石化”特别节目的舞台，看到了中国石化作为共和国长子 35 年改革发展的足迹，看到了石化人在新时代牢记初心使命，坚定理想信念，矢志拼搏奋斗，志在世界一流的强大正能量，感受到了奋进的精神和力量，一定会有更多的榜样，从“感动石化”走向“感动中国”。

本次节目通过光明网、新华网、人民网等进行了同步直播。

中国石化揭晓 2019“感动石化”人物

来源：光明网　记者：赵宇豪　肖春芳　摄影：程阳

9 月 25 日，在新中国成立 70 周年即将到来之际，中国石化在京举办“壮丽 70 年奋斗新时代·感动石化人物”颁奖典礼，用榜样的力量凝聚干事创业的正能量，激励广大干部员工不忘初心、牢记使命、永远奋斗，在推动更高水平的“振兴石化”中奋力谱写新篇章，以优异的成绩庆祝新中国成立 70 周年。

鲜花红毯，璀璨舞台，感动常在，真情永驻。14 时，9 个获奖人物和团队的故事被一一呈现，他们分别是：中国工程院院士李大东、扬子石化

焦义平、胜利油田王涛、安庆石化许惠春、云南石油赵甸生、五建公司王志伟、镇海炼化胡联伟、长岭炼化江建兴、中原油田普光应急救援中心。

作为共和国的长子，中国石化为国家经济社会发展作出了历史性贡献，榜样模范辈出，先进典型涌现。这 9 个获奖人物和团队就是其中的杰出代表。李大东是当代中国炼油科技事业的重要领军人物，为中国炼油加氢技术实现从跟跑到领跑的跨越作出了突出贡献；焦义平 21 岁怀揣军功章来到扬子石化 PTA 装置，从一名战士成长为集团公司技能大师；王涛博士毕业后扎根油田生产一线，攻克了高温高盐油藏开发的难题；已经去世的许惠春老人以“李记”为名捐款 30 多年，当得知他是谁时，他已默默离开这个世界；赵甸生在云南石油海拔最高的加油站默默坚守 16 年，被过往司机称为旅途中最温暖的“坐标”；王志伟在“一带一路”沿线从事海外项目建设 13 年，负责的项目全部实现安全优质高标准竣工；胡联伟是国内无损检测知名专家，用责任和智慧牢牢守住工程质量生命线；江建兴 15 年来

一心为百姓解决脱贫难题、打造脱贫产业，帮扶过的 3 个贫困村都顺利脱贫；中原油田普光应急救援中心以保卫国家能源安全为己任，矢志锻造中国应急救援排头兵，多次成功处置地震、火灾等重大险情，忠实履行了政治责任和社会责任。

使命呼唤担当，榜样引领时代。9 个获奖人物和团队虽然奋斗在不同岗位和业务领域，有着不同的人生轨迹，但闪耀着同样的光辉：那就是他们对初心使命的坚守，对石油精神和石化优良传统的传承，对央企责任的担当，对人性至善的追求。颁奖现场，主持人敬一丹的现场访谈，一个个真实的故事，一句句平常的对话，掌声伴着泪水，激励着现场的每一个人。

中国石化领导戴厚良、马永生、李云鹏、蒋亮平、赵东、李勇和雷典武、陈革为“感动石化”人物和团队颁奖。

中国石化报社是中央电视台《感动中国》栏目 30 家媒体联盟成员中唯一的企业媒体单位，此次活动得到《感动中国》栏目组的大力支持。

本次节目通过人民网、新华网、光明网同步直播，至典礼结束时，直播浏览量超过 168 万。“感动石化”人物风采通过微博、微信和手机客户端广泛传播，30 多家新闻媒体的记者共同见证本次“感动石化”人物和团队揭晓。

专注系统安全、平稳，光明云投圆满完成 2019“感动石化”人物评选

来源：光明网　作者：郑蕾

使命呼唤担当，榜样引领时代

“感动石化”是一个用榜样的力量凝聚干事创业斗志的精神品牌栏目，自2013年推出以来，榜样模范辈出，先进典型涌现，不断激励广大干部员工不忘初心、牢记使命、永远奋斗，在进一步推进中国特色社会主义发展中奋力谱写新篇章。

2019年9月“壮丽70年奋斗新时代·第五届感动石化人物”颁奖典礼在京举行，由中国石化发起，由光明云投提供投票技术服务的一场感动常在、真情永驻的推选活动完美落幕。

“壮丽70年奋斗新时代·第五届感动石化人物”评选活动的网络投票环节，是由光明网一站式服务平台——光明云投提供全套技术服务。光明云投根据中国石化的背景和本次活动的主题，为其打造了具有企业特色的投票平台。

经光明云投统计，在“壮丽70年奋斗新时代·第五届感动石化人物”活动的正式投票的短短8天内，投票页面访问量累计达775万，投票量累计约293万。

“壮丽 70 年奋斗新时代 · 第五届感动石化人物”投票页面

“壮丽 70 年奋斗新时代 · 第五届感动石化人物”排行榜页面

前台交互灵活、快速，后台运行安全、平稳

在遇到超大并发投票请求时，光明云投可充分调配资源，实现全网加速，保障投票和调查活动前台页面的交互动作可被快速响应，为参与者提供优质的用户体验。

在本次为中国石化提供投票技术支持的工作中，光明云投尤其重视安全防护工作，系统从物理安全、网络安全、主机安全、应用安全、数据安全五个层面考虑，结合自身特点，在运行维护方面投入大量成本，进行了整体的安全设计，充分保证光明云投系统的保密性、完整性、可用性、真实性、可追溯性。

致敬石化平凡英雄——第六届“感动石化”人物揭晓

来源：人民网　2021年6月24日　记者：毕磊

“银塔铁林里的钢琴师”“全村人的希望”“服务区守门神”，“他们奋斗在不同岗位和业务领域，有着不同的人生轨迹，但在他们身上能看到对初心使命的坚守，对人性至善的追求”。近日，在第六届“感动石化”人物颁奖典礼上，中国工程院院士蒋士成、湖北石油李郑军、胜利油田曹绪龙、茂名石化杨越、石油勘探开发研究院邓尚、沧州炼化曹湘莉、集团公司东乡扶贫团队、胜利石油工程公司李恩朋、中原油田杜莉、广东石油佛山南海一党支部等10个人物和团队获评“感动石化”人物及团队称号。

据记者了解，本次获奖同志有年逾耄耋的资深院士，有风华正茂的青年才俊，有敢抓敢管的管理人员，有奉献一线的基层员工，有身到心到的

扶贫团队，还有攻坚克难的战斗堡垒。

在本次获奖的人物和团队中，蒋士成开辟了聚酯装置国产化道路，为中国化纤工业由小到大、由大到强作出了突出贡献。李郑军带领全站员工76天坚守在与火神山医院仅一墙之隔的疫情一线，为生命救援加油。曹绪龙37年坚守，专注挑战复杂油藏采收率新极限。杨越在攻坚创效中把优化做到极致，被誉为“银塔铁林里的钢琴师”。邓尚主动放弃国外优厚待遇，在新疆基层一线扎根。曹湘莉用柔弱的双肩扛起苦难，并在平凡岗位上做出了不平凡的业绩。东乡扶贫团队用真心和真情开展帮扶工作，引来幸福水、修通惠民路、建设新农村。李恩朋疫情期间主动请缨留守海外，带领员工顽强抗疫、复工复产。杜莉放弃海外高薪投身普光气田开发建设，为解决高含硫气田开发难题作出积极贡献。广东石油佛山南海一党支部地处改革开放前沿，所辖樟坑站是全国首座油氢合建站。他们是共产党员，是规划者、管理者、建设者，也是父亲、母亲、妻子、儿女，在大漠中、塔林间、油站里，奋斗、坚守、奉献，绽放出世间最美的样子。

中国石化党组书记、董事长张玉卓表示，人生需要有灯塔，价值引领未来。他们生动诠释了社会主义核心价值观，生动注解了石油精神、石化传统，他们的事迹让我们深受感动、深受教育、深受鼓舞。张玉卓指出，当前，中国石化正加快构建“一基两翼三新”产业格局、打造世界领先洁净能源化工公司，特别需要精神的力量。我们要广泛宣传“感动石化”人物事迹，认真向他们学习，在全公司形成见贤思齐、奋勇争先的生动局面中，不忘初心、牢记使命，努力向上，全力打造世界领先洁净能源化工公司，为实现中华民族伟大复兴作出新的贡献。

据悉，中国石化“感动石化”人物评选，自2013年开展以来，已成功举办五届，先后推出了闵恩泽、陈俊武、张恒珍等48个感动人物（团体）。

石化内部反响

传递感动的力量

田 真

自2012年首届评选全面启动，到2021年第六届颁奖典礼，58份感动，就像58颗璀璨的珍珠，镶嵌在中国石化漫漫征途上，更像58盏明灯，指引在高质量发展的道路上，秉承石化传统，赓续发展动力，感动身边人，也带动身边人。

作为胜利油田东辛采油厂的宣传工作人员，不得不说，我是幸运的，我们单位的代旭升、吴吉林、薛梅分别入选“感动石化”人物，让我不仅能够参与活动，更有幸采访他们、聆听他们、感受他们，因而也更加深刻地感悟到“感动石化”想要传递给我们的那份力量、那份信仰，那份“爱我中华、振兴石化”的坚定信念。

那是2008年的初秋，按宣传任务的统一部署，需要我在3天内采写代旭升的10个故事。3天的面对面，我看到了那个为保障“气不上天”昼夜围着油井搞研究而被误认成“盗油贼”的代旭升，我知道了那个为让油井过好年而耽误春节前最后一班长途车，最后只能一个人过年的代旭升。那一刻的我是感动的，也是充满困惑的。

2013年，代旭升获首届“感动石化”人物，我带着“关于坚持、痴迷，关于创新源头在哪”的疑问采访他。“热爱！因为热爱。你只有从心里爱着你的岗位、爱着胜利、爱着石化、爱着我们的祖国，才有力量克服困难。”那一刻，代旭升眼中溢出的光芒，让我懂了“感动石化”想要传递的丰富内涵，更让我懂了“爱我中华、振兴石化”不是口号，而是立足岗位履职尽责。

2021 年 6 月 23 日，已然华发的 87 岁中国工程院院士蒋士成，怀揣“国家需要”的赤诚登上“感动石化”的舞台，他心里装着“中国人要靠自己的能力解决穿衣吃饭”的责任，他肩上扛着我国化纤工程设计与技术开发的重担，一路颠簸、一路闯荡，带领中国化纤技术走过一个甲子，造福百姓，振兴石化。

六届“感动石化”58 个人物、集体，他们带来的不仅仅是感动，更是“爱我中华、振兴石化”的初心传承，是对石化精神、石化传统的一代代弘扬。

就像合唱团观众说的“蒋士成院士把化纤事业作为永生之恋，一生为之坚守”；就像颁奖现场志愿者、一名新入职员工说的“看到部队为火神山旁李郑军站长送锦旗时，忍不住哭起来，因为石化人的努力被看到、被认可”；就像胜利油田曹旭龙说的“他是真的热爱油田”；更像主持人敬一丹说的“本届‘感动石化’人物中出现了许多年轻人，他们给了我们更多希望”。

感动化作眼角的泪，奔涌着，滚烫着，向着心中的那份信仰。传承化作无形的绳，串联着，延续着，系着胸中的那腔热爱。

人生需要灯塔，“爱我中华”是最亮的那一盏。价值引领未来，“振兴石化”是最久的那一盼。

奋斗百年路，启航新征程，在经济领域为党工作的石化人正捧出一颗颗赤诚的心，爱我中华，振兴石化。

作者单位：胜利油田东辛采油厂党群工作部

把善的涓滴汇入志愿服务之河

张松才

我当新闻记者已满 27 年。

历数过往，我印象最深刻的，是对第二届“感动石化”人物宋丽萍持续 15 年的关注和采访。我见证了她获得“全国道德模范提名奖”“央企楷模”“全国岗位学雷锋标兵”殊荣的历程，为她的风光而高兴，对她的坚守由衷敬佩。

我第一次采访宋丽萍是在豫东北一家乡村敬老院，她跟一名女伴前来参加志愿服务。宋丽萍一刻也不闲，为老人们拆洗被褥、梳头、洗脚。她临走时，一个老太太抓着她的手不放：“好闺女，往后还来不？”宋丽萍红了眼圈：“大娘，以后我每个月都来看您。”

我想，宋丽萍不过是不想让老人难受，做做样子罢了。半年后，我再去那家敬老院采访，院长把宋丽萍夸成一朵花：“小宋每个月都来，都捎些吃食。除了拆洗被褥，她还跟老人们拉呱儿，大伙儿可喜欢她了……”

做一次志愿服务不难，难的是持久。宋丽萍不是志愿服务“活动家”，是实打实的“实干家”。我心头一振，为她的实诚竖起拇指！

社区青年小汪患有嗜饮液化气的怪病，父母带着他跑了五六个大城市，也没治好。宋丽萍设法找到一个老中医，治好了小汪的病。央视记者前来采访，宋丽萍积极配合。汪家日子过得紧巴，社区补助汪家 3000 元。一天，我正采访宋丽萍，小汪的父亲推门就进来了：“小宋，社区奖励你的钱肯定更多，你就给叔分一半吧。”宋丽萍再三解释，自己根本没有得到什么奖励，老汪的眼瞪得像铜铃：“你跟俺孩儿沾了大光，却一分钱都不掏，亏不亏良心！”

掏心扒肝为人家寻医，忙前忙后协助采访，到头来却招来一顿谩骂，宋丽萍吧嗒吧嗒直掉泪。

好心未必有好报！我暗想，这下子宋丽萍恐怕要消停点了吧，至少会跟汪家结下“梁子”。

没过几天，冬至到了，宋丽萍组织志愿者给“老石油”包饺子。小汪在宋丽萍调遣下，洗萝卜、剁猪肉，干得很欢。晌午，宋丽萍笑吟吟把热腾腾的饺子端进汪家，老汪的脸红得赛鸡冠。

我心头一热，为她的气度竖起拇指！

我曾走进大巴山，采访第五届“感动石化”人物——中原油田普光应急救援中心指战员。入川 15 年，他们与许多山旮旯里的贫困山民结成“亲戚”。山民家几乎都养有护院狗。指战员为老人诊病，送米送菜，给留守儿童过生日，为农户拾掇农机……最先迎出的定是那些狗。它们不咬不吠，翘着尾巴，围着客人转圈儿，亲昵地舔着人家的裤脚。客人走了，大狗一声不吭，送出很远。

进家狗不吠，离家狗相随。我心头一颤，为指战员的友爱奉献竖起拇指！

宋丽萍和普光应急救援中心指战员无惧艰辛、无关名利，将非亲非故的弱者视为亲朋，把他人的难处当自己的难处，一门心思只为人家好。他们奉献的善，赤诚而恒久。让我们像他们那样，把善的涓滴汇入志愿服务之河，润泽万顷心田。

作者单位：中原油田中原石油报社

心有所信，定能远行

刘 伟

一个个真实的故事，一段段平常的对话，掌声伴着泪水，激励着现场的每一个人，也感动着荧屏外的每一个石化人。十年的时光，“感动石化”人物的舞台用特有的方式，展现着石化人身上的向善力量和深邃的人格魅力，为历史留存一份底稿。

平凡英雄，感动其中。代旭升，是第一个让我铭记的名字。一个草根型学者，他长期扎根油田第一线，刻苦钻研技术、痴心创新创造，在平凡的岗位上作出了不平凡的贡献，被誉为“工人发明家”。陈俊武，一个应该被所有石化人仰视的学者，他为新中国石化工业不懈奋斗70年，进入耄耋之年，仍然奋战在科研一线。回望每一名“感动石化”人物的事迹，我总是禁不住想，仅仅几十年的时光，中国石化就发展成为世界500强企业、国际知名能源化工公司。在企业壮大的背后，注定有不为人知的秘籍。而在每一名“感动石化”人物的身上，我们应该能够找到答案。

细细品味，你会发现其实每一名呈现在我们眼前的“感动石化”人物都是千千万万个石化人的缩影和精神的凝聚。我曾经的一位师傅，从工艺到电仪，从操作到原理就没有他不懂的，人送外号“薛大拿”，别人解决不了的问题，找到他一准儿成。师傅还有个绝招，一把产品颗粒，他用牙一咬，就知道硬度指标合不合格。曾经有人问他，为啥这么神？师傅“嘿嘿”一笑说，用点儿心就没什么难的。其实，师傅口中的用点儿心可不简单，他细心地记录下装置正常和波动的数据差别，运维人员维修时他跟在一旁问东问西，装置检修休班他也会赶到现场。几十年如一日的摸索，让他对设备使用驾轻就熟。在他身上，我看到了代旭升的影子。还有一位老柴师傅，在刺骨寒冷的深夜，他深一脚浅一脚穿梭在装置管线间，仔细巡视着每一台设备，观察着每一块仪表。因为天气太冷了，所以他走几步就跺一跺脚，以此缓解不停袭来的麻木感。他告诉身边的年轻人，“车间把这些设备交给咱管，那是一份信任，咱就得干好”。我仿佛听到了薛梅的声音。确实，只要你有一双发现美的眼睛，你就会看到，从“感动石化”人物到我们身边的平凡人，虽然奋斗在不同岗位和业务领域，有着不同的人生轨迹，但都闪耀着同样的光辉——对初心使命的坚守，对石油精神和石化传统的传承，对央企责任的担当，对人性至善的追求。

一直以为，人生最大的幸运，不是荣华富贵，繁花似锦，而是人生路上，有人鼓励你、指引你、帮助你。与优秀的人为伍，见贤思齐。我想，身在石化企业的我们是幸运的，因为身边总有人生的灯塔，开阔你的眼界，拓展你的格局，给你以正能量。

心有所信，定能远行。有幸拥有人生的灯塔，让我们继续坚定心中的信念，燃旺精神之火、鼓足奋斗之气，用坚守、奉献，绽放人生最美的样子。

作者单位：天津石化烯烃部党委工作科

潮头勇争先，奋力谱新篇

孙　琴

知道南海，是因为中国改革先驱康有为。看到广东石油南海一党支部，能深深感受到一股来自改革开放前沿阵地的清爽之风。

越是市场开放，竞争激烈之地，越是要发挥党建引领作用。牢固树立“在经济领域为党工作”的理念，南海一支部就像钥匙一样，解锁了在新形势下如何突围的密码。

有人说，南海一支部已经是成品油年销量超过 50 万吨、全国规模最大的县级经管部，他们是不是就可以“躺平”了？答案是否定的。勇于革新，走出舒适区，2019 年他们建成了全国首座油氢合建站，拉开了“油气氢电服”综合能源转型序幕。樟坑油氢合建站站长黄嘉恩，不懂就学，硬是自己啃完了数十本艰涩的专业书，拿下加氢站相关特种设备作业资格证，完成了从氢能“小白”到氢站专业管理人才的转变。难以想象，明明可以在“干一辈子”的油品销售赛道上“领跑”的南海一党支部，还能勇敢地向新能源高地发起冲锋。这或许就是改革开放精神的传承，或许就是改革热土氛围的浸润。

从记住上千名客户的姓名，而被客户亲切称为“娇妈”的佛平路油站站长刘水娇，到为了卡车司机当起“守门神”的义务巡逻队，南海一支部党员用心用情服务群众，用行动践行党员的初心。在工作中我总是听到客户说，中国石化的员工就是不一样。我想，这种不一样可能就体现在这一点一滴的“小事”里，汇成了激动人心的“国之大者”潮流。南海一党支部书记杨静华说，“党员必须要有高觉悟，党支部必须要有大担当”。他们也是这样做的，无论是能源保供，还是抗洪抢险、疫情肆虐之时，总有石油石化人挺身而出，让每个有需要的人，天黑有灯，下雨有伞。

感动之事，往往不在于它高得不可触摸，而在于它源于生活，凝聚着烟火气中最美好、最动人的气息。我们可以从南海一支部员工们工作、生活的细微之处瞥见，这是一个凝心聚力，和谐奋进的大家庭。有 13 年党龄的老党员站长带出了 125 名站长，宽厚的胸襟，能着眼长远为企业蹲苗育才，让想干事、能干事的人在这里成长成才，找到职业发展之路；这里有员工自发成立的“石仔乐队”“春联墨香飘”等兴趣小组，以兄弟姐妹相称的团队在攻坚创效的市场硬仗中也能守望相助，齐心协力；形式各样的社会公益活动、外来工帮扶计划、弱势群体帮扶，让大爱从支部扩散开来，温暖全社会……看到这些，我似乎理解了，一个富有战斗力的团队，刚硬坚强的外表下，还包裹着一颗炙热真诚的心，这颗心是把员工当亲人的心，把团队当成家的心。

作为感动石化优秀团队，南海一党支部不过是万千奋发有为、锐意进取的石油石化人的缩影，他们不仅讲述自己的故事，更凝聚石油精神、石化传统。所谓“传家宝”，是代代相传的精神，是可以攻克任何难题，干成大事业的底层支柱。

作者单位：广东石油党群工作部

平民英雄筑起红色未来

乐 幸

第六届“感动石化”共推出10个获奖人物和团队，我发现这些获奖者的身上都有共同的特质——身为英雄而不知。广东佛山加油站的加油工，他们朴实、平凡，安全帽下的笑容，美得自然，宛如开在水中央的莲花，摇曳生姿而自不知。

我所处的团队，镇海炼化烯烃一部，曾在2018年荣获中国石化成立35周年“感动石化”团队。我身边也有很多这样的平民英雄，甚至当他们得知自己是“感动石化”团队时还会微微一惊。他们只觉得自己的工作是普通而平凡的，却不知在他们日复一日地精益求精、自我提高的工作中，已经成为行业的标杆。

我身边有教授级专家。与大家印象里的教授不同的是，这位专家每天与普通操作工一起，坐在DCS操作台前，查看曲线图，梳理报警，分析数据，扎实地做着最基础的工作。对新员工来说，他是讲师，生产原理讲得深入浅出，把年轻人领进门；对技术能手来说，他是博导，一起钻研难题，提供技术支持，攻克生产难题。轰鸣的设备是他的讲台，起伏的曲线是他的教鞭。

我们团队里有很多默默奉献的老师傅，他们每日做着同样的工作，把好技术关，提高产品质量。他们在几十年的工作中，没有一丝一毫差错，把自己活成了欧阳修笔下的卖油翁。他们的技术出神入化，却说“无他，但手熟尔”；他们的责任心重如泰山，却说“工作本该如此”。他们认为自己就是普通人。我曾经的搭档老王，就是这样一位老师傅。他是金庸笔下武功盖世的少林扫地僧，每到紧要关头，他瘦小的身躯坐在操作台前，就如定海神针。去年他和一批老师傅去了新乙烯，为大乙烯继续燃烧自己，化作春泥更护花，在他们身后一支新生力量在成长。

无私奉献是我们团队精神，面对大检修、重大任务，连续奋战，是我们的自觉。甚至每张办公桌里，每个工具箱里都有洗漱包。蓬乱的头发，布满血丝的双眼，是我们的装饰。在我们心里只有装置能否修得好，开得起，稳得住，其他都忘了。

我的团队是镇海炼化的缩影，镇海炼化又是中国石化的缩影，在我们的行业中，处处都是这样埋头工作，默默奉献的石化人。不但是中国石化，在中国大地上，在各行各业中，都有这样的平民英雄。无论严冬酷暑，都穿着厚重的防护服坚守在防疫一线的医护工作者；无论烈日、暴雨、狂风、飘雪，都站在川流不息的街头指挥交通的交警……

最美的是兢兢业业的劳动者的笑容，是他们忙碌的身影，无数平民英雄把我们先辈用鲜血染成的中国红，渲染得更耀眼，筑起中国红色未来。

平民英雄，这是中国的正能量，是中华民族的脊梁骨！

作者单位：镇海炼化烯烃一部

最是奋斗动人心

丁文怡

关闭手机，余温未散，脑海中不断盘旋着“感动石化”人物视频里身边的故事。这不是一篇摄人心魄的小说，不是一场别开生面的话剧。每一位先进人物、每一个真实故事，组成了石化人的不朽丰碑。这里有充满大爱的李郑军，有临危主心骨李恩朋，他们用血肉之躯点亮人生的灯塔，在大情大义面前谱写了小我与大我构成的家国情怀。“感动石化”人物，感动了我，你呢?

这是浩瀚大漠中的小沙粒

工作本是平淡，于我于他人，分秒均等。或者忙于填写一张接一张的报表，或者忙于迎送来往的顾客。日复一日，“感动石化”中的先进人物，在平凡岗位中默默奉献，精雕每一件小事，细琢每一项任务，一个个动人故事直击心头。他们在中国石化这个大家庭中以奋斗为石，用汗水耕耘希望。

火神山医院建设期间，一墙之隔的“红帽子港湾”成了焦点，站长李郑军每天烧200多壶开水为工友泡面支援，烧坏了6把水壶。危难面前，他服务救护车520台次、军车130台次。抬起油枪，他履行一个加油员的使命担当；盘起油管，他为抗疫之师保驾护航。

我们常称这里是“家”油站，员工们烧水、做饭、养鸡、种菜，这里是他们的“驻站之家”，是穿梭于风雨间清洁工人的“环卫之家”，是远道而来顾客休憩歇脚的“司机之家”。小小沙粒依傍小“家”，平日里忙于柴米油盐，关键时刻挺身而出，摇身一变成为“真心英雄”。

这是斑斓石化里的大舞台。

身披“红铠甲”，手执攻坚棒，在千里油龙中把脉开方，在疫情之时与死神较量。大爱无疆，他们抒写了各自的时代芳华。有青年才俊，以梦为马；有归国博士，腹有诗书报国家。在夺标攻关技术面前，石化儿女当仁不让，情归何处，石化便是家。

五年长驻西北勘探科研生产一线，为了取得一手资料，邓尚和同事顶着 50 摄氏度的高温，行走于塔里木盆地。遇到疫情，邓尚和其他 6 名同事主动请缨，逆行坚守，全封闭攻坚 38 天。吃住都在办公室，晚上就睡在一张 60 厘米宽的行军床上。在一次又一次攻坚中，邓尚团队的技术分析方案屡立战功。

有心人，天不负，怀揣梦想的青年，在披荆斩棘中历经磨炼才能更上一层楼。寒窗苦读归来，邓尚踏破贺兰山缺。他在不断的积累与挫折中愈发坚信，心有多大，舞台就有多广。

这是植根于内心的石化情。

“你是石油人的后代，要尽快回来建设祖国！”海归博士杜莉念着外公的呼唤，异国他乡怎敌她拳拳赤子情。2015 年，杜莉带领团队承担“余锅”国产化改造重任，开展抗交变载荷高硫烟气耦合腐蚀材料及工艺技术研究。很快，振奋人心的消息传来：“该项目填补了国内空白！”杜莉放弃海外机会，选择回归祖国怀抱，心系一方热土，脚下才有力量。

“乒乒乓乓……”回忆串串，自幼生活在石化大院的我，沐浴一方阳光，吃着大食堂的实心馒头，习惯了油罐车驶来又驶去。小时候将蓝工装悄悄套在身上，在高速路上自豪地喊着：“这是我们的加油站！”岁月更替，如今我自豪也成了石化人。向着父辈们指引的灯塔，我的步伐更加坚实有力，在会议室里向着党旗庄严宣誓：“……随时准备为党和人民牺牲一切，永不叛党。”

作者单位：江苏石油

信念灯塔指引人生航向

张永利

第六届“感动石化”人物颁奖典礼上，我们胜利石油工程公司海洋钻井公司的李恩朋同其他 9 位（组）成为全场闪耀的明星，中国石化用“感动”诠释了石油精神、石化传统的新的精神内涵，丰富了共产党人精神谱系的注解，为党的百年华诞献上了一份厚礼。

感动他人要有无坚不摧的信念。理想信念是灯塔，指引人生前行的航向。“感动石化”人物来自中国石化的各行各业，他们矢志奋斗不负韶华，为我们树立了榜样，成为我们身边的楷模。李恩朋是原胜利一号平台党支部书记、经理，他大学毕业参加工作就一直在钻井平台，25 年来，无论面对亟须破解的生产难题，还是境外恶劣的环境，甚至生命健康受到威胁，他始终没有动摇过“为祖国献石油”的坚定信念。我们学习“感动石化”人物，就要学习他们始终牢记共产党员身份，扛起在经济领域为党工作的使命担当，为保障国家能源安全、引领企业高质量发展、担当国家战略科技力量努力奋斗。

感动他人要有深深的情怀。家国情怀是大局，胸怀国之大者才能铸就丰碑。为中国化纤工业作出突出贡献的院士蒋士成，为火神山医院救援助力的李郑军，专注挑战复杂油藏采收率的曹绪龙，把优化做到极致的杨越，回国扎根新疆一线的邓尚，面对海外疫情勇毅逆行的李恩朋，用柔弱双肩扛起苦难做出不平凡业绩的曹湘莉，放弃海外高薪投身普光气田建设的杜莉，东乡扶贫团队和广东石油佛山南海一党支部，他们的心中装着祖国、装着人民，舍小家、顾大家，披肝沥胆，为建设世界领先能源化工公司而不懈奋斗，无不具有深深的家国情怀。我们学习“感动石化”人物，就要学习他们爱岗敬业、刻苦钻研、服务大局、听从指挥的敬业精神，充分发挥先锋模范作用，在各自岗位努力建功。

感动他人首先要感动自己；只有感动自己，才能感动他人。在“感动石化”人物中，有规划者、管理者、建设者，他们在平凡的岗位中做出了不平凡的业绩；有父亲、母亲、妻子、儿女，他们在生命的旅途中展现出人性的光辉；还有在海洋、大漠、边疆、国外的工作者，他们以奋斗让理想丰满。李恩朋先后3次参与海外项目，从跟着外国人干到掌握技术自己干，用实力擦亮了胜利海洋铁军在海外高端市场的品牌；当平台突发新冠肺炎疫情时，面对生死考验、艰难抉择，他3次请缨，逆行坚守，发挥临危主心骨作用，带领93名员工实现了抗疫和复工的“双战双胜”。我们学习“感动石化”人物，就要学习他们永不服输、昂扬向上的劲头，敢于牺牲、担当作为的精神，把个人价值追求融入时代发展洪流，营造见贤思齐，奋勇争先，苦干实干，争创一流的良好氛围。

作者单位：胜利石油工程公司海洋钻井公司

有信仰就有力量

田元武

“二十年不离不弃，有多少日子，就有多少沟坎。命运百般挤对，你总咬紧牙关。一肩挑起生活重担，一肩扛起岗位重任。心有阳光，命就不苦；爱若在，陪伴就是幸福。狂风让你的筋骨更强，暴雨让你的身姿更挺。你是离离原上草，用坚韧的生命，呵护孩子，也融化人心。”这是在第六届“感动石化”人物颁奖典礼上给沧州炼化质量计量中心曹湘莉的颁奖词。

在观看“感动石化”人物颁奖典礼之前，我和曹湘莉从未谋面，但她身上的那股力量已经从千里之外感动了我、感染了我、传递给了我。我想曹湘莉的这股力量来源于一种信仰，一种共产党员与生俱来的信仰。有信仰就有力量，面对生活的苦难、“高难度模式”的人生，曹湘莉从未屈服。

“作为一个妈妈，我只是做了自己应该做的。”在家里，曹湘莉是照顾脑瘫儿女的坚强母亲，苦难面前，她用柔弱的双肩扛起了生命的重量，18 年不离不弃、精心呵护。

跑不完的医院，流不尽的眼泪，看不到光的漫漫长夜，这就是她的生活常态，但这一切都没有打倒她，因为她身上有共产党员的信仰，这信仰的力量让曹湘莉的生活闪耀着人性的光辉。

“我入厂的时候是 17 岁，当时给自己定了一个目标，就是要做最优秀的技术工人、做最好的自己，这个目标在我心里一直没变。”这就是曹湘莉的初心，这初心坚如磐石，从未改变，这就是她身上信仰的力量的集中体现。

在工作中，她是屡获奖项的技术能手。在沧州炼化实验室工作了 29 个年头，她扎根分析岗位，从一名普通化验员成长为主管技师，解决多项技术难题，创新分析操作法，带领团队完成无数次仪器调试。她 7 次参加公司技能竞赛，获金奖 1 次、银奖 3 次、铜奖 3 次。信仰的力量在曹湘莉的工作中迸发出了最靓丽的光芒。

其实，我和曹湘莉一样，在最平常的岁月，一头肩负着工作的压力，一头承受着生活的重量。在这个平凡的世界，往往一次生活的打击，工作的不顺，就会让我感到前途暗淡。直至听到曹湘莉的事迹，我才发现，只有用信仰的力量才能在工作生活中披荆斩棘，战胜一切困难。

曹湘莉是中国石化优秀共产党员，这个党员的身份就是她信仰力量的源泉。正是有了共产党员的理想，曹湘莉才在平凡的岗位上做出了不平凡的业绩；正是有了共产党员的信念，曹湘莉才在生活的苦难中一次次地站起来、强起来。

这些天，电影《长津湖》正在热映。影片中，志愿军特级战斗英雄杨根思那句“不相信有完不成的任务，不相信有克服不了的困难”，让我们再一次感受到了信仰的无穷力量。

曹湘莉在和平年代，用非凡的工作业绩诠释了“不相信有完不成的任务”的真谛，用战胜生活苦难的坚强意志丰富了“不相信有克服不了的困难”的内涵。

这就是中国共产党人 100 年来的伟大信仰传承——不忘初心、牢记使命。从杨根思到曹湘莉，从未改变过这样的信仰，今天不变，明天更不会变。

作者单位：十建公司

刻在骨子里的“祖国需要”

李 晶

“祖国需要”是我从历届“感动石化”人物身上读到的关键词。蒋士成院士潜心研究化纤六十载为百姓解决穿衣问题；曹绪龙专家为油田把脉开方攻克痼疾胜利逆袭；邓尚、杜莉学成归国扎根一线，毅然决然行走在风沙戈壁和油田现场；东乡扶贫团队用心驻村脱贫攻坚打响接力战；疫情当前，李郑军、李恩朋毫不犹豫留下，与病毒擦肩，冲在前。他们有一个共同的名字——中国石化人。如今，石化人不仅是油田的开拓者和守护者，他们活跃在祖国需要的每一寸土地上，共同践行着“哪里需要哪里去”的担当。

两个小时的颁奖典礼，讲述着石化人道不尽的热爱和坚持，我为他们的执着而感动，为他们面临的困难而揪心，为他们取得的成就而骄傲。最令我动容的莫过于老一辈日复一日的实干，十年、三十年、六十年，兢兢业业，从青春岁月奋斗到耄耋之年，苦守一片林，浇灌遍地花。他们用双手把苦变成甜，同为年轻人的杜莉说出了我内心的疑问：“我不知道他们的热情是哪里来的，但就是很佩服。”这个问题的答案，我想在杜莉身上就能找到，这位海归博士面对质疑道出“回家不需要理由”。她背着气瓶爬装置，80000 个数据一一确认，坚定信念要把问题解决，她用技术和钻研突破难关，她明白了何为“石油在油田工人的心中”，我也看到了石化精神的辈辈传承。

同为青年科研人员，邓尚是我们的榜样，高温和风雨是他工作的日常，从他的脸上我没有看到一丝疲惫，却满是发现问题和收获的惊喜和亢奋，他是新一代科研人员中的佼佼者，是当之无愧的模范。作为一名刚入职一年的“科研新兵”，我十分清楚，现场和生产才是科研的根。每次从现场回来，我总是亢奋不已，对于从现场收集到的问题和需求如获至宝；我也很喜欢去现场，因为只有在一线才能深切地体会到，不去现场做不到真正靠实油田需求，也做不到真正解决生产问题。颁奖典礼中出现的一个数字让我震惊，中石化有 27 万名 35 岁以下的青年员工，很荣幸我能成为其中一员。荣幸之余，我想得更多的是沉甸甸的责任和拧成一股绳的力量，我和这数十万名青年员工一样，在平凡的岗位上发挥自己的作用。从成为石化人的那天起，我们就清楚使命在肩，勇敢地接过前辈手中的扳手，齐心协力要把“卡脖子”技术的枷锁扭断。我们知道每个人的力量合在一起就如涓涓细流汇成汪洋大海，我们会学着前辈的模样，站在新时代的浪头，勇往直前。

面对时代的进步，创新是技术永葆青春的密码，而精神和信念是百尺竿头的根基。我想这份精神和信念，就是刻在骨子里的“祖国需要”，也是每一代石化人一步一个脚印走向光明未来的力量源泉。

作者单位：北京化工研究院精细化工研究所

汲取感动力量，追求价值人生

孔煜也

脸上的皱纹述说着岁月的痕迹，整齐的卷发、精致的淡妆和一身整洁的工服却宣告着她对生活的热情与坚持。这是我第一次见到第六届“感动石化”人物曹湘莉时的印象。

那时，我刚参加工作几个月，对于石化人的认知还很模糊，曹湘莉第一次让这个身份有了具体的形象——她是一名岗位技术能手，扎根基层，兢兢业业；她也是一位母亲，精心养育着一双残疾儿女。命运对她开下残酷的玩笑，她却拒绝成为“受害者”，仍旧微笑着、昂扬着，认真地生活与工作。在劳动中实现自我价值，这样的勇敢与坚韧不仅让我感动，更令我肃然起敬。

2020 年夏天，我从一名新闻专业学生正式成为一名新闻工作者。没想到，在职业生涯的起点，我与“感动石化”人物来了一场相遇。更没想到，这场相遇成为我人生中的一堂成长教育课。

曹湘莉只是这堂大课众多“老师”中的一位。担任前期人物寻找系列报道的编辑时，我遇到了 80 多位这样的“老师”，奋斗在不同岗位上的他们拥有迥异的人生故事，面临的困难也各不相同，但相似的是，他们都选择了迎难而上。

放弃国外高薪，回到祖国，扎根大漠的青年科研工作者；妻子患癌却放心不下村民，坚持驻村的扶贫书记；洪水袭来时逆行坚守 7 天 7 夜，为抢险车辆保供的女站长……几个月的报道过程中，“感动”成了常态。

感动之外，他们给我带来的还有实实在在的成长。一个个人物的涓滴故事汇聚成一股汹涌的精神洪流，让我对新时代青年人的使命有了更加深刻的认识。

如何才能生活得更有价值？这是青年人在人生路上必须直面的问题，也是我走出象牙塔之后萦绕于心的困惑。在参与“感动石化”人物评选活动的几个月里，一个更广阔的世界在我面前徐徐展露，一个更有建设性的答案也越来越清晰。

那段时间，我经常想起入职培训时听到的“铁人”王进喜的故事，笔下的人物竟然会与那张黑白照片上模糊的身影不时重合。石油精神与石化传统是我们入职之初就耳熟能详的内容，而“感动石化”人物的鲜活故事让那些文字有了血肉——它是东乡大山里映红老乡笑脸的一簇藜麦，是火神山旁“红帽子”加油站里为工友暖心的一壶热水，是跋涉在大漠中为祖国找油的一串脚印……

这些故事中很少有惊天动地或轰轰烈烈的事，多的是日复一日、年复一年的坚守。故事的主人公或是在平凡岗位上兢兢业业，或是为了大国重器的担当负重前行，相同的是，他们都以劳动与奉献定义着自己的人生，他们也都拥有一个名字，叫作“石化人”。从当年“没有条件创造条件也要上”的石油工人，到今天一批批“感动石化”人物，石油精神与石化传统的血脉仍奔涌在千万石化人身上。

“每个人都了不起”，我开始真正理解这句话的分量。以辛勤劳动将个人价值融于对社会和他人作出的贡献中，这或许是“铁人”，也是每一位“感动石化”人物身上那种非凡的勇气、魄力与韧性的源泉。对于个人来说，这是他们的人生落脚处；对于国家和社会来说，这是缔造今日之“人间奇迹”的砖石。

在这些石化人身上，我看到了将人生道路越走越宽的可能。当下时髦的“躺平”或“内卷”就像画地为牢，将自己局限在个人的小世界中。然而，只有目光向外，世界才会更大。

作为新时代的青年石化人，代代传承的石油精神与石化传统是我们走向更大世界的力量源泉，鼓舞着我们以开阔的心胸为人生创造更广阔的天地，将个人奋斗融于时代潮流，将价值追求寄托于家国情怀，勇毅前行，不负韶华。

作者单位：中国石化报社

新媒体精彩留言

中国石化报微信公众号精彩留言

1. 舒月：个个都是无私奉献的精英，个个都是榜样，没有谁比谁票更多，只有他们在自己的岗位上做出的超过常人的成绩，为所有的精英点赞。

2. 阿超：我爱中国石化，我爱东乡。历时8年，历任6名干部，来自五湖四海，为了一个共同的目标——牢记总书记嘱托，助力东乡群众如期脱贫，全县如期高质量打赢脱贫攻坚战，紧紧围绕“两不愁三保障”，及时进行教育、饮水、危房、产业等帮扶，培育藜麦产业种植、培训、加工和销售，对脱贫攻坚和乡村振兴战略进行有效衔接，提前谋划设计唐蕃云舍乡村民宿项目，为东乡县的乡村振兴贡献石化力量！！！

3. 雷导：个个都是好样的，名利不重要，传承和发扬“铁人”精神，不怕苦，不怕累，不怕死，趁年轻，把自己学习的先进科学技术用在建设我们伟大祖国上。同时，教育好下一代，把中国建设得超级棒！

4. 王立胜：身边的榜样！前进路上的动力！

5. 风晨雨夕 ：平凡的岗位，不一样的舞台。“感动石化”人物，每一位身上都蕴藏着执着与坚守。

6. 刘学江：向感动中石化道德标兵与标杆单位学习致敬，立足岗位，热爱本职，献身集体，帮助他人，满满的正能量！

7. 螳螂亭：石化的脊梁！为石化骄傲！

8. 金丝猴：向楷模致敬，感动。工作和生活都需要旗帜和标杆！

9. 不喝咖啡改喝药：一场心与魂的启迪，一次价值观的引领。“感动石化”，感动你我，向他们学习！

10. 唐登肖：不一样的岗位，一样的敬业；不一样的事迹，一样的石化人。致敬！

11. 榕榕 921：今天好几次我都流泪了，确实很感动，向平凡而伟大致敬。

12. 小倩：不同的岗位，同样的奉献，大家拥有共同的名字——中国石化人！向榜样学习，为美好生活加油！

13. 家有儿女：热泪盈眶，吾辈之榜样！

石化 V 视精彩留言

1. 佳融：传承石油精神，弘扬石化传统，为祖国献石油，为美好生活加油，为广大职工群众办实事。

2. 刘羽鸽：每一位榜样都让我们震撼！深深地被他们感动！石化人都是好样的。

3. Daien：不忘初心、牢记使命，为美好生活加油！榜样的力量，人生的灯塔。

4. 神奇女侠：不坐办公室，坚持到一线；“黄沙百战穿金甲，不破楼兰终不还。”谁是最可爱的人？是坚守在一线的“战士们”！

5. 冰雨：向蒋院士和老一辈仪化开拓者致敬，希望仪化未来更美好！

6. 雨中莲：为你点赞！为你感动！也为有这么优秀的同事而骄傲！你是我们心中最耀眼的那颗明星。

7. 杨华：榜样是一种力量，催人奋进；榜样是一面旗帜，鼓舞斗志；

榜样是一座灯塔，指引方向。

学习先进典型，绽放榜样风采，让创先争优、担当实干、无私奉献蔚然成风。

8. 滴水穿石：主持人娓娓道来，让我们感受到了石化人默默付出背后的艰辛，和大国央企的担当。

9. 尹：平凡英雄，感动其中，他们拥有共同的名字，那就是共产党员！

10. 微笑：赠人玫瑰，手留余香！感谢中央，感谢共产党，感谢石化，感谢每一个为了东乡人民脱贫，付出了热血青春的他或她。吃水不忘挖井人，东乡人民会永远记住的！！！

中国石化新闻网微博精彩留言

1. Annie 高高高 : 这是我们身边的人，一个像书生的硬汉，一个像硬汉的书生。就是这样一个人，在西南大地写出了一个个生动的故事。

2. 一条柴 11：每一份感动， 都是他们日复一日、年复一年的付出。

3. 中国石化茂名石化公司：我看得激动不已。

4. 鹿儿 2006：他们是平凡的人，却因为坚定的信念和不懈的坚持在工作岗位上做出了不平凡的业绩，令我们感动，更由衷地敬佩！为可亲可敬的石油人点赞！你们是大家学习的榜样和前进的动力！

5. 科吉思石油 : 石油人一直在努力，在创造奇迹。

6. 依恋 mapleleaf: 向大师致敬。

7. 木走走：我们大 BOSS，从电视上看好亲切，好骄傲。

8. 木禾小窝：感动是前行的力量！

9. 易派客：大家都是有故事的石化人啊。

10. 卧龙 i 山人：我也要当先进。

2013—2022

感动石化

第四部分

"感动石化"节目创作回顾

直播感动

王 景

2021 年 6 月 23 日，中国石化集团公司总部一层多功能厅布置得庄严、辉煌，俨然是一座精神加冕的殿堂，14:00 在这里将举办第六届“感动石化”人物颁奖典礼。13:55，距直播还有 5 分钟，我跟各工种进行直播前最后一次沟通，确认灯光、舞台、音响、大屏幕、转播车、现场服务志愿者全部到位，准备就绪。“倒计时 5 秒”，我向各工种发出指令，“5、4、3、2、1”！现场一片安静，主持人栗阳画外音：“第六届‘感动石化’人物颁奖典礼现在开始”，大屏幕开始播放片头。

八年前，执导第一届“感动石化”人物颁奖典礼的我，直播前比现在要紧张得多，不是因为准备得不够充分，而是深感肩上的责任太重。早在 2012 年新春伊始，为迎接中国石化成立 30 周年，中国石化报社开始策划“感动石化”人物评选活动，并计划在来年举行第一届“感动石化”人物颁奖典礼。时任社长周恒友代表报社把颁奖典礼总导演的任务交给了我，他对我说：“你曾经做过舞台导演，又在央视春晚做过直播，‘感动石化’人物颁奖典礼也是你施展能力的舞台。”周社长戏称我们“感动石化”核心主创人员是“三个女人一台戏”，这三个女人是总策划杨守娟副社长（时任）、总撰稿李雪慧和作为总导演的我。那时，我们真是摸着石头过河，杨社长带着我和雪慧去央视《感动中国》剧组取经，我们一起分析、琢磨“感动石化”人物的材料，拿捏表现感动人物的分寸感。经过一年的精心准备，2013 年 3 月 29 日下午，第一届“感动石化”人物颁奖典礼直播正式拉开序幕。片头那几句我和电视部同事修改了不知道多少遍的开场词回荡在现场，“感动是温暖，也是力量；感动是春风，也是光芒；感动如同地下的石油，蕴含着无穷的力量”！我的紧张随着直播的进行渐渐化作了感动，我们前期做了那么多工作，就是为了今天的直播，直播感动！

一路走来，我和制作团队已经成功直播了五届“感动石化”人物颁奖典礼：

2013 年第一届“石化盈科杯感动石化”人物颁奖典礼；

2015 年第二届“润滑油杯感动石化”人物颁奖典礼；

2017 年第三届“易捷杯感动石化”颁奖典礼；

2018 年第四届“不忘初心　牢记使命　永远奋斗”中国石化成立 35 周年“感动石化”特别节目；

2019 年第五届“壮丽 70 年奋斗新时代·感动石化”人物颁奖典礼。

此时正在直播的是第六届“奋斗百年路　启航新征程”庆祝建党 100 周年“感动石化”人物颁奖典礼。

今天，第一位登上感动殿堂的是被誉为“的确良之父”的蒋士成院士，87 岁高龄的蒋院士鹤发童颜、精神矍铄，他带领团队解决了新中国“粮棉争地”困局，如今仍为纺织和化纤产业的转型升级忙碌着，他还在上科普网课，圈粉无数。从播放人物短片、现场采访、宣读颁奖词到颁奖，短短的 12 分钟，蒋院士在观众们感动的掌声中高举起“感动石化”人物的奖杯。

可以说，直播是否精彩取决于感动人物，他们每个人都是珍珠，我们的工作就是要让他们在颁奖典礼短短的 12 分钟绽放出最璀璨的光芒。

人物短片是认识人物的第一个环节，目的是介绍获奖者的感人事迹，为接下来的颁奖作好铺垫。中国石化报社调动了最精干的编导和拍摄队伍，倾注了大量的精力，拍摄历届“感动石化”人物短片。无论是周恒友社长还是后来的陈维松社长，在每届“感动石化”的策划阶段都会给我们逐条分析集团公司的宣传要点；杨守娟社长则带队到感动人物候选人单位调研，近距离寻找感动点。这使得颁奖典礼上播放的“感动石化”人物短片，能够用细节传递人物独特的精神品质，用触动心灵的故事体现石化人的价值观，让观众在感动的同时，进行理性的思考。比如，第一届感动人物。“油嫂”杨克红，丈夫在千里之外的油田会战，她照顾瘫痪的公婆和罹患癌症的小叔子，撑起了这个石油之家；尽职尽孝地完成了照顾老人和病人的责任之后，她又来到丈夫身边，为井队的工人做饭、送饭。我和摄制组辗转八面河油田会战前线采访拍摄，被她的事迹深深感动。但是我们并没有让短片成为煽情作品，而是把她艰辛的经历化为她人生的背景，尤其在短片结尾，用了扎着马尾辫、穿着运动服的杨克红踢毽子的长镜头，留给观众一个坚强乐观的生命形象。

采访环节是挖掘情感，探究内心世界，对感动人物的刻画延展。记得2013年初，审看第一届“感动石化”人物闵恩泽院士的短片时，编导姚进跟我说过一个细节，闵老很喜欢看《西游记》，他用师徒取经比喻团队合作搞科研攻关；他还特别喜欢《西游记》主题歌《敢问路在何方》，但由于人物短片容量有限，这个细节没有用到。我就把这一细节转告给了主持人敬一丹，她在现场采访时跟闵老提起，闵老高兴地说：“喜欢《西游记》是因为《西游记》有团队精神和坚持到底的精神。”接着，他欣然唱起：“你挑着担，我牵着马，迎来日出，送走晚霞，踏平坎坷成大道，斗罢艰险又出发。”现场观众随着他的歌声鼓掌，气氛热烈。颁奖典礼上呈现的闵恩泽正像“感动石化”推选委员陈小川所说：“他是开拓者、先行者，他在被征服的山峰前微笑。”

“感动石化”人物有闵恩泽、陈俊武、蒋士成这样的院士，但大部分是工作生活在基层的普通石化人。

2018 年 7 月，在中国石化成立 35 周年之际，举办的第四届“感动石化”人物颁奖典礼上，镇海炼化烯烃部荣获“感动石化”团队奖。这是“感动石化”人物颁奖典礼举办以来的第一个团队奖。杨守娟社长带我们赴镇海炼化调研，指示要体现镇海炼化做到极致的精细化管理和严谨务实的企业精神。镇海炼化烯烃部这个平均年龄不到 35 岁的 300 多人的团队把装置整体运行到世界先进水平，这里面一定有许多感人的故事。跟镇海炼化多次沟通后，我们选择在乙烯大检修开工运行时拍摄短片。开工运行期间，烯烃部同志几乎是 24 小时连轴转，主任智茂轩忙到后半夜才抽出一小时休息时间接受了我们的采访。采访中我们了解到，2006 年镇海大乙烯开工时，时任浙江省委书记的习近平同志曾到现场奠基并发表重要讲话。我们请镇海炼化电视台台长王烈成找到了当时的录像，并把这个细节放到了现场采访环节。习近平同志在镇海大乙烯奠基仪式上说：“早日把镇海炼化大乙烯工程建成‘世界级、高科技、一体化’的具有国际竞争力的标志性工程。”当颁奖现场播放这段讲话时，智茂轩指着录像中坐在台下聆听的员工对敬一丹说：“我当时是技术员，就坐在那里。”总书记当年“开好大乙烯”的嘱托就是“智茂轩们”的初心，今天他们以单装置运行连破 9 项世界纪录，整体运行连续三次被国外权威机构评为世界领先水平的优异成绩践行初心，不辱使命。

“感动石化”创作团队在整场颁奖典礼的分配布局上投入很大精力，同时也不放过任何可以提升现场表现力的细节。

第六届“感动石化”人物颁奖典礼已经过半，大屏幕正在播放沧州炼化质量计量中心化工分析主管技师曹湘莉的人物短片。此刻，曹湘莉站在上场口，一直在抹眼泪。二十年了，她带着两个脑瘫的孩子，一边挑起生活的重担，一边扛起工作的重任。她不仅把孩子收拾得整齐利落，自己打扮得干净得体，而且前后6次获得公司技术比武金奖和银奖，甚至挤出时间备课讲党课。有许多像曹湘莉这样，遭受不幸，依然笑对人生，并且以出色的工作成绩回报企业和社会的“感动石化”人物，杨克红、吴吉林、陆鹏宇、杨玉琳、金宏伟等，堪称时代精神楷模，也激励着我们把“感动石化”做得更好。

当主持人敬一丹“有请曹湘莉”话音刚落，曹湘莉就扬起了头，踏上了“感动”的舞台。曹湘莉今天真漂亮，飘逸的连衣裙衬得她身材更加高挑。几天前我们才商量好，穿连衣裙上台。开始她不太自信，因为二十多年没穿过连衣裙了，我鼓励她上街选一下，然后把试穿的照片发给我，我们不约而同地选定了今天上台的这身。此时，在“感动石化”人物的颁奖舞台上，曹湘莉是最美的妈妈。

第七个出场的是东乡扶贫团队。五位先后驻东乡的扶贫干部在《父老乡亲》的歌声中招手向观众走来，此时大屏幕播放的是他们在东乡的黄土地上，在藜麦田里奔走的样子，呈现在观众眼前的是东乡扶贫团队跨越时空来到观众面前。

应该说，“感动石化”一直在向《感动中国》学习，从颁奖程序到音乐设计，甚至奖杯也是模仿《感动中国》的“中国结，水晶心”。但是，我们根据“感动石化”的特点和条件也在寻求变化。

第五届“感动石化”人物颁奖典礼适逢新中国成立70周年，杨社长要求在舞美设计上要有创新，她说：“咱的感动人物都来自基层，能不能在视觉上再突出一下。”我便跟舞美设计反复沟通，认为“感动人物”上场前大屏幕播放了人物短片，观众已经对人物有了基础认知，“感动人物”从工作生活的现场来到“感动石化”的精神殿堂，应该有足够的时间和空间去展现，去接受人们敬仰的目光和热烈的掌声。然而，颁奖典礼给我们的时间和可利用的舞台空间都是有限的，最终我们设计了交汇式开放的LED屏幕来呈现。两块11米长、4米高的LED屏幕成90度夹角，交汇在舞台后方中心，人物从交汇处出场，行走至舞台采访区。尽管只有10米的距离，但是从人物出场，两侧大屏幕就开始播放身穿工作服装的“感动人物”在他的工作环境里行走的画面，一共15秒，“感动石化”人物就这样跨越时空来到观众面前，实现了“感动人物”从工作场景到感动殿堂的跨时空呈现。

做了六届“感动石化”人物颁奖典礼的导演，我深深感谢中国石化报社领导给了我一个非常宽松的创作环境，我们“感动石化”创作团队真诚合作、充满战斗力。大家来自中国石化报社各个部门，每个人都有自己的本职工作，即使在“感动石化”筹备期间，本职工作也不能耽误。第一届“感动石化”人物颁奖典礼总撰稿李雪慧是新闻部的主力编辑，她需要盯版面离不开时，我便随时跟雪慧交流我们在拍摄中对感动人物的感受和理解。真诚的合作总会结出硕果，第一届“感动石化”人物颁奖典礼圆满成功！尤其是颁奖词，可以用惊艳来形容，让所有人眼前一亮！

直播时，颁奖嘉宾随时会调整，串场词也总在变，李雪慧承担了与主持人沟通的任务，她拿着胶水和剪刀，随时修改，剪好后粘到手卡上迅速递给主持人。后来，总撰稿换了人，新的撰稿人把这个工作延续下去。

第二、第三届“感动石化”的总撰稿是当时专刊部的编辑孟乐，我们之间的合作在一次次的“碰撞”中变得完美：既要让颁奖词完美贴合人物的事迹和精神，又要注重在人物短片之外，为现场的访谈环节“留白”。她曾跟我谈到对颁奖词的理解：用词光彩夺目未必历久弥新，简单而高级的逻辑才会耐人寻味。

第二届“感动石化”筹备阶段，孟乐到金陵石化出差，偶然听说了侯选人陆鹏宇的感人故事。2008 年，就在陆鹏宇为金陵石化 1800 万吨炼油改造赶制环评报告的时候，孩子患了重病。一边是南京公司的重大项目，一边是在北京治疗的亲生骨肉，陆鹏宇两边奔波，哪边都不能割舍。他跟孩子说，你再等爸爸十天，爸爸就有时间陪你了。然而，当环评报告通过的时候，陆鹏宇却没能赶上见儿子最后一面。这个故事在单位给他上报的推荐材料里只字未提。孟乐把这件事牢牢地记在心里，回来后跟我多次“碰撞”。如果不去表现，显然失去了感动点，但要再次采访陆鹏宇，特别是他的爱人，无异于再次揭开带血的伤疤。怎么办？我一遍遍问自己，一遍遍与团队讨论细节。最终，在整个团队的反复研讨下，我们采取了特殊的拍摄手法，完成了这一“艰巨”任务。直播结束后，我在网络直播端的观众留言中看到了这样的话：“原以为英雄只有慷慨豪迈，其实他们更多情，也更多爱。感谢节目组让我们见英雄，也见人生。”

我当导演，也常常主动找领导“碰撞”。那是第三届“感动石化”人物颁奖典礼前两天临近中午，我心急如焚，现场的很多细节要定下来，颁奖嘉宾的人选还未最终确定。陈维松社长和杨守娟副社长（时任）参加的长会还没结束，我迫不及待地敲开了会议室的门。领导问我这个事情是不是现在就必须定下来？我斩钉截铁地说：“是的，马上、立刻！”老实说，我做好了挨批评的准备，可两位领导却笑了：“当导演的就该这样，我们都得听你指挥！”如此可爱的领导，给我壮了胆，也给了我放手干、全力干、创意干的勇气和信心！

第四、第五、第六届“感动石化”的总撰稿是时任记者部记者的徐徐。四年时间，我们合作了三届“感动石化”，默契的配合让我们成为忘年好搭档。作为 80 后，徐徐虽然年纪轻，却是报社骨干记者，多年从事集团公司党组和重大主题报道积累的丰富经验，让她的文字站位高、方向准、言简而意丰。除了颁奖词，颁奖典礼的台本、片头解说词也由徐徐主笔，“感动石化”人物短片拍摄、主持人沟通、颁奖典礼彩排等全流程，徐徐都和我形影不离，我也在与她的研讨、碰撞中不断收获感动的“火花”。

在第四届“感动石化”人物短片拍摄阶段，我们遇到了一个难题，“感动人物”李干生是中国石化成立时的第一任油田部主任，已退休近20年，资料非常少。通过深入挖掘，我们得知时任集团公司副总经理的马永生曾经和李干生共事多年。我和徐徐反复合计，希望能去采访马总，陈社长、杨社长都非常支持，说你俩都是记者出身，应该发挥记者的优势，并帮助我们联系了马总。马总得知这一情况后很重视，专门抽出时间，在办公室接受了我们的采访。

在一个多小时的采访中，马总深情回忆了1998年重组以后中国石化油田事业部白手起家、从无到有的发展历程。让我们印象深刻的是，他幽默地用京剧《沙家浜》里的唱词“十几个人，七八条枪”来形容当时的情况。他说，当时李干生已经58岁，即将退休，但是他仍然义无反顾来到中国石化，组建上游管理机构、评价油气资源、推行项目负责制、发掘吸引人才，为中石化上游发展作了很大贡献。如今，他虽然已经78岁了，但依然关心、关注油气勘探开发事业，坚持参加上游领域各种重要活动，出谋划策。马总非常敬佩李干生的人格魅力，他强调，这些老石油人的无私奉献除了物质上的，还有精神上的，这是对石油石化优良传统、“三老四严”作风的传承，他们敢打敢冲，既不冒进又不自满，正因为如此，中国石化才有今天的家业。

对马总的采访给了我和徐徐很大的震撼和启发，结束时，我还大胆提出了一个请求，希望马总能配合我们拍摄几个镜头。马总欣然应允，让我特别感动。我想，那些可爱可敬的老石油感动了马总，感动了我们，也一定能感动观众。直播之前，徐徐把我们采访马总收获的这一段故事讲给敬一丹听，也给了她很大的触动，敬一丹在对李干生的访谈中特别提到了《沙家浜》的唱词，提到了川气出川，提到了“我为祖国献石油”的战斗情怀，引发了现场观众的极大共鸣，这些都源于我们之前扎实的采访挖掘工作。

六届“感动石化”，58 个感动人物和团队，每一首颁奖词都做到了把人物事迹提炼升华为人物精神，绽放光芒。

第六届“感动石化”人物颁奖典礼第九位获奖者是杜莉。杜莉是普光气田第一位海归博士，她攻读的专业与油田技术并不直接相关，但是这位倔强的“油三代”传承了父辈“有条件上，没有条件创造条件也要上”的石油精神，在生产一线科研攻坚创效，成为领导和同事们眼中无所不能的博士。在人物短片的最后，杜莉说：“听我姥爷说过，石油在哪里？在石油工人的心里，我过去会觉得这很唯心主义，现在我就特别理解了。”杜莉的人物短片播放完毕，随着主持人一句“有请杜莉的父母上台”，伴着《我为祖国献石油》的歌声，两侧大屏幕上呈现的是身穿红工装，背着空气呼吸机，英姿飒爽地行走在巡检路上的杜莉，而走上颁奖舞台的是杜莉年逾古稀的父母，两代石油人同时向我们走来。

直播前夕，杜莉即将做妈妈了，她虽然仍在上班，但毕竟是高龄产妇，如果从普光气田赶到北京舟车劳顿，还是让人担心。我们考虑过直播时采用视频连线的方式，但最终还是放弃了，因为我们有了更好的创意。杜莉的父亲退休前是中原油田的一位技术干部，爷爷、姥爷都是“老石油”。从小就是“学霸”的杜莉留学归来并选择到普光气田工作，就是受父辈的影响。如果请杜莉的父母来代替杜莉领奖，让“油二代”回忆一下“油一代”，再讲讲他们和“油三代”的故事，效果会更好。方案定下来，我赶紧跟中原石油报社仇国强总编联系，嘱咐他去杜莉父母家寻找已经去世的爷爷、姥爷的照片，挖掘一下照片背后的故事。杜莉的姥爷参加过解放战争、抗美援朝，转业来到新疆克拉玛依油田，后来又参加了长庆油田和中原油田会战。当直播现场大屏幕上出现了胸前戴着大红花的姥爷和玉门石油河畔身穿棉工装骑在骆驼上的爷爷时，“油二代”老两口的话匣子一下就打开了，抢着回答主持人的问题，现场观众时而大笑，时而热泪盈眶。敬一丹说：“石油石化的历史我们可以从史书中见到，也可以从石油人一家一户的讲述中了解到。”

直播总会遇到这样那样的突发情况，而我们正是在这样的历练中成长的。第三届“感动石化”人物颁奖典礼直播前一小时，由于嘉宾的时间安排问题，要临时调感动人物的上台顺序，这意味着各工种的流程都要变。只有不到一小时的准备时间，社领导问我：“这么短的时间能做到万无一失吗？”我相信我们的直播团队，我们已经有两届直播的经验，而且前期彩排准备充分，便向社领导承诺：“没问题！”一个小时后，直播开始，本来是最后一位出场的徐承恩院士第一个上场了，直到原本排第一位的薛梅最后出场，整场直播顺利完成，观众并不知道我们团队所经历的惊心动魄。

还有一个突发事故发生在第一届“感动石化”人物颁奖典礼上。当时正在播放“感动人物”谢存义的短片，也许是片子某一个段落的衔接气口过长，也许是电视部的同事几天来熬夜加班太疲劳，在片子播放到一半的时候，误按了停止键，多亏敬一丹现场反应快，立即垫上了话儿，现场观众几乎没有看出破绽，但我还是觉得非常遗憾。此时，杨社长过来安慰我：“忘掉这些，做好接下来的直播吧。”之后的颁奖典礼，播放人物短片和其他视频我一直是安排两位同事盯着，没有再出问题。

第六届“感动石化”人物颁奖典礼最后出场的是广东佛山石油南海一党支部，这个处在改革开放前沿的战斗堡垒，党务工作开展得那么好，不仅成为中国石化销售业绩排名第一的经营部，而且让每位员工得到关爱，感到温暖。当获奖团队高高举起奖杯后，主持人请上石油勘探研究院党员合唱团表演合唱《我宣誓》，在感动的殿堂里，大家一起重温入党誓词。“奋斗百年路 启航新征程”庆祝中国共产党成立100周年“感动石化”人物颁奖典礼在歌声中达到高潮。

从第四届“感动石化”开始，颁奖典礼都有明确的主题。第四届的主题是“不忘初心 牢记使命 永远奋斗”中国石化成立35周年“感动石化”特别节目。我选择了歌曲《不忘初心》作为颁奖典礼结束曲。在歌曲MV制作过程中，我和电视部的同事反复琢磨，第一个镜头用生日蛋糕，接下来让一线员工写一句心里话展示到镜头前，有些话是我们反复推敲才定下来的，结合动态拍摄的一张张石化人真诚、质朴的笑脸，现场播放出来非常感人。

幸福是奋斗出来的。

国家新名片，我在排头站。

我也35岁了，誓与你风雨同舟。

35年或许不能让树苗参天，但足以让使命传承。

倒班41年了，我无怨无悔。

扎根大漠25年，技改创新是我永远的追求。

我们建成了中国最大页岩气田。

此时，“感动石化”致敬每一位为中国石化拼搏奋斗的干部、员工。

六届“感动石化”，走上颁奖殿堂的“感动人物”和团队虽然只有58个，但是中国石化还有许许多多“感动人物”等待我们去呈现，他们是中国石化大厦的基石，他们也让我生活的每一天都充满希望和期待，这也是我们一直坚持下去的力量。我们“感动石化”制作团队任重而道远。

作者为第一至第六届“感动石化”人物颁奖典礼总导演

感动于心 创作用情

王 强 冯 伟

2013 年是中国石化总公司成立 30 周年，同年 3 月 29 日，由中国石化报社主办的第一届“石化盈科杯”“感动石化”人物评选揭晓。4 月 1 日的《中国石化报》第二、第三版打通隆重报道，图片选用了十个“感动石化”人物的照片进行合成，致敬榜样的力量。在版面设计过程中，以人物图片围绕红黄渐变的心形图案为核心，巧妙地将照片与设计元素紧密结合。整个版面用色寓意深刻，以红色展现人物的感人事迹和前行的激昂。文字内容围绕视觉设计，充分用足版面所提供的创作空间，精选精编事迹内容、推荐词和颁奖词，突出每个人物背后的感人故事，与爱岗敬业、舍生忘我、尊重科学的精神一一对应。整个制作围绕视觉设计，做到了策划在前，意在笔先。优先考虑读者体验，版面呈现先声夺人，强势突出。

2015 年和 2017 年的第二届、第三届“感动石化”人物继续以打通版的形式聚焦颁奖仪式。版面策划思路清晰，布局大气，设计精致，体现了石油精神和石化传统。版面各部分、各元素均有呼应，设计简约协调，美感气势兼具，富有表现力，条理清晰。

2018 年推出“不忘初心 牢记使命 永远奋斗”中国石化成立 35 周年“感动石化”特别节目，报头以蒲公英的图案象征榜样精神的传播结果，主视觉扁平化的心形元素的运用也提升了版面的现代感。版面有鲜明的视觉中心与节奏感，颁奖词、标题精炼。后期版面独辟蹊径，创意大胆，将每个获奖人物作为整版唯一的内容突出处理并作艺术化呈现，从而与前期的通版专题报道有机融合，形成互补。版面上的每一个名字都是闪亮的新闻主角，都是员工们学习的榜样人物，值得我们用最有创意的方式加以礼赞。表彰大会热烈的气息扑面而来，传播效果强烈而高效。

2019年，在新中国成立70周年之际，《中国石化报》隆重推出“壮丽70年 奋斗新时代·第五届感动石化人物”特别报道。在这一届报道中，报纸打破原有报道思路，寻求新的破局方式，大胆起用“融@报道”的呈现方式，借助手机屏幕这种融合媒介的展现形式，版面创意独特、布局合理。文字、照片、奖杯等多种元素的使用，丰富了版面语言，提高了版面的可读性、艺术性。使用融合的表现手段，用二维码和公众号的形式进行文字排版，与此同时，通过二维码的扫描，链接视频新闻，形成融媒体立体化传播格局，赋予纸媒新的生命，带来了“1+1>2”的效果。

2021年6月24日，推出“奋斗百年路 启航新征程”庆祝中国共产党成立100周年第六届“感动石化”人物专题报道。疏密有致的版面语言兼顾了信息量和传播重点，充分证明，好的形式能为好的内容加分。通过形式与内容的结合，好的形式本身也会成为内容的一部分。报道见报后反应良好，体现《中国石化报》在重大新闻关键节点的匠心与担当。

作者王强为中国石化报社美术部编辑，

冯伟为中国石化报社视觉艺术总监、美术部主任

先感动自己　让感动延续

蔡廷永

“感动石化”人物，是百万石化员工的优秀代表，他们之所以能从广大员工中脱颖而出，是因为他们自身具有应该被学习推广的闪光点、感人事和可贵精神，也因为中国石化报社创建了“感动石化”人物评选这个平台。

“感动石化”人物在哪里？就在员工中间，所以，向各单位“广撒网”，用心去寻找候选人，就成了首先要做的基础工作。2014 年第二届“感动石化”人物评比甫一启动，专刊部与各单位记者站的同事们就及时联系，开始了寻找工作。从此，每次评比之前的寻找、约稿、编辑和报道，成为专刊部同事们既有挑战性又有成就感的一项重要工作。

作为候选人，他们都是平凡的人，在平凡的岗位上工作，至少在某一方面有突出的贡献、显著的成就、广泛的影响。有的已经成为本单位的典型，有的在行业内有一定的名气，但是放在中国石化的层面上看，他们还基本上属于待发现、待推广的典型。找到他们并宣传出来，是编辑部和各单位共同的责任。

在上百万名员工中寻找候选人，好比大海捞针；有了初步人选，要把人物的闪光点、感动点挖掘并表现出来，殊非易事。各记者站全力以赴，给予大力支持。李大东院士是第四届“感动石化”人物。在寻找阶段，石油化工科学院专门 掘他成长历程中有重要意义的故事，以形成一条完整的主线，凸显人物的政治觉悟、精神品格，特别是科学家精神和家国情怀。

故事要接地气，还要有金句。采编专家单超至今还记得一个细节：李院士有一次思考问题入神了，在家煮饭忘记了放米，一锅开水煮了半天。在深入交流过程中，石科院的专职记者捕捉到这样的关键点，李大东院士说："1978 年，科学的春天到来了。这年我 40 岁，正值壮年，每天有使不完的劲儿！"在 2019 年 6 月的见报稿上，采用了《他从科学的春天走来》的标题，体现了鲜明的历史印记和时代特点。

人物事迹之所以令人感动，是因为他们身上有若干动人心弦之处。但不少候选人并不太愿意谈自己的事迹，受过的苦累、付出的辛劳、对家人的歉疚等，都不愿意多说，这可给采访者出了难题。不过，有经验的记者总会找到话题，让候选人打开话匣子；也有其他的采访方法，比如采访其同事、家人等。报社记者孔煜也通过电话采访甘肃东乡扶贫团队的钱有，对自己的事迹，钱有三言两语概括一下就不再说了，而问到东乡百姓生活的变化，他的语气里带着喜悦和自豪；问他有什么打算，他毫不犹豫地说："还要继续干下去！"又是一番引导，孔煜也才了解到他更多的事迹。茂名石化的候选人杨越难以抽出时间接受采访，记者张亚培为了找准他的特点，就追随着他的足迹进行观察，参加他主持的会议，找他的同事聊天，在食堂遇见他也不失时机地问几个问题。就这样无孔不入，终于写出了《银塔铁林里的"钢琴家"》这样生动的人物通讯。文中有一些形象的比喻和奇妙的语句，例如，计划部由于经常调整方案，被人称作"变化部"甚至"千变万化部"；杨越把公司近百套装置当成一个个琴键，要把每个琴键调整到最佳状态；优化团队每个人都好比一颗珍珠，杨越说自己就是一根线，把这些珍珠串起来，让珍珠发光，让茂名石化这位"美人"更加光彩夺目。在人们看来枯燥无味的工作，因有这么多堪称金句的语言来描述和升华，读来余韵悠长，让人击节赞叹。

“感动石化”人物候选人的报道，全程用精神价值这一条主线作为标尺，在报道中尽力做到感性和理性的统一，这对编辑和记者的综合能力都是一个考验。选择候选人的重要标准之一，就是要感动人，这是感性的因素，先能感动我们自己才有可能让别人受感动。事迹如果不感人，编辑就与记者继续沟通，补充采访，修改完善，改三五次是常事。在编辑过程中，注意把握事迹背后的“能量”，这是理性的因素，既要符合社会主义核心价值观，又能体现石油精神、石化传统，还要与当前所倡导的以人为本等理念保持较高程度的一致，这些条件都满足了固然非常理想，但事实上常会发生些微矛盾。在整体上把握好、处理好这些关系，就成为传播正能量、引导价值观的有意义的事情。专刊部编辑林青青说，五建公司王志伟在海外工作 13 年，能力强，管理精，业务出色，雷厉风行。他对人细致周到，对自己的健康却是满不在乎，不舒服的时候，能扛着就扛着，咬牙强忍。妻子身体不是太好，从兰州跟着他到广州，两人没有孩子。王志伟说：“参建的 6 套大装置就像自己的 6 个孩子。”事迹很感人，但有些细节不宜过分煽情和渲染，在报道中点到为止即可。还有一位候选人身患癌症，仍然带病工作，英年早逝，令人惋惜。在颁奖典礼上，主持人就相关内容进行关于身体健康和家庭幸福的提示和正面引导，在更高层次上实现了正确价值观的有效传播。

至于把候选人事迹集中在主要方面，不分散着墨、不求面面俱到，这样的例子就更多了，说到底是为了体现候选人的鲜明特点，使其主要事迹更加突出。

需要特别说一句，在报纸版面设计方面，美术部的编辑费了不少心思，在“感动石化”人物评选过程中发挥了独特的作用。

2021 年 6 月 23 日，第六届“感动石化”人物颁奖典礼在中国石化总部隆重举行。典礼隆重又朴实，现场气氛感人，网上一片好评，党组领导对报社领导说：“今天，石化报社立大功了！”不管是典礼主创团队，还是参与过相关工作的同事，都感到兴奋、自豪和欣慰。6 月 24 日，我们还沉浸在感动中，报社领导要求趁热打铁，立即做一期《“感动石化”的台前幕后》。于是，大家立即投入紧张的工作，紧急约稿、编辑组版……6 月 25 日，《中国石化报》以第二、第三版打通的方式推出了这期专题报道，我撰写的评论《灯塔引领破浪行》有幸在这期专题刊发。

“感动石化”人物评选是个好平台，好就好在它具有原创性，又具有可复制性，成为中国石化的一个著名品牌，这个品牌的影响力不仅浸润着中国石化的员工及其亲属，更是乘着精神与情感的羽翼飞到祖国各地、异国他乡，引起了业内外人士的关注和共鸣。

“感动石化”，实现了落实集团公司党组要求与促进自身发展的高度一致，在生动有效的新闻宣传中扩大了中国石化报社媒体的影响力，提升了美誉度。

“感动石化”，实现了线下与线上联动，报纸、新闻网、网络电视、微信公众号、石化 V 视、杂志等多种渠道、多种方式的宣传推广，最大限度调动了各媒体受众的参与热情。

“感动石化”，在典型宣传上走出了一条新路，为新闻报道提供了高质量、连续性的内容及引发关注的话题。

“感动石化”，实现了媒体与企业的深度契合，为增强企业凝聚力、员工自豪感发挥了促进作用。

“感动石化”，促进了中国石化报社媒体融合的深化，为建设央企领先的融媒体中心探索积累了有益经验。

中国石化报社领导提出，要学习“感动石化”人物，提升思想道德品质；学习央视同行，提升专业素质能力。专刊部的同事们表示，借“双学双提升”的契机，全面提升综合素质能力，不仅要在今后的“感动石化”人物候选人和获奖人物持续报道中做得更加出色，更要在日常新闻宣传工作中把准事迹感动点，改进宣传艺术，让感动不间断地延续下去，更好发挥“感动石化”人物的典型引领作用。

作者为中国石化报社首席新闻采编专家、总编室主任

开启“感动”之旅

李雪慧

10 年前，我们心怀敬畏举办了第一届“感动石化”。10 年来，“感动石化”已经成为石化人承继优良传统的精神盛宴、传递人文关怀的独特舞台，在党的百年华诞大庆之年，更被纳入中国石化年度重点工作。每一位走上这个舞台的人，都在中国石化发展壮大的历程中留下了深深的烙印。

如今，首届“感动石化”栏目组的主创人员，有的已调离，有的已退休，但这段创办经历将作为一笔宝贵财富，永远留在我们内心深处。

开端——感动之盟

2012 年初，中国石化报社正在策划以媒体方式迎接中国石化成立 30 周年，计划创办一台以“感动”为主题的节目。为了做好这项工作，报社组织精兵强将成立了筹备组，由时任副社长杨守娟具体分管，统筹推进，王景担任总导演，我担任撰稿人。与此同时，由报社组织发起，寻找“感动石化”人物的活动也热火朝天地展开。

当时，《感动中国》已创办 11 年，被誉为“中国人的年度精神史诗”，创始人朱波早已名震中国电视界。他会帮助一个企业媒体办一场石化领域的评选活动吗？杨社长打动朱波的“武器”，就是“感动石化”人物事迹。她不停地介绍石化这个特殊的行业，介绍中国炼油催化剂之父闵恩泽、国企领导干部李安喜、炼化工程建设专家刘家明，还有倒班 43 年的工人谢存义、坚强的油嫂杨克红……果然，一个个生动的石化人吸引了朱波。经过几次交流，朱波决定让《感动中国》栏目组以走转改方式参与“感动石化”的节目制作，并同意中国石化报社作为行业媒体加入感动中国媒体联盟，成为联盟中唯一的企业媒体成员。敬一丹能够主持颁奖仪式，更是朱波力邀促成的。

《感动中国》栏目组参与了四位“感动石化”人物的电视短片制作，他们用心灵去采访、理解、认同石化人。央视编导陈丽受王文清无私助人精神的感染，主动为王文清捐助的三名学生邮寄了学费。编导叶丁华说，丈夫把自己给了油田，油嫂把自己给了家庭，在这个特殊的行业中，女人也是山。面对 90 岁高龄的闵恩泽，敬一丹建议把嘉宾颁奖改为“向闵老表达敬意”。她还请闵老唱起《西游记》主题歌，以一句“又出发”激励我们续写石化事业的中国梦。颁奖结束后，两位感动石化人物被推荐给央视其他栏目，新华网播发了 2 小时颁奖晚会全程。

就是这样，第一届“感动石化”不仅促成感动之盟，石化人也以感动传播者、美好价值创造者的形象走入了主流媒体、专家学者以及更多人心中。

备战——感悟心灵

筹备首届“感动石化”历时 11 个月，尽管后期《感动中国》栏目组提供援助，但大量前期基础工作必须依靠报社内部力量。最后两个月，筹备工作进入倒计时，“感动石化”栏目组的协调会由每月一次调到每周一次，又调到每天一次，甚至有重要问题随时碰头，我们进入了备战状态。时任副社长杨守娟嗓子哑了，总导演王景“脾气”大了，各部门主力紧张起来了，大家都各司其职，用心用力投入工作。

首届“感动石化”各类文字材料加起来约几万字，但最精练也最关键的是颁奖词。我至今仍清晰记得杨社长审阅初稿后的第一句话："看了颁奖词，心里有底了！"之后，她又讲了对人物的理解以及修改意见。这就是报社的领导和团队，温暖又激励人心，让我在后面的修改以及其他文稿写作中都感到有支撑、有信心。

"感动石化"颁奖词与《感动中国》的相比，局限是人物都在石化行业，如何剥去行业符号，找到一种深入人心的精神力量，让大人物可学，小人物可敬，是最大的难点。我琢磨了三步法：保持安静，熟读人物，用心感悟。比如，闵恩泽的事迹早已家喻户晓，当时很纠结如何把握高度和个性。在一次聊天中，我了解到闵老 90 岁高龄仍像青年一样好学进取，这是多么可爱的老人，于是有了那句"当年的归国学子，而今的白发先生……他如'90 后'般意气风发"。还有倒班 43 年的工人师傅谢存义，他和家人的生物钟总不在一个频道，我想礼赞凡人，于是写出"在机器轰鸣的节奏里，你改变了自身的节奏；在装置高昂的旋律中，你平静地守住安全的低音……穿越白天黑夜，你的生命就是最美的劳动赞歌"！

在那段紧张筹备的日子里，"感动石化"栏目组的同事经常加班加点干到后半夜，没有一个人喊苦喊累，大家常常在讨论中激发灵感、相互鼓舞，齐心协力准备那场震撼人心灵的颁奖仪式。

呈现——感动延伸

2013 年的春天，3 月 29 日，在党组的高度重视和各部门单位的大力支持下，第一届"感动石化"人物颁奖仪式成功举办。10 位首届"感动石化"人物走上舞台，他们是锐意创新的石油工人代旭升，替企业"尽孝"的离退休干部权西京，持之以恒捐助他人的加油站长王文清，为残疾人撑起一片天的邵均克，倒班 43 年的炼化工人谢存义，用生命书写事业辉煌的刘家明，孝老爱亲的坚强油嫂杨克红，敢抓善管的国企领导干部李安喜，文化融合的美丽使者玛丽以及 90 岁高龄仍奋斗不息的炼油催化剂之父闵恩泽。

8 位集团党组成员出席并担任颁奖嘉宾，为这一代表石化人精神意义的奖项增添了分量。1.2 万余名石化职工在现场或通过直播观看了颁奖仪式。远程直播系统、石化新闻网微博收到留言近千条。这一刻，石化人把目光投向那些为石化事业发展作出重大贡献的人、默默奉献的人、向善向上的人，感受到身边人深邃的人格魅力，接受了一次深刻的精神洗礼。有员工留言，说：感动是一种养分，让生命的枝丫因此变得更加繁茂；这个舞台让平凡的人站在聚光灯下，让不平凡的事感动更多的人，给这个春天最美的笑容。新华社电视网总编辑陆小华说：“我看到一个我从未认识过的石化，这对于促使系统内外以新的眼光、从新的高度重新看待中国石化，有非常重要的意义。”

10 年来，已经有 58 个人物和团队走上“感动石化”的舞台，他们来自不同的岗位，他们是中国石化的精神名片，他们个人的精神光芒是石油石化优良传统的缩影与写照。“感动石化”像中国石化生产的能源产品一样，正在以强大的感染力传播和成长，成为前进的动力！

作者现为集团公司综合管理部党建协调室主任

看见生命的底色

孟 乐

他们站在舞台上接受鲜花和掌声的样子，多少和台下不太一样。

2015 年 3 月 29 日，湖北襄阳谷城县的一处民房前，我第一次见到杨玉琳。杏眼圆脸、下巴丰满、皮肤白皙，是民间普遍认可的“有福之相”。然而 2003 年，在她还不到 30 岁时，却遭遇了人生的绝杀——丈夫遭遇车祸，瘫痪在床。

多年来，杨玉琳不离不弃，一边尽心尽力工作，一边悉心照料丈夫。在丈夫不忍心连累自己，多次劝其改嫁，并以绝食相逼后，杨玉琳才答应丈夫改嫁的请求。但是杨玉琳做出决定：带着瘫痪的前夫改嫁！

本以为这个“顶天立地”的女子面对一切都会从容不迫，然而她在接下来的拍摄中多次打起了退堂鼓。

当摄像师匍匐在地，拍完杨玉琳走过雨后泥泞小路的镜头后，杨玉琳一个箭步冲上去，用胳膊一遍遍掸拭摄影师裤子上的灰尘。在她看来，北京来的“大导演”怎么能做如此辛苦的动作，而如此辛苦却是为了她——一个普通加油站里的普通员工。所以整个拍摄中，她嘴里一直嘟囔着：“看，我就是笨，要不就不拍我了吧。”

紧接着，在我撰写当年的“感动石化”人物颁奖词时，她又是第一个给我出“难题”的人！

2013 年 10 月，另一个男人王焱走进了杨玉琳的生活。杨玉琳和王焱办理了结婚手续，同时约定：前夫由杨玉琳和现任丈夫共同照顾。

那么问题来了：杨玉琳对前夫不离不弃，是因为之前的“情”还在吧？那和现任丈夫王焱，更是因为爱情才会走到一起。杨玉琳这种带着前夫改嫁的行为被歌颂和崇敬，到底该用怎样确切的词语去定性，去描述？

那段日子里，对她的颁奖词写了又删，删了又改，改了又觉得哪里不对……她脸上的红晕，她露出整齐牙齿始终微笑的样子，总在我脑子里盘桓。

某天夜里，在电话线的两端，我俩进行了一次长谈。她说其实伟大的不是她，而是她身后的那两个男人。她要这个家，她要每一个人都能好好的。这个“好好的”，被她重复了三遍。

她说她最爱山间的雪莲，不争不抢，优雅绽放。我终于明白，恐怕打她出生时，善良就已经刻在她的心上，善良对她就是一种本能！这种本能，可以让她在面对镜头时不知所措，也会让她在捧起奖杯时熠熠生辉。

颁奖词由是而出：“……把爱变成信仰，经得住风霜，听得到回响。你是一株雪莲，虽没有傲艳群芳，却开在最圣洁的殿堂。”

圣洁殿堂里，同是女性的宋丽萍，把爱播撒得更广。

1998年的春天，27岁的宋丽萍，走进乡镇敬老院，义务为老人洗衣、缝被。从那以后，她坚持奉献爱心至今。当初一些嘲笑她“傻”的人，后来却成了和她一样的“傻子”。

宋丽萍和杨玉琳个头长相竟有几分相似，都有认真踏实的笑容，都是一样的美。

我告诉宋丽萍，每个得到你帮助的人对你都感激不尽，我们身边要是多几个像你这样的人就好了。说到这里，宋丽萍停顿了一会儿。她的眼神似乎看到很远的地方：“我琢磨着，这种事其实是别人给我的一次机会。

我对世界的理解、交到的那么多朋友，都是通过这些机会。我相信每个人都有本能的善心，只是没有遇到机会。”

我能理解宋丽萍见到我时，急不可耐地解释颁奖前这些天的忐忑了。她想说的是：“不是我帮助了多少人，而是多少人让我有机会遇到他们。”说出这句后，她挺安心地笑笑。

想起 20 世纪 90 年代电视里某次对杨澜的访谈：“记者这个职业什么最吸引你？”杨澜不假思索地回答：“当你面对不同的人，听他们的故事，仿佛你也在经历他们的人生。想想，一个记者是不是就因此体验了好多次的人生？”

由此，我想说，每一次和感动人物的相遇，都让我看到生命的底色，都是我的幸运、我的充盈。看到下一届的“感动石化”人物，我会说：“来了？坐！感谢让我遇见你！”

作者为中国石化报社专刊部主任

六次签报发挥特殊作用——第六届“感动石化”人物评选宣传活动的幕后故事

刘建中

“感动石化”人物评选宣传，是中国石化报社精心策划的一个重大典型宣传活动，每次举办都取得了圆满成功。而第六届“感动石化”适逢中国共产党百年华诞，报社做出举全社之力完成好这次“感动石化”人物颁奖典礼的部署后，“感动石化”项目组迅速进入工作模式。我们综合协调组所做的工作都在幕后，从成立机构、组织谈判、请示汇报，到颁奖典礼前后一系列综合保障工作，为第六届“感动石化”的成功作出了贡献。综合协调组里有连续六届参加的李涛、王亮同志，也有第一次参加的陆杨、王雪、杨宇翔同志，大家的辛勤付出，领导和同志们都看在眼里，记在心里。

说到“感动石化”的幕后故事，我还是想讲讲六次签报发挥的特殊作用。从 2020 年 11 月 2 日到 2021 年第六届“感动石化”人物颁奖典礼结束，我们按照报社领导意图，一共写了六次签报。党组领导通过这六次签报，及时掌握了“感动石化”的筹备进展，对筹备工作进行了有力指导和大力支持。有几个“特殊”，跟大家分享一下。

第一个“特殊”：“感动石化”第一次作为重点工作被写进公司年度报告。2020 年 11 月 2 日，报社向党组提报《关于组织第六届“感动石化”人物评选宣传活动的请示》，建议将第六届“感动石化”人物评选宣传活动纳入集团公司党组庆祝中国共产党成立100周年活动。2020年12月底，集团公司召开年度工作会，时任党组书记、董事长的张玉卓同志部署2021年度工作时明确，要以庆祝中国共产党成立100周年为主题，组织“感动石化”人物评选，推出一批立得住、叫得响、传得开的重大典型，唱响共产党好、社会主义好、改革开放好的时代主旋律。这是“感动石化”第一次作为重点工作写进报告。

第二个“特殊”：“感动石化”第一次由集团公司党组表彰，并被确定为“中国石化党建品牌”。前五届“感动石化”次次精彩，但奖杯、证书上没有落款“中国石油化工集团有限公司”，成为大家的遗憾。在这次筹备过程中，我们在签报中建议：第六届“感动石化”人物评选宣传是集团公司庆祝建党百年重大活动之一，“感动石化”人物是集团公司党组选树的重大典型，表彰也应实至名归。我们的建议得到了集团公司党组领导的批准。为了这第一次，我们精心制作“感动石化”奖杯、证书，并把这第一次一一传递给了每一个获奖人物（团队）。在6月28日召开的中国石化庆祝建党100周年暨高质量党建推进会上，玉卓同志指出，评选“感动石化”人物已经成为具有鲜明石化特色的党建品牌。

第三个“特殊”：公司主要领导发表感言，肯定报社“立了大功”。6月23日，玉卓同志在颁奖典礼现场发表了《人生需要灯塔》的讲话，将整个颁奖典礼推向高潮，而这一次讲话也体现了签报的特殊作用。颁奖典礼前夕，报社通过签报，向党组领导汇报颁奖典礼准备事宜，并建议玉卓同志在颁奖典礼结束时发表讲话。正是这短短的一句话，让第六届“感动石化”人物颁奖典礼有了董事长的致辞。在颁奖典礼结束以后，玉卓同志当着治国、大鹏同志的面，对报社班子同志说：“今天，报社立大功了！”我们回来，迅速提报签报《奋斗百年路　启航新征程——“感动石化”人物颁奖典礼有关情况汇报》，玉卓、永生、赵东同志都做出批示，充分肯定了报社的工作。玉卓同志批示：“第六届‘感动石化’人物颁奖活动十分成功，要充分用好这一成果，加大宣传力度，展示石化人动人的精神风貌。”

按照党组领导的批示，在综合管理部、党群工作部、党组宣传部等部门的指导下，报社作为主办方，协调多方支持帮助、深度介入，集团疫防办、信息和数字化管理部、百川公司、管理干部学院、石化盈科等单位领导特别重视，聚焦颁奖典礼，统筹协调领导行程，仔细推敲典礼安排，及时发出通知预告，分头邀请到场嘉宾，特别筹划平台传播，精心提供会务餐饮、安全防护、联系媒体、人员进出、直播保障、舞台搭建等服务，给予了大力支持。因为好人好事太多，只好借这本书向大家表示感谢了。

作者为中国石化报社综合办公室主任

仰望灯塔

栗　阳

2013 年 8 月的一天，我接到了中国石化报社电视部原主任王景的电话。她告诉我，中国石化报社即将举办首届“感动石化”人物颁奖典礼，报社领导经过深思熟虑，想让我和央视的敬一丹老师共同主持。这一方面是对我专业的认可，另一方面也希望通过石化员工担任主持人，增加更多的石化元素。她还鼓励我，说：“栗阳，敬老师代表央视，你就代表我们中石化！好好准备吧！”

时隔多年，我仍记得挂了电话之后的心情。那是一种被认可的光荣，以及接受重大任务的兴奋和激动。

敬一丹与白岩松主持的《感动中国》是中国电视发展史上里程碑式的栏目。这两位主持人称得上电视主持界的灯塔。

那时，我在中原油田电视台工作，尽管与多名央视主持人有过同台主持经历，但对于这次任务，我有些许压力。因为主持人在其中的分量非常重，既有主持词口语化的表达，也有颁奖词诗一般的诵读，更有考验主持人新闻敏感性、语言组织、临场应变等综合能力的现场访谈。还有一点，敬老师比我年长，又是“大腕儿”，我和她能搭得起来吗？

之后的许多天，我反复观看、研究《感动中国》主持人的语言表达，也反复阅读、剖析“感动石化”候选人的故事……从此我与“感动石化”结下了不解之缘，一次次走进真善美的世界，一次次与高尚进行心灵对话，一次次从中汲取成长的养分。

主持时，敬老师说话声量不大，但每一个字都吐得十分清晰，娓娓道来中伴随着一种亲和，亲和中又蕴藏着一种睿智。看似平静的提问，让受访者迅速缓解紧张情绪，进而敞开心扉，吐露心声。在倾听中捕捉细节，于谈笑间驾驭舞台……舞台上，我学到了许多宝贵的专业技能。舞台下，我也多次感悟到德艺双馨的魅力所在。经常是直播开始前几分钟，我和敬老师还在商量最佳的开场白。她坚持让我用“这位是敬一丹”这样最平实的语言来介绍她，而不要加“著名的”。她看到百川公司服务人员布置会场时拿着尺子测量桌椅距离，立即拿起手机拍照，还赞叹道，这就是央企的标准啊！有一次，在活动举行的前一天，敬老师发微信告诉我，她的主持服装有变化，提醒我注意。

从 2013 年至今，“感动石化”人物颁奖典礼已成功举办了 6 届，我和敬老师也搭档主持了 6 届。8 年来，无论是“感动石化”人物获奖者，还是参与者，都在岁月流逝中悄然发生着变化，但总有一种力量始终未变，这种力量伴随着“感动”在积聚，在涌动，在迸发。

敬老师退休了，但依然从事着她热爱的工作，为公益事业奔走，富有激情，乐此不疲；“感动石化”人物闵恩泽、刘家明、吴吉林已经离开了我们，但他们为国家和社会创造的物质财富和精神财富从未离开；有的“感动石化”人物走上了更高平台、承担了更大责任，尽管工作变得更加忙碌，与家人更是聚少离多，但他们内心的那份坚贞与执着始终未变。

台上台下，镜头内外，我们被温暖包围着，感动的泪水一次次湿润了眼眶。也许是太过投入，也许是那一个个故事太令人难忘，往往是在“感动石化”人物颁奖典礼结束后很久，我的内心依然无法平静。脑海中时常浮现出某一个镜头或某一句话，就像一颗闪光的石头，掷入平静的湖面，涟漪一波又一波扩散开来。是否每一个亲身经历这场感动盛会的人都有同样的感受？记忆的硬盘中被植入了无法删除的“感动”程序，这种程序会在不经意间被触发、启动，与体内某种元素相结合，催化出一种能量，为你的内心和行动注入强大动力。

作为一名亲历者，我有幸见证了“感动石化”的成长、成熟和成功，它的品牌影响力越来越大，得到集团公司上下以及社会各界的广泛认同。央视《感动中国》栏目制片人朱波对“感动石化”给予高度评价。“感动石化”是感动中国联盟中唯一一家企业成员，它的成功成为央企典范。来，我们一起探究“感动石化”现象。如果把“感动石化”比作一场文化盛宴，那么，首先它做到了“精准菜系选择”，也就是顶层设计紧扣主题；其次是“精选最佳食材”，人物评选公平公正，体现了全面性、代表性；再次是“精心烹饪制作”，每个环节、每项工作都追求卓越，做到了无缝衔接；最后是“精美艺术呈现”，包括人物短片、现场主持、流程设计、舞美效果等相得益彰，体现大兵团、多工种、专业化作战优势，产生“接地气、聚人气、扬正气”的效果。

时任集团公司党组书记、董事长的张玉卓在第六届“感动石化”颁奖典礼上说：“人生需要灯塔，价值引领未来。我很幸运，我能近距离仰望灯塔，我也很幸福，因为灯塔的光不仅照进了我的眼中，更照进了我的心里。”

作者为中国石化报社视频发展部副主任

字斟句酌 领悟“感动”

徐 徐

因为“感动石化”，我有机会结识了敬一丹。

熟悉敬一丹的人都喊她“敬大姐”，亲近和善。可她比我母亲还年长两岁，这个称呼好像不太能喊出口。我喊她“敬老师”，对于新闻专业出身的人而言，用一句当下时髦的话说，敬一丹应该是 yyds（永远的神）般的存在。

2018 年，我开始担任“感动石化”的总撰稿。撰稿，简单地说，就是用文字去呈现“感动石化”人物颁奖典礼的各个主要环节，开场短片、主持人串词、颁奖词等，相当于脚本创作。除此之外，我还有一个重要的任务，就是跟主持人敬一丹沟通。

为了保持现场访谈的新鲜感，特别是为了找到感动火花，在颁奖典礼前，敬一丹一直采取接触而不走场的方式，即提前熟悉人物（团队）的事迹，但避免与获奖者深入接触，更不会就访谈内容进行事前沟通，主要通过观摩人物短片和倾听导演阐述间接了解、分析人物事迹，用自己对人物的感悟在现场直接与人物真实交流、自然碰撞、产生火花。

2018 年 7 月 12 日，是中国石化成立 35 周年的日子，也是第四届“感动石化”人物颁奖典礼举办的日子，我第一次见到了敬一丹。早上 9 点，我按照约定的地点去接她，一路上忐忑不安。初次见面，她冲我淡淡地微笑，打招呼，询问各环节情况，和电视里她的主持风格一样，开门见山、理性睿智，没有一点多余的话。第一次和这样的“大咖”对话，我紧张得手都不知道该放哪，只能一直不停地向她介绍获奖人物的情况，以免冷场。

看完我写的颁奖典礼台本，她对主持人串词给了两个字的评价：太长。敬一丹说：“主持人要懂得‘隐’和‘引’，‘隐’就是隐藏自己，无论写主持词还是站在舞台上，主角都是采访对象，而不是自己。在《感动中国》，主持人的作用就是用最短的时间、精练的语言，把人物‘引’出来，更多的时候可以设置悬念，吸引观众往下看，而不是一股脑儿把话都说完了，把事儿说透了。”

于是，“更短、更精练”成为我不断改进的目标。最难的是颁奖词，通过研究 18 年来《感动中国》的所有颁奖词我发现，颁奖词并没有固定的“体”或者套路，主要包含以下三个要素：言简而意丰、准确、优美。说起来容易，但要真正做到，写得到位、出彩，写得“巧”，是很难的。

每次写颁奖词之前，我都要花费大量时间去读获奖人的故事，大部分时候还会跟着摄制组提前深入基层一线“蹲点”，深入采访，走进获奖人的生活，一个人一个人地摸索，一个字一个字地推敲，找出关键词，再拓展成句，删掉那些不够贴切的，千百次地重新安排，直到找到最合适的那个字。写颁奖词的那一个多月里，不论何时何地我都在琢磨，坐地铁的时候，吃饭的时候，睡觉前……有时突然灵感乍现，想到一个闪光的词，马上记下来，尽管还不知道怎么安排字句。

从初稿到成稿，要经过十几次甚至几十次的修改，有时候甚至会全部推倒重来，最初写下的文字，改到最后一字不剩。但是，每改一次，都会有提升，就和工匠打磨一件艺术品一样，越来越精巧。

字斟句酌，追求极致，这是“感动石化”团队里的每一个人都有的一股精气神，也是我们石化新闻工作者对“求真务实、精细严谨、家国情怀、事争第一”的石化传统做出的最生动的注解。

“感动石化”团队里的每一个人都在镜头和舞台后面默默努力着，每天像游击队员一样悄然出发，按照岗位分工，有的在机房制作画面、特效，有的负责制作奖杯、证书、节目单，有的负责后勤保障，不管工作多么微不足道，大家都带着共同的信念，就是对品质的追求。

这是一个带着敬意和诚意的节目。心有敬意，就会用敬意来表达，用最大的诚意去做好。我们在做节目，感动别人，也感动自己，并时刻被身边的人感动，这种感觉真好。

感谢“感动石化”，让我能够有机会跟无数美好的心灵对话，向央视的新闻同行学习，有了仰视的方向，更读懂了责任如山的内涵。正因为有了这一个个闪亮的人物（团队），才让我们在滚滚红尘中仰起头，感受生命的美好，在泥泞的现实中，永怀明亮的星。

作者为中国石化报社记者部记者

与感动相约

沈青霞

作为“感动石化”连续六届的对外联络人，“感动”“感慨”“感触”这3个词始终萦绕在我的脑海。在与众多“感动石化”人物的零距离接触中，我看到了责任与担当，感受到了忠诚与坚毅。

2018年，经过层层评选，陈俊武院士当选第四届“感动石化”人物，当年他91岁。社领导担心他年事已高，不方便到现场领奖，让我联系时任洛阳工程公司总经理办公室主任郭彦民，请他询问一下陈院士的想法，谁料，陈院士欣然同意进京参加典礼。

2018年7月11日，颁奖典礼的前一天18时，陈院士和随行工作人员从洛阳乘坐高铁到达北京。当天，下着瓢泼大雨，时任社长陈维松、副社长杨守娟早早在陈院士下榻的宾馆等候。大约20时陈院士乘车到达宾馆。他头发斑白，身材消瘦，但是精神矍铄，不像90多岁的人。裤脚被大雨淋湿，随便一挽，亲和而随意。陈院士不顾舟车劳顿，稍作寒暄，便和社领导在宾馆大厅对接典礼现场相关事宜，陈维松社长对陈院士无比尊重，像小学生一样蹲在院士面前认真聆听。我问郭彦民主任要不要去吃点儿饭？郭主任摇摇头：“吃过了，陈院士嫌高铁上几十元的盒饭太贵，舍不得吃，我们下车后，在车站附近的快餐店点了一份最便宜的牛肉面。”

早听说陈院士“小气”：为节省公务开销，千方百计地省打车费、住宿费；不让专车接送，坚持步行上班；甚至主动放弃单位分配的一线城市住房，2014年7月，陈俊武所在的洛阳工程有限公司在广州建设新平台，规划住房时给他安排了一套180平方米的安置房，陈俊武坚决反对，说：“我年龄大了，主要在洛阳工作和生活，要广州那么大的房子干吗？”眼前这位为国家炼化事业作出杰出贡献的石化功勋老人，对自己如此“小气”，我们怎能不心生敬佩，怎能不心怀感动！

还有一位用生命与时间赛跑的科研工作者同样让我感动。

2019年5月，在第五届“感动石化”人物推荐阶段，我接到石科院综合办公室主任曹军生的电话。

电话里，曹主任激动地说：“他把生的希望让给了别人，把死的危险留给了自己……”曹主任的叙述倏然打动了我。

把危险留给自己的那个人就是李大东院士。我非常想了解这件事情的来龙去脉，于是到石科院进行了采访。

那是1993年7月初，时任石科院院长的李大东带领石科院科研人员在大庆石化总厂进行RT-1加氢处理催化剂工业试验。该催化剂具有较强的裂化性能，若能成功，这将是石科院正式跨入我国炼油加氢裂化领域的标志，意义非同寻常。

加氢催化剂预硫化是提高催化剂活性和延长催化剂寿命的重要环节。7月16日上午10时，硫化油和钝化油的混合油进入装置，因钝化油切换快，反应器入口温度高，导致催化剂床层迅速升温，加上裂化反应量大放热高，引起系统连锁反应。反应器出口的法兰最多只能承受500多摄氏度的温度，若持续升温超过600摄氏度，后果不堪设想。看着居高不下的温度，试验室里空气紧张得几乎凝固，此时此刻大家都明白，温度降不下来意味着什么。

生死关头，李大东当机立断，命令其他人立刻撤离，而自己却留在实验现场，并采取一系列降温措施。一分钟、两分钟、三分钟过去了……大家的心都提到了嗓子眼儿。温度终于慢慢降了下来，装置安然无恙，试验一举成功。欢呼雀跃的人们脸上却挂着泪水。

每个人都是血肉之躯，面临危险怎能不怕？没有生来英勇，只是选择无畏！

2021 年 6 月 22 日，在颁奖典礼彩排现场，我看见一位 30 岁出头的年轻人安静地坐在候场席的角落，不停地在笔记本上记录着什么，仿佛这里是他的办公室，嘈杂的彩排现场对他没有任何影响。

轮到他上场我才知道，他就是邓尚。邓尚是石勘院第二次推荐的候选人。通过采访得知，彩排间隙他正在梳理一个科研项目的进展要点，颁奖典礼一结束就回新疆汇报工作。当我问到顺北油田勘探近况时，他两眼放光，滔滔不绝，你能感受到他身体里迸发出的强大力量。他说："顺北油田又出现了一口千吨井，接下来还有两口井测试，估计也会高产……"

而立之年的邓尚博士毕业于美国斯坦福大学地质系，有着世界一流石油公司的工作经历，2016 年作为海外人才引进，入职石勘院。"我想去油田一线接触真实的生产数据，做出实实在在的科研成果"，这是邓尚入职时提出的"条件"。于是，在中国石化大西北的增储上产第一线，邓尚一干就是 6 年。6 年间，他年均驻疆 300 余天。

颁奖典礼后的 8 月 25 日，中国石化宣布：西北油田在新疆塔里木盆地顺北地区，发现了新的亿吨级油气区，2022 年 8 月 10 日，中国石化命名顺北油气田为中国石化"深地工程"顺北油气田基地。这正是邓尚和他所在的科研生产攻关团队支撑的成果——实现顺北油气田 4 号断裂带勘探突破与油气资源整体控制，他们为中国石化开辟了增储上产新阵地。

陈俊武、李大东、邓尚，他们是科研领域的优秀代表，在"感动石化"的舞台上，我们可以看到各行各业的感动人物，他们年龄不同、身份不同、事迹不同，但是他们带给我们的感动是相同的。年复一年，我们与感动相约。

作者为中国石化报社总编辑室高级主管

融媒传播 让感动一届比一届燃

刘锦妍

“我参加了6届‘感动石化’人物颁奖典礼，真是越做越好，选择的人物也越来越典型，极具鲜明个性和时代气息，各环节都衔接紧凑，过渡自然流畅，还全程直播，了不起！”

这是“感动中国”制片人朱波对最新一届“感动石化”人物颁奖典礼的评价，作为央视的知名制片人，他的点评专业权威。

“感动石化”为什么一届比一届燃?

从2012年到2021年，“感动石化”走过了9年。从启动评选到颁奖，分为三个阶段，历时五六个月：深度寻找人物—网络投票评选—现场颁奖典礼。每届“感动石化”人物评选都比上一届更具备时代特征。

特别是2021年最新的第六届“感动石化”人物评选，在经历了极不平凡的2020年以后，“感动”成为人们的集体感受。14亿中国人民万众一心、守望相助，共同抗击新冠肺炎疫情，其中逆行保供的石化人又何尝不令人感动。白岩松说过：“感动在这一年变得必须、必要，也那么必然。”不仅在人物选择上，本届评选在创新报道方面也有所突破，中国石化各媒体平台紧扣宣传重点，突出融媒体特点，人物传播更深入人心，创新手段赋能“感动石化”品牌，技术加持成为有力保障。

突破创新，为感动石化人物鲜活画像。第六届“感动石化”人物在宣传方面做了加减法，选择更加适合的形式呈现宣传内容。寻找初期，报纸、微信客户端、石化V视联动报道，同步推出。其中，微信客户端制作了两张长图海报一键式呈现81位推荐人，视频编辑与绝大部分推荐人进行了视频一对一连线采访，在特别推出的“感动石化”人物视频系列，构建人物专属记忆和印象，增加人物厚度和多元面。寻找中期，为便于传播，微信客户端为30位候选人制作了独家海报。揭晓阶段，将技术融入报道，采用SVG特效动感呈现10位获奖人物和团队，推动典型人物从平面走向立体。

硬核保障，为“感动石化”人物投票护航。投票阶段，共投入36台服务器保障投票顺利进行，仅中国石化报微信公众号单一入口参与投票数就近25万人次，企业参与热度爆棚，屡创新高；直播环节，颁奖典礼通过中国网、光明网、中国石化新闻网、石化V视同步直播。截至发稿时，仅光明网直播观看量就达46.8万人次，后台留言中多处温情文字直击人心，获奖人物形成的情感力量不止于现场传播。

黏性传播，为“感动石化”人物品牌添彩。在突破创新与硬核保障的成功实践基础上，本届“感动石化”影响力再次升级，各媒体平台关注量和点击量都有质的飞跃。中国石化报微信公众号关注量增幅显著，先后打造了多篇阅读量破万的热度推文，在评论区营造了一股积极向上的留言热潮。活动结束后，中国石化报各媒体持续关注，及时跟进报道，形成“雪球效应”，第一时间刊发“台前幕后”揭秘文章，从不同角度讲述颁奖典礼的故事，做好后续余热宣传工作。

哪里有感动，哪里就会有勇气。“感动石化”的9年，历久弥新，仍时时给人以深深的触动，细数历年人们投票选出的获奖者，既有为解决人民穿衣出行等民生问题而追梦一辈子的院士，也有在加油站默默奉献的普通员工，打动人心的不一定惊天动地，寻常的坚守也不一定普通。

不惧其大、不厌其小，这就是“感动石化”，其坚持关注的，是时代微尘中的粲然星光；其所嘉奖的，是人们始终不忘的石油精神与石化传统。“感动石化”人物出现在中国石化的每个岗位中，虽然工作性质不同，但他们身上所展现出的精神气质是一样的，都有一种感动人心的力量。

在“感动石化”人物颁奖典礼闭幕时，主持人说：“明年再来感动吧。”

作为“感动石化”幕后工作者之一，我想说，让这些感动持续一年又一年吧，让我们都成为追光的人。

作者为中国石化报社新媒体部编辑

幕后视角看“感动石化”

孙宝义

“还有10秒……5，4，3，2，1，灯光、音乐准备，大屏切到结尾画面……”伴随着“感动石化”的音乐旋律进入尾声，观众们纷纷上台合影留念。“奋斗百年路　启航新征程”第六届“感动石化”人物颁奖典礼落下帷幕，这也意味着这次活动现场保障任务圆满完成。

自2012年4月，“感动石化”人物评选活动启动以来，至今举办了6届，圈粉无数石化员工，活动的成功离不开台前幕后各个环节的默契配合，其间我负责的主要工作是舞美设计、技术协调以及活动保障。对于舞美设计，9年6届的“感动石化”人物颁奖典礼最大的特点是配乐、色彩风格、形式、主持上都保持了统一的风格，但是每个人物和团队又各有特色。

感动无声但可传递。58个感动石化人物和团队给我留下深刻印象的有“时代楷模”陈俊武院士、43年为了工作巡检路程能绕地球一圈的谢存义、偏远井采油女工薛梅、铁军普光应急救援中心、“油三代”杜莉等，企业壮大的背后注定有太多的奉献甚至牺牲，他们每个人扬在脸上的自信、植于心底的善良、融进血里的骨气、刻进生命里的坚强都让我记忆犹新。每个人都在各自的岗位上展现出崇高品质，无论在工作还是生活中，都能寻找到他们的身影。比如，对于奉献和索取，陈俊武院士说：“奉献小于索取，人生就暗淡；奉献等于索取，人生就平淡；奉献大于索取，人生就灿烂。”陈老的这句话一直影响着我，要树立正确的价值观，清晰认识奉献和索取的意义。再比如，普光应急救援中心的铁军作风，得益于日常训练中的纪律严明、克己奉公，造就了拉得出、打得赢的消防队伍。他们都是中华大地上平凡的人，默默无闻地奉献，点点滴滴地付出，我为之震撼，为之感动。

感动无形却有力量。这种规模宏大的节目现场录制绝对不允许出现任何意外。最让我骄傲的是，负责“感动石化”现场设备以来，从没有出现过故障，这要归功于细节的把控。细节是要靠时间打磨的，颁奖典礼临近，吃、住基本在机房了，白天沟通人物的出场、照片的选择修剪、视频片的修改等，晚上整理材料和做设计工作，因为很多事情第二天早上都要开会确定，有时候导演凌晨1点才回家，3点又打来电话商量更好的创意，也有时候我们会因为某个细节意见不同争论不休。颁奖词设计是这场活动的一个重要环节，它决定了是否能完美地呈现人物故事。制作颁奖词的字幕也是后期制作最耗时费力的一个环节，字幕需要逐字逐句核对，还要确认是否与出场方式相匹配，每渲染一个人物的视频更是需要一个多小时，修改一个字或者一个占位符都要重新打包、渲染！

安全无事故播出是有诀窍的。最稳妥的播放方式是切割画面，屏幕设计尺寸不能和视频尺寸统一，这就需要投入大量精力计算屏幕尺寸，精确值是在1像素，如果有画面改动则连带的视频都需要改动，为了安全播放，耗时费力在所难免。

感动在台前，也在幕后。忙忙碌碌20多天，终于迎来了设备进驻场地，这一般是在活动举行的前3天晚上，这3天是最重要的时段，因为所有设计稿都要在现场一一实践，再进行反复彩排。就这样修改、测试、讨论循环往复，每修改一次都会在文件名后面标注“修改1”“修改2”等字样，结尾的MV最后一次标注是“修改17”。在调试设备现场，技术人员边调试设备边观看感动人物的事迹，负责这场晚会的工作人员都很受感动人物的影响，我们大家只有一个共同的目标：以最完美的形式呈现这场仪式！为了这个目标，尽管经验丰富，但所有工作还是要提前准备，每个细节都要再三检查确认。无线信号的干扰、设备的每个接口、电压负荷、设备走线的安全等都一一检查。

在彩排过程中，各岗位老师很容易沉浸在人物故事视频片当中，以致影响各环节的配合，负责大屏幕的许老师说："这是我接过的最催泪的活！"负责音乐制作的王老师在看人物片的时候潸然泪下。迫于无奈，我们只能在播放视频的最后时段喊话提醒大家不要沉浸在故事当中，每届都如此。

"感动石化"人物颁奖典礼是唯一一档伴随我 9 年职业生涯的活动，每每看到"感动石化"人物的感人事迹，都控制不住自己的眼泪。以普通人的平凡书写不平凡的人生，他们身上闪耀着的光芒，展现着人性里的善良、认真、坚持、无畏。看着他们就会觉得这真是个美好的世界，要感谢太多太多的石化人用光阴抒写感人故事，感谢他们感动石化。

作者为中国石化报社电视部编辑

塑造“感动石化”品牌的探索与实践

杨守娟 张西义 肖 浩 杜 波 刘建中 徐 徐 陆 杨 王 雪

中国石化报社是中国石油化工集团有限公司直属事业单位。1988 年 7 月 1 日《中国石化报》创刊至今，我们始终坚持“高举旗帜、党性立报”的政治要求，始终坚持“为中国石化鼓与呼”的办报宗旨，把“媒体质量优、传播效果优，党组满意、企业满意、受众满意”作为根本追求，团结带领石化新闻工作者，宣传中央精神，服务党组决策，报道企业改革，讲好石化故事，树立央企形象，为中国石化改革发展稳定提供了强有力的新闻宣传服务，我单位也从只有一份名不见经传的纸媒发展为“报刊台网屏”一体的融媒体传播中心。

一、实施背景

“感动石化”全称“感动石化”人物评选宣传活动，是中国石化报社精心塑造的典型宣传品牌。2012 年初，为“迎接、宣传、贯彻党的十八大”，落实中央宣传部等 5 部委关于开展“走基层、转作风、改文风”活动的要求，提高媒体的传播力、影响力，我单位于 2012 年 4 月策划第一届“感动石化”，到 2021 年 6 月 23 日第六届“感动石化”颁奖典礼举办，58 个先进典型被评为“感动石化”人物（团队），“感动石化”也从典型宣传活动成长为在系统内外“叫得响、立得住、传得开”的石化党建品牌。“感动石化”的诞生和发展，不是偶然，也是有多重背景的。

（一）把媒体作为举办活动平台，并用来打造媒体品牌、提升关注度、扩大影响力已成为共识

从中央媒体看，《感动中国》《大国工匠》《朗读者》等在很大程度上弘扬了我国的优秀民族文化，展现有血有肉的真实人物情感，观众在观看节目过程中产生强烈的情感共鸣，实现文化感染人、鼓舞人、教育人的传导作用，在潜移默化中树立正确的价值观。从地方媒体看，湖南卫视、浙江卫视等地方媒体近几年来广泛吸引大众目光，《奔跑吧》《演员请就位》《明星大侦探》等综艺节目，以其新颖的题材结合大众的兴趣爱好，充分调动大众收看的积极性和兴趣，最大限度提升节目的收视率，产生了很大的反响。从行业媒体看，以各大财经类媒体为例，《大国创新》《财经郎眼》《对话》等节目，从百姓的经济生活出发，围绕突发事件、热门人物或热门话题，通过一系列访谈节目，与观众建立学、评、议、访相结合的交流模式，成为真实财经信息的传播者和推动者，建立了良好的信誉声誉。

（二）“中国石化先进典型层出不穷”为“感动石化”提供了深厚土壤

先进典型的宣传是党的新闻舆论工作中的重要一环。十八大以来，集团公司始终坚持把典型选树与典型作用发挥有机结合，广泛开展全国优秀共产党员、全国劳模、最美工人等典型的层层推选、学习、宣传，先后涌现出“感动中国”获奖人物闵恩泽、“时代楷模”陈俊武等一大批践行习近平新时代中国特色社会主义思想的先进典型。我单位各媒体每年宣传先进典型达 600 多人次，先进典型这个大“库”已经非常丰富，亟待新闻媒体进行深度挖掘，更好发挥先进典型的作用，进一步激发全公司广大干部员工学先进、当先锋的活力动力。

（三）“感动石化”的目标与“建设具有强大精神感召力的中国石化”高度一致

党组提出“石油石化传统是中国石化宝贵精神财富”“要建设具有强大精神感召力的中国石化”。作为媒体，我们必须想党组所想，急党组所急，形成与公司规模实力相匹配的影响力，“感动石化”正是聚焦打造“强大精神感召力”，抓住中国石化广大干部员工精神文化需要的新变化，通过“群众语言”，把“身边榜样”的“感人故事”讲出来，引导员工向上向善、见贤思齐，为中国石化打造世界领先企业汇聚干事创业的磅礴力量。通过“感动石化”，让更多人知道中国石化、了解中国石化、贴近中国石化，让中国石化“党和人民好企业”“负责任国际化大公司”的形象走进千家万户。

（四）传统的典型宣传模式达不到预期的宣传效果

长期以来，企业典型人物宣传似乎形成了一套固定模式：领导确定典型—典型所在单位或者相关部门组织材料对典型进行塑造—媒体按照指令同步进行“地毯轰炸式”宣传—领导对典型命名表彰号召开展学习活动—典型事迹报告团巡回演讲扩大影响—基层单位学习座谈提出行动措施，具体操作时可能会有环节上的增减调整，但思路是近似的。在这个模式中可以看出，典型人物的宣传报道往往是在行政命令下的程式化运作。当然，这套运作模式可以在短时间内树立典型人物的知名度和影响力，达到宣传目的。但是，受众完全处于被动接受状态，容易产生逆反心理，往往收不到预期的传播效果。

二、内涵

宣传思想工作是党的一项极端重要的工作。我们党历来高度重视，毛泽东、邓小平、江泽民、胡锦涛都对宣传思想战线的领导，发挥宣传思想领域和宣传思想工作队伍的作用作过重要论述。党的十八大以来，习近平总书记总揽全局，统筹中华民族伟大复兴战略全局和世界百年未有之大变局，以极大精力亲自谋划部署、亲自指导推动，提出了一系列新思想新观点新论断。党的历代领导人对宣传思想工作的论述，为我们做好新闻宣传工作指明了前进方向，为办好“感动石化”提供了坚实理论支撑。

（一）“感动石化”遵循“正面宣传为主”的基本方针

牢牢坚持正面宣传为主，是新闻舆论工作的重心和支点。我们正在进行具有许多新历史特点的伟大斗争，面临的挑战和困难前所未有，必须坚持巩固壮大主流思想舆论，弘扬主旋律，传播正能量，激发全社会团结奋进的强大力量。“感动石化”全称感动石化人物评选宣传活动，通过对先进典型的微观深度挖掘，在讲好一个个鲜活真实的感人故事中，宏观横向拓展，聚焦党和国家工作大局，做好中国梦、中国道路、中国理论、中国制度、中国精神、中国力量的宣传，聚焦中国石化改革发展，做好具有强大战略引领力、强大民生保障力、强大精神感召力的中国石化的宣传。

（二）“感动石化”是“深入做好典型宣传”的创新呈现

党的新闻舆论工作的主要内容有：突出做好习近平新时代中国特色社会主义思想宣传、及时准确做好形势政策宣传、精心组织重大主题宣传、深入做好典型宣传、稳妥做好热点引导、积极做好突发公共事件新闻报道和舆论引导、正确开展舆论监督、坚决开展舆论斗争、做好涉港澳台舆论工作，第四项就是“深入做好典型宣传”，“感动石化”就是我单位精心塑造的典型宣传品牌。10 年来，“感动石化”将笔端和镜头对准基层一线，寻访先进典型人物的工作、生活轨迹，撷取他们在时代发展大潮中的奋斗历程，讲述他们爱岗敬业、恪尽职守的感人故事，讴歌他们苦干实干、奋斗奉献的优秀品质，树立起了中国石化“大国顶梁柱”“党和人民好企业”形象的群英图谱。

（三）“感动石化”是“打造有影响力的传播平台”的实践探索

当前，一场前所未有的信息革命，推动整个世界进入信息化社会和全媒体时代，出现了全程媒体、全息媒体、全员媒体、全效媒体，舆论生态、媒体格局、传播方式发生深刻变化，“做好宣传思想工作，比以往任何时候都更加需要创新。”中央要求，要打造有影响力的传播平台，行业类媒体要找准自身定位，发挥资源优势，不断深化改革，增强内生动力，立足本领域本行业精耕细作，努力扩大品牌覆盖面和影响力。我单位自觉以习近平新时代中国特色社会主义思想为指导，紧紧围绕中国石化改革发展中心任务，锚定“打造有影响力的央企领先的中国石化融媒体中心”目标，全力打造展示中国石化党组捍卫“两个确立”、践行“两个维护”具体行动的重要载体，全力打造传播中国石化胸怀“国之大者”、扛稳“三大核心职责”实践成果的重要平台，全力打造讲述中国石化“为美好生活加油”生动故事的重要阵地，创新方法手段，塑造了“感动石化”这一典型宣传品牌。

三、主要做法

（一）做好顶层设计，确保感动人物“立得住”

哪些人能最终入选“感动石化”？评选如何取舍？谁最感动人？这些问题人们普遍关心，也是组委会推选时面临的艰难抉择。组委会明确要求，“感动石化”人物必须具备“五性”：

第一，先进性。“感动石化”人物，必须积极践行社会主义核心价值观，必须大力传承石油精神、弘扬石化传统，以精细、严谨、务实、创新的作风，做出不平凡业绩，是先进典型中的先进典型。廉洁方面不能有任何问题。

第二，代表性。“感动石化”人物选择要综合考虑上中下游各板块平衡、人员结构、年龄结构和人物故事差异，尽可能分布在中国石化多个群体中间，让广大干部员工感到，“感动石化”人物就在我们身边，学有目标，追有榜样。

第三，时代性。“每一个打动人心的人物不是孤立存在的，而是与具体的时代背景相连接的，与发生的新闻相联系的，与这个时代的追求相吻合的。”人物的选择，拍摄的脚本、事迹片、典型故事，要符合时代的要求。

第四，真实性。坚持用事实、故事说话，用生动的情节和细节说话，做到事迹真实、思想真实、情感真实，确保“感动石化”人物树得起、立得住，让“感动石化”人物可信、可敬。

第五，共鸣性。“用感性的方式表达，以细节的魅力展示，积聚震撼人心的人格力量，用石化人的心路历程来见证重大的新闻事件”，与广大干部员工和系统外的广大受众形成心灵上的共鸣、触动情感上的泪点，产生“真感动”的典型宣传正效应。

（二）严格筛选程序，确保评选结果“信得过”

“感动石化”人物评选，采取“总部职能部门指导、我单位主办、企业党委推荐、媒体联动报道、广大员工参与”的组织模式，做到评选过程透明，筛选程序严格，确保人物事迹的真实性和可信性。评选宣传主要围绕三个阶段展开：

第一阶段：寻找感动人物。“感动石化”人物评选委员会面向石化全系统征集人物线索和素材，系统内各企业、各单位共同寻找感动、传播感动，在本企业（部门）内部开展以“感动”为主题的人物评选，每个企业（部门）向“感动石化”人物评选委员会推荐一名人选。第六届“感动石化”人物评选活动共推荐感动石化人物（团队）81 个，我单位媒体开设“寻找感动石化人物”专栏，持续宣传报道推荐的 81 个先进典型人物（团队），同步开启“感动石化”人物评选宣传活动。中国石化报策划推出了

27个专版，寻找“感动石化”人物。中国石化新闻网、中国石化报微信公众号、石化新闻App发挥融媒体平台优势，制作专栏，定制长图、H5新闻，为“感动”造势，立体式传播人物事迹，提高人物评选活动受众参与度，扩大品牌影响力。

第二阶段：确定30位候选人物。汇总各企业、各单位所荐人物，经我单位各媒体平台联动报道，“感动石化”人物评选委员会初评，选出30位候选人物（团队）。我单位各媒体平台开展第二轮专题报道，继续深入挖掘30位候选人物（团队）先进事迹，组织编辑记者对每位候选人物进行专题采访报道。在第六届“感动石化”人物评选活动中，我单位通过2020年新创办的短视频平台——石化V视同步展播人物事迹，报道评选动态，18个推送视频获得了超71万次播放量的较好传播效果。

第三阶段：网络投票和综合评定。中国石化报微信公众号公布候选人名单与事迹，广大石化干部员工投票评选，从30名候选人物（团队）中选出10名。第六届“感动石化”人物评选活动5天时间投票总数超过了170万票，活动人气（访问量）超970万次。“感动石化”人物评选委员会在前期宣传的基础上，开展大量调研和讨论，结合以往评选工作经验，考虑中国石化上中下游各板块平衡、人员结构、年龄结构和人物故事特点，参考干部员工网络投票、企业投票和总部专家投票结果，经综合评定，10个人物和团队最终脱颖而出，报集团公司党组审核确认后，按入选名单摄制人物专题片。

在“感动石化”人物评选过程中，受众投票参与，通过移动端传受互评，整个过程让受众在心理上获得了一种满足感，典型人物也更容易获得认同和支持。企业不同业务领域、不同年龄层面、不同价值取向的员工都能通过“感动石化”找到自己认同的典型人物，典型传播的覆盖面更广，品牌认可度更高。

（三）办好颁奖典礼，确保现场呈现“真感动”

“感动石化”是新时代石化人精神风貌和责任担当的真实写照，体现的是中国石化对国家的忠诚、对社会的贡献、对人民的大爱，更是掀起榜样就在身边、奋勇争先的浓厚氛围。颁奖典礼是最重要的环节，我单位通过深挖“感动点”，采取留有“意外”的精心设计，让颁奖典礼成为精神殿堂，通过“真感动”让每一位观众接受一次精神洗礼。

第一，播放短片。凝聚了事迹挖掘、人物采访、编导制作等前期新闻生产成果，它以“真实为灵魂、人物为主角、故事为载体、情感为核心”深挖细节，力求达到触动人的情感、震撼人的心灵的效果，为观众提供饱满的信息和情感体验，是一部浓缩“感动点”的“新闻大片”。

第二，现场采访。主持人事前不走场，主要通过观摩事迹片、倾听导演阐述，了解、分析人物事迹，凭着高超的专业水准、自己对人物的感悟，保持现场初次采访的新鲜感，与获奖者真情交流，自然碰撞，产生火花。例如，在首届“感动石化”颁奖典礼现场，面对敬一丹关于喜欢哪首歌的提问，闵恩泽院士回答是《敢问路在何方》。他说这里面蕴涵着各尽所能的团队精神和不断战胜困难、坚持不懈的精神，只有具备这两种精

神，才能让我们的事业成功。敬一丹随即提出，请闵院士现场清唱几句。

“你挑着担，我牵着马，迎来日出，送走晚霞；踏平坎坷，成大道，斗罢艰险，又出发，又出发……”他用清晰又略带乡音的歌声，表达着自己对人生和事业的理解。闵院士唱歌这一环节，事前未经任何彩排和设计，却成为“感动石化”令人难忘的访谈之一，在观众心中留下了美好记忆。每一次颁奖典礼，现场访谈总能因这些“意外”，打动观众，让观众感到那么“真实”。

3. 致敬颁奖。致敬词是组委会为每位获奖人物“量身”打造的，它准确贴切、朴素平实，打动人心而又能够经得住反复诵读。举个例子，组委会给陈俊武的致敬词：“俊骥伏枥小众山——守青春投学，鲐背躬耕；爱国有志，报国有恒。将梦想的火花，化作绽放的‘金花’，事业需要你在哪里，你就扎在哪里。数不清的图纸，画一世情怀；停不下的耕耘，成松木参天。春风桃李传薪火，不用浮名绊此身。青山夕照，你怀揣千里宏志，再启程。”

致敬颁奖，对感动人物来说，就是“超凡魅力”形象与地位的社会授予。

（四）立体融合报道，确保典型事迹“传得开”

一方面，用好融媒体。我单位“报刊台网屏”围绕“感动石化”人物寻找、遴选、评选和揭晓各个阶段，开设栏目，与企业联动，为感动石化人物画像立传。10 年来，我单位报道先进典型 6000 多人次，“感动石化”候选人物 476 人次，选树“感动石化”人物（团队）58 个。他们中间：

有中国石化的资深院士闵恩泽、徐承恩、陈俊武、李大东、蒋士成，也有风华正茂的青年才俊王涛、杜莉、邓尚。

有敢抓敢管的管理人员刘家明、李安喜、刘言，也有苦干实干的岗位能手曹绪龙、张恒珍、景天豪。

有奉献一线的基层员工谢存义、穆合塔尔·沙吾提、赵甸生，也有留守海外的项目负责人张从邦、王志伟、李恩朋。

有一心想着党的事业、石化事业、退而不休的老同志李干生、张方兴，也有凡人善举、孝老爱亲的石化优秀儿女许慧春、邵均克、杨克红。

有身到心到的扶贫团队，还有攻坚克难的战斗堡垒。

他们生动诠释了社会主义核心价值观，生动注解了石油精神、石化传统，生动展现了“为美好生活加油”的使命担当。通过宣传，这些感动人物被大家认识、热议和追捧。

另一方面，广泛“求关注”。现在的媒体宣传，已经进入广泛“求关注”的时代。如何让“感动石化”发挥更大作用，我单位尽其所能，影响有影响力的人，影响有传播力的人，影响有执行力的人，影响有需求的人。

每次颁奖典礼，我单位都会邀请嘉宾到场指导，时任中国记协党组书记刘正荣、书记处书记张百新，中宣部宣教局、国资委宣传局领导，《感动中国》制片人朱波和推荐委员陈小川、陆小华，还有连续六届主持“感动石化”颁奖典礼的央视著名主持人敬一丹，他们纷纷表示，希望有更多的机会把这些人介绍给全社会，让全社会了解这些可爱可敬的中国石化人。

每次颁奖典礼，我单位都会邀请公司所有在京领导，总部部门、在京单位和获奖人物所在单位的领导出席，并通过总部下发通知要求全系统观看。其中 3 次颁奖典礼党组领导发表感言。在第六届颁奖典礼上，时任集团公司党组书记、董事长张玉卓发表了《人生需要灯塔》的即席讲话，通过石化 V 视、中国石化报社微信等媒体传播，阅读量、点赞量双双“破圈”。

每次颁奖典礼，组委会都会邀请在京主流媒体予以报道，人民网、新华网、北京青年报等 24 家媒体记者在现场见证“感动石化”人物揭晓，中国网、光明网同步直播，第六届颁奖典礼当天，仅光明网直播观看量就达 46.8 万人次，新华网还将 10 个“感动石化”人物（团队）剪成一个个独立的视频进行传播，进一步在全社会树立中国石化“党和人民好企业”的形象。

每次颁奖典礼，组委会都会要求各单位用好“感动石化”这一资源，通过二次传播、三次传播，让干部员工在感动中进一步激发奋进的力量。据统计，2021 年，超过 60 家直属单位的微信公众号对“感动石化”颁奖典礼做了专题报道，10 个先进典型所在单位更是进行了大力度宣传。

中国新闻网

首页 — 社会新闻 字号：大 中 小

第六届“感动石化”人物揭晓 院士蒋士成获奖

2021年06月23日 22:24 来源：中国新闻网 参与互动

中新网北京6月23日电(记者 张旭)6月23日，中国石化在北京举行第六届感动石化人物颁奖典礼，蒋士成院士等10个人物和团队获评“感动石化人物”称号。

10个获奖人物和团队分别是：中国工程院院士蒋士成、湖北石油李郑军、胜利油田曹绪龙、茂名石化杨越、石油勘探开发研究院邓尚、沧州炼化曹湘莉、集团公司东乡扶贫团队、胜利石油工程公司李恩朋、中原油田杜莉、广东石油佛山南海一党支部。

颁奖典礼现场。中新网记者 张旭 摄

人民网 people.cn

致敬石化平凡英雄 第六届“感动石化”人物揭晓

2021年06月24日15:09 | 来源：人民网

中国石化第六届感动石化人物颁奖典礼。受访者供图

首页 时政 国际 财经 视频 富媒体 科技 文化 健康 军事 思客智库 政务 商务

学习进行时 高层 全球连线 理论 网评 法治 人事 廉政 地方 港澳 台湾 教育 科普 体育 直播 访谈 图片 信息化 上市公司 乡村振兴 中央文件

2022 中国企业家井冈山论坛 JINGGANGSHAN FORUM FOR ENTREPRENEURS 8月3日-5日 中国·井冈山 组委会：010-88050841 / 88050835

新华网 > 能源 > 正文

2021 06/24 14:39:27 来源：新华网

中国石化举行第六届感动石化人物颁奖典礼

字体：小 中 大 分享到：

6月23日，中国石化在京举行第六届感动石化人物颁奖典礼，蒋士成院士、中国石化东乡扶贫团队等10个人物和团队获评“感动石化人物”称号。

鲜花掌声，真情涌动。平凡英雄，感动其中。10个获奖人物和团队分别是：中国工程院院士蒋士成、湖北石油李郑军、胜利油田曹绪龙、茂名石化杨越、石油勘探开发研究院邓尚、沧州炼化曹湘莉、集团公司东乡扶贫团队、胜利石油工程公司李恩朋、中原油田杜莉、广东石油佛山南海一党支部。

中国石化党组书记、董事长张玉卓表示，举办第六届感动石化人物颁奖典礼具有特殊的重要意义。获奖同志有年逾耄耋的资深院士，有风华正茂的青年才俊，有敢抓敢管的管理人员，有奉献一线的基层员工，有身到心到的扶贫团队，还有攻坚克难的战斗堡垒。他们都有一个共同的名字，那就是共产党员。他们生动诠释了社会主义核心价值观，生动注解了石油精神、石化传统，他们的事迹让我们深受感动、深受教育、深受鼓舞。

张玉卓指出，人生需要有灯塔，价值引领未来。当前，中国石化正加快构建“一基两翼三新”产业格局、打造世界领先洁净能源化工公司，特别需要精神的力量。

2022 中国企业家井冈山论坛

新闻热榜

1 新华社评出2021年国际十大新闻

2 年终奖计税优惠政策将延续

3 防疫、天气……重要提醒，事关“双节”

4 西安累计报告本土确诊病例1117例

5 中国高铁运营里程可绕赤道一圈

（五）实施项目运作，确保筹办过程“高标准”

在六届的筹办过程中，党组主要领导亲自安排，在近几年党组年度工作部署中，明确将“感动石化”人物评选宣传活动作为重点工作之一。

"感动石化"标准高、要求严、时间紧、任务重，为办好"感动石化"，我单位全力以赴。

1. 实施项目制管理。我单位成立"感动石化"项目组，主要领导任组长，一名分管领导任副组长，从各部门、各媒体抽调精兵强将，组成策划制作、宣传报道、综合保障三个工作小组。策划制作组负责人物采访、专题片拍摄制作、揭晓仪式台上展示部分、协调"感动中国"给予支持等，努力追求创新，做到精彩呈现。宣传报道组负责"感动石化"人物寻找、候选、揭晓暨后续传播四个阶段的宣传，加大融合报道力度，力争取得更好的宣传效果。综合保障组负责"感动石化"人物评选活动的项目招标签约、揭晓仪式现场的各项保障工作，努力做到精心服务、协调顺畅、保障有力。

2. 采取挂图式作战。制定运行图，明确控制点，从策划到呈现，从台前到幕后，各司其职，分工负责。记者编辑深入实地找"感觉"、挖"细节"，以"真实为灵魂、人物为主角、故事为载体、情感为核心"，打造精品人物短片。解说词专人统稿、风格协调、视角多元、叙事生动、夹叙夹议、饱含深情。致敬词用意丰、准确、优美的 100 字左右的文字，抓住感动人物事迹中最具含金量的细节。颁奖典礼现场搭建，布景、灯光、音乐、仪式无不凸显"感动"主题，在红色背景、金色主题、心形钥匙水晶奖杯等"大统一"中追求细节变化，力求每次颁奖典礼都带来新的视觉感受。在颁奖典礼进入紧张筹备阶段，党组领导召开专题会听取汇报、研究推进，要求越到最后关头，越要牢记"细节决定成败"，切实做到精益求精，万无一失，精彩呈现。我们把党组领导视察现场的视频、图片发到筹备小组群里以后，大家深受鼓舞，更感责任重大。

3. 寻求多方面支持。"感动石化"评选宣传活动是一个系统工程，获奖人员怎么选，廉洁方面过不过得硬，设备怎么进场，舞台怎么搭设，能坐多少嘉宾，用电能不能保证，网络直播、消防安全是否能够得到百分之百保证……每次都在综合管理部、党群工作部、党组组织部、纪检监察组、党组宣传部、信息和数字化管理部、百川公司、石化盈科以及获奖人物所在单位给予的大力支持下，一系列“？”变成了我们的“！”。

4. 开展“双学双提升”活动。我单位提出，要持续开展“双学双提升”活动，即学感动人物，提升思想道德品质；学央视同行，提升新闻专业技能。“感动石化”项目团队距离“感动石化”人物最近，对他们的事迹了解更深入，颁奖典礼结束后，我单位都会以“台前幕后话感动”为主题，从不同角度讲述颁奖典礼台前幕后的故事。项目团队和“感动中国”制作团队近距离工作，聆听敬一丹强调主持也要和书法绘画一样，注意“留白”的经验分享。敬一丹、朱波已经连续6次参加“感动石化”颁奖典礼，对“感动石化”给予高度评价。我单位同志们讲，“感动石化”是服务党组的里程碑，是新闻宣传的新高峰。“虽然很忙，但很快乐，很有收获！”通过筹办“感动石化”，提高了政治站位，受到了教育激励，提升了能力素质。

四、实施效果

成功的管理现代化创新能让企业产生巨大的经济效益，而媒体成功的管理现代化创新，能产生巨大的社会效益，也必将扩大与之相关企业的声誉度和影响力。我单位在塑造“感动石化”这一创新成果的实践中，取得了良好的效果。

（一）进一步塑造了中国石化的良好形象

央视“感动中国”推荐委员陆小华说：“通过颁奖典礼，我看到了一个全新的中国石化，感受到了以前从未感受到的‘石化感动’，我相信这些‘感动者’的事迹、言行和感悟，足以感动石化系统以外的人。”央视著名主持人敬一丹在主持颁奖典礼的台前幕后，洋溢着对“感动石化”人物的敬佩、对中国石化的敬意，她说：“我参加了6届‘感动石化’颁奖典礼，体会是，中国石化藏龙卧虎，要挖掘并传播他们的故事，让社会上更多的人，更深入地了解中国石化。”“感动中国”制片人朱波说：“无论是像闵先生这样的大科学家，还是来自基层一线的普通职工，我从他们身上发现了国企独有的力量。我希望有更多的机会把这些人介绍给全社会，让全社会了解这些可爱可敬的石化人。”中宣部宣教局领导参加颁奖典礼以后，向有关评委大力推荐，“感动石化”获奖人物陈俊武院士被国家授予“时代楷模”荣誉称号。中国记协领导参加颁奖典礼以后，主动提出要加强联系，把中国石化故事策划好、宣传好、报道好。我单位持续加强与央视、人民网、新华网、光明网等在京主流媒体合作，讲好石化故事，中国石化“党和人民好企业”“负责任国际化大公司”的良好形象更加凸显。

（二）进一步激励了石化员工的奋进动力

选树的这些“感动石化”人物，是新时代石化人精神风貌和责任担当的真实写照，他们的故事很平凡，却令人感动；他们的行为很伟大，又令人振奋；他们带给我们的是温暖，更是力量。不论来自中国石化的哪个领域，不管身处闹市，还是远在荒漠大野、偏远海岛，“感动石化”人物都在各自岗位上辛勤奉献、默默耕耘、艰苦奋斗、开拓创新，他们展示了中国石化百万员工的精神风貌，体现的是中国石化对国家的忠诚、对社会的贡献、对人民的大爱。他们就在身边，他们的事迹在广大石化员工中引发强烈反响，“一场心与魂的启迪，一场价值观的引领。感动石化，感动你我。”“每一位榜样都让我们心生震撼，深深被他们感动！石化人都是好样的！”“无论是院士还是年轻的石化人，一个又一个关于创新、坚守、奉献的故事让人感动，一个又一个坚毅的面庞组成了石化的样子。”许许多多的员工留言互动，传递感动。

（三）进一步营造了干事创业的舆论氛围

第一届“感动石化”，我单位媒体通过一年对各单位推荐的近百位“感动石化”候选人物的宣传，大力营造了树榜样、学先进、勇争先的浓厚氛围。2013 年 3 月 29 日，颁奖典礼成功举办，闵恩泽、刘家明、代旭升等 10 个人物获奖，“感动石化”迅速在系统内外引起热烈反响，收获广泛好评。第二届、第三届，两年一届，届届精彩。从第四届开始，“感动石化”被赋予了更加鲜明的主题和时代的烙印：2018 年，中国石化成立 35 周年，第四届的主题是“不忘初心　牢记使命　永远奋斗”；2019 年，新中国成立 70 周年，第五届的主题是“壮丽 70 年　奋斗新时代”；2021 年，中国共产党成立 100 周年，第六届的主题是“奋斗百年路　启航新征程”。在我单位呈报的《关于“奋斗百年路·启航新征程”感动石化颁奖典礼有关情况的报告》上，玉卓同志批示：“感动石化颁奖活动十分成功，要充分用好这一成果，加大宣传力度，展示石化人动人的精神风貌。”永生同志批示：“希望相关部门引导干部员工将此次庆祝活动激发的热情转化成忠诚党的事业、推动公司高质量发展的动力。”赵东同志批示：“活动办得很成功，向党的百年华诞献了一份厚礼！”

（四）进一步做亮了央企领先的媒体品牌

2013 年，第一届“感动石化”颁奖典礼成功举办，我单位正式成为央视“感动中国”30 家媒体联盟之一，是唯一的企业媒体。在第三届“感动石化”颁奖典礼上，党组领导现场致词时说：“‘感动石化’是中国石化典型宣传的著名品牌。”“感动石化”第一次被党组明确为“品牌”。在集团公司召开的庆祝建党 100 周年暨高质量党建推进会报告中指出，“感动石化”已经成为具有鲜明石化特色的党建品牌。“感动石化”经过十年的成长，已经成为中国石化发现典型、宣传典型的重要渠道，已经成为践行社会主义核心价值观、传承石油精神、弘扬石化传统的重要平台，已经成为鼓舞人心、凝聚力量、展示形象的重要窗口。“感动中国”被媒体誉为“中国人的年度精神史诗”，“感动石化”也被广大干部员工誉为“中国石化人的精神盛宴”。2022 年 4 月，中国石化报社“感动石化”项目组被集团公司评为“中国石化先进集体”。

本文被评为“中国石油化工集团有限公司管理现代化创新二等成果”

第一届至
第六届
“感动石化”
人物合影

第一届“感动石化”人物合影

第二届“感动石化”人物合影

第三届“感动石化”人物合影

第四届“感动石化”人物合影

第五届“感动石化”人物合影

第六届“感动石化”人物合影